高职高专经管类专业实践创新教材

会计学原理与实务

梅 叶 ◎ 主编

清华大学出版社
北京

内 容 简 介

会计学原理与实务是财务会计类专业的基础课程。本书分为上篇和下篇，共七个项目。上篇是会计理论知识，包括揭开会计活动的面纱、认识会计要素与账户和掌握会计等式与试算平衡；下篇是会计实务技能，包括核算企业主要经济业务、填制与审核会计凭证、设置与登记会计账簿、编制与分析财务报表。本书内容系统全面、理实一体、案例丰富、通俗易懂、编排合理、易于组织教学。

本书可作为高等职业院校财经商贸大类专业的教材，也可作为企业管理人员职业技能拓展读物，以及财经爱好者的学习材料或者考证参考书。

本书封面贴有清华大学出版社防伪标签，无标签者不得销售。

版权所有，侵权必究。举报：010-62782989，beiqinquan@tup.tsinghua.edu.cn。

图书在版编目(CIP)数据

会计学原理与实务 / 梅叶主编. -- 北京：清华大学出版社，2025.1. -- (高职高专经管类专业实践创新教材).
ISBN 978-7-302-68168-7
Ⅰ. F230
中国国家版本馆 CIP 数据核字第 2025PR3908 号

责任编辑：强　溦
封面设计：傅瑞学
责任校对：刘　静
责任印制：丛怀宇

出版发行：清华大学出版社
网　　址：https://www.tup.com.cn，https://www.wqxuetang.com
地　　址：北京清华大学学研大厦A座　　邮　编：100084
社 总 机：010-83470000　　邮　购：010-62786544
投稿与读者服务：010-62776969，c-service@tup.tsinghua.edu.cn
质量反馈：010-62772015，zhiliang@tup.tsinghua.edu.cn
课件下载：https://www.tup.com.cn，010-83470410

印 装 者：涿州汇美亿浓印刷有限公司
经　　销：全国新华书店
开　　本：185mm×260mm　　印　张：14.75　　字　数：338千字
版　　次：2025年1月第1版　　印　次：2025年1月第1次印刷
定　　价：49.00元

产品编号：099827-01

前 言

本书以财务职业能力培养为宗旨,吸收新会计法律法规和税法准则,坚持"理实一体,实操为主,教学互动,技能养成"的原则,对接会计职业岗位要求,选用具有时代特征的案例,教学内容设计力求生动、鲜活、易学,深化业务操作实践,以便对接信息技术和会计行业的发展趋势。

本书主要讲述了会计学的基本概念、基本原理和基本方法,呈现了会计职业岗位所需技能,同时突出了活页式理念和"互联网+"思维。本书主编梅叶结合多年从业经验和教学实践,联合梅竹、冷燃、邹娜、莫艳青、卢星宇、韩春磊、陈继红、李炳奇、周仕万、刘辉、郭映江、宋建宁等高校和企业专家、学者,精心构思取材,力求呈现出一本易学、易懂、有趣、好用的会计教材。本书由武汉理工大学郭晓顺教授担任主审。

本书具有以下特色。

(1) 德育润化,强本固基。育人先铸魂。党的二十大报告指出,"育人的根本在于立德。全面贯彻党的教育方针,落实立德树人根本任务,培养德智体美劳全面发展的社会主义建设者和接班人"。本书秉承教育与德育同向赋能、协同育人的理念,挖掘会计学原理和实务课程中的德育要素,突出会计职业素养、优秀品格培养,强调工匠精神,建构课程育人模式,赋予会计课程德技并修的育人功能。

(2) 对接产业,仿真操作。参与本书编写的专家、学者来自高校或者行业头部企业,学术水平较高,职业能力较强。本书的教学目标符合会计人才培养目标,符合会计职业人才的实操技能需要和职业发展能力培养目标。本书选用的案例来自典型工作场景,便于组织教学,可以使学生更好地理解、掌握会计学基本知识和基本方法,仿真操作能推动学生增强未来会计职业的适应性。

(3) 讲学练评,闭环教学。本书的内容设计紧密结合会计业务实践,满足职业教育培养高素质实用型人才的要求。教材内容难度适宜,知识逻辑和业务实操逐层深入,环环相扣。知识体系以项目导向、任务驱动,结合会计职业活动情景,融入"教、学、做、练、评"一体化教学设计,体现了活页式理念。

(4) 形态新颖,编排灵活。本书采用活页式、模块化、项目化、任务驱动的编写形式,贯彻"理论精讲、应用为主、技能提升"的编写思路,在任务下设有任务导入、任务准备、课堂练习、任务实施、任务演练、任务考核、任务总结等模块,穿插小知识等栏目,形式新颖,有助于激发学生的学习兴趣,帮助学生掌握会计技能,为会计职业打下良好的基础。

(5) 数字资源配套丰富。本书以二维码形式链接案例导航解析,便于教师组织教学和学生自学。此外,本书配备了资料包,包括课程介绍、课程标准、教学课件、教学案例、教学动画、课堂练习、教学检测、课外拓展等。

本书在编写过程中,得到了同行的关心与帮助,参考了一些专家、学者的重要论著,引用了部分网络资源,在此对他们一并表示诚挚的谢意。

由于编者水平有限,书中难免存在疏漏与不足之处,恳请广大读者不吝赐教,批评指正,以便日臻完善。

编者
2024 年 11 月

上篇　会计理论知识

项目1　揭开会计活动的面纱 …… 3
　　任务1.1　认识会计岗位与会计职业 …… 4
　　任务1.2　领会会计职能与会计方法 …… 10
　　任务1.3　理解会计假设与会计基础 …… 15
　　任务1.4　掌握会计目标与会计准则 …… 22

项目2　认识会计要素与账户 …… 27
　　任务2.1　理解会计对象与计量属性 …… 27
　　任务2.2　把握会计静态要素的内涵 …… 32
　　任务2.3　领会会计动态要素的内涵 …… 38
　　任务2.4　掌握会计科目及其内容 …… 43
　　任务2.5　掌握会计账户及其应用 …… 48

项目3　掌握会计等式与试算平衡 …… 55
　　任务3.1　领会会计等式及业务应用 …… 55
　　任务3.2　学会借贷记账法及其应用 …… 60
　　任务3.3　掌握会计分录的编制方法 …… 66
　　任务3.4　通晓会计试算平衡表的编制 …… 69

下篇　会计实务技能

项目4　核算企业主要经济业务 …… 79
　　任务4.1　理解企业资金运动的原理 …… 79
　　任务4.2　掌握资金筹集业务核算 …… 83
　　任务4.3　通晓资金供应业务核算 …… 90
　　任务4.4　通晓企业生产业务核算 …… 98
　　任务4.5　通晓企业销售业务核算 …… 105
　　任务4.6　通晓企业财务成果核算 …… 114

任务 4.7　掌握企业财产清查核算 …………………………………………… 123

项目 5　填制与审核会计凭证 ………………………………………………… 133
　　任务 5.1　掌握会计文字和数字的书写规范 ……………………………… 136
　　任务 5.2　掌握原始凭证的填制与审核 …………………………………… 141
　　任务 5.3　掌握记账凭证的填制与审核 …………………………………… 147
　　任务 5.4　领会会计凭证的传递与保管 …………………………………… 156

项目 6　设置与登记会计账簿 ………………………………………………… 160
　　任务 6.1　启用与登记会计账簿 …………………………………………… 160
　　任务 6.2　设置与登记序时账簿 …………………………………………… 166
　　任务 6.3　设置与登记分类账簿 …………………………………………… 172
　　任务 6.4　掌握错账更正程序 ……………………………………………… 178
　　任务 6.5　掌握对账与结账的方法 ………………………………………… 182

项目 7　编制与分析财务报表 ………………………………………………… 186
　　任务 7.1　认识财务处理程序 ……………………………………………… 187
　　任务 7.2　编制资产负债表 ………………………………………………… 196
　　任务 7.3　编制利润表 ……………………………………………………… 205
　　任务 7.4　编制现金流量表 ………………………………………………… 211
　　任务 7.5　编制所有者权益变动表 ………………………………………… 217
　　任务 7.6　分析财务报表的原理与方法 …………………………………… 222

参考文献 ………………………………………………………………………… 229

上篇　会计理论知识

　　会计学原理与实务是财务会计类专业的一门基础课程,主要介绍会计学的基本概念、基本原理和基本方法,阐释会计学的发展规律和理论体系,揭示会计管理资金运动的一般原理和原则,讲述会计原理和原则的应用技术和控制方法。

　　牢牢把握会计对象的变化规律,运用会计学的基本原理和技术方法,可以应对复杂多变的会计经济实践活动,提升职业发展能力,更好地服务生产与生活。

项目 1

揭开会计活动的面纱

项目导学

经济与会计相互赋能,相互促进。随着经济的发展,会计的重要性日益凸显。企业的所有经济活动都需要遵循企业的战略目标,并受到其指导、约束和规范。大部分的企业决策,无论是直接还是间接决策,都会在会计工作中得以落实。因此,企业必须强化会计在企业管理中的基础地位,确保其充分发挥应有的作用和职能。

本项目主要围绕会计的基本概念和理论知识展开讲解,内容涵盖了会计的定义、功能、目标、基本假设、基本原则以及会计信息的质量要求等多个方面。

案例导航

案例1:什么是会计?

涂图说:"会计就是算账。"杨洋说:"不对,会计就是管钱。"郑真说:"你们说的都不对,我妈妈是单位的会计员,管报销呢!"刘流补充:"我们村打算盘的老徐是村会计,特别精打细算!"阎妍自信地回答:"我舅舅是外企财务总监,持有国际注册会计师证书。他负责研究分析财务报表,做出公司决策。"

案例导航解析

【思考】 上述答案是否正确?

案例2:会计工作者应具备哪些素养?

赢莹答道:"管好钱和账!"涂图说:"财务会计专业知识要扎实。"肖萧说:"我爸爸说要把会计知识融入具体的行业,转化为能力,这十分重要。"华花说:"财务信息的安全管控最为重要。"全彤坚定地回答:"要掌握智能化、科技化的财务软件,快速、正确地做好财务报表,进行分析决策。"

【思考】 优秀的会计工作者需要具备哪些素养?

小知识

会计是社会生产和经济管理的产物,并随之发展、演变和完善。会计发展分为古代会计、近代会计和现代会计三个阶段,如图1-1所示。

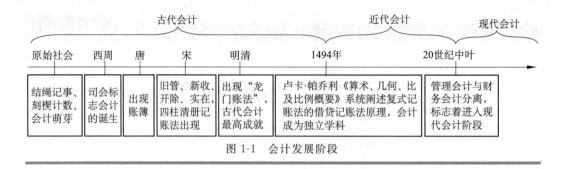

图 1-1 会计发展阶段

任务 1.1 认识会计岗位与会计职业

★ **知识目标**

认识会计业务岗位和会计职业内涵,知晓会计岗位的内容,明确会计岗位的职责。

★ **技能目标**

初步掌握并建立会计岗位职责的要求,内化会计职业能力,建立会计职业的成长路径。

★ **素养目标**

通过梳理会计的产生和发展历史,树立文化自信,提升学习会计的兴趣。

任务导入

智达科技公司注册成立,现招聘会计人员。你知道公司会计部门应该设置哪些岗位吗?不同岗位的会计工作职责又是什么呢?

任务准备

一、会计的内涵

会计是以资金运动为对象,以提高经济效益为目标,以货币为主要计量手段,以会计凭证为主要依据,利用会计的方法,对会计主体(企业、事业、机关单位和其他经济组织)的经济活动进行全面、综合、连续、系统的核算和监督,并向会计信息使用者提供有效会计信息的一种专门的经济管理活动。会计对个人生存、企业管理、社会文明、国家进步发挥着至关重要的作用。

> **小知识**
>
> 会计有两层意思,一是指会计工作,二是指会计工作人员。会计工作是根据《中华人民共和国会计法》《中华人民共和国预算法》《中华人民共和国统计法》及各种税收法律法规来核对记账凭证、财务账簿、财务报表,从事经济核算和监督的过程,是以货币为主要计量单位,运用专门的方法,核算和监督一个单位经济活动的一种经济管理工作。会计工作人员是进行会计工作的人员,有会计主管、会计监督和核算、财产管理、出纳等人员。我国从周代就有了专设的会计官职,掌管赋税收入、钱银支出等财务工作,进行月计、岁会。每月零星盘算为"计",一年总盘算为"会",两者合在一起即为"会计"一词。

二、会计的特征

（一）会计是经济管理活动

会计是一种经济管理活动,其目的是提升经济效益。它对经济活动进行全面、综合、连续、系统的核算和监督。会计是社会生产发展到一定阶段的产物,应生产发展和管理的需要而产生,随着经济的发展要求通过管理对经济活动进行严格的控制和监督。会计管理活动本身不产生价值,但是通过其执行,可以推动会计主体提升管理效率,促进管理目标实现。

（二）会计是信息管理活动

会计作为一种经济信息系统,将一个公司分散的经营活动转化成一组客观、系统的数据,披露会计主体的经济活动。因此,会计被称为"商务活动记录书"。会计提供企业的业绩、问题及资产、负债、所有者权益、收入、费用和利润等信息。这些信息是企业内部、外部利益相关者进行相关经济决策的重要依据。

（三）会计以货币作为主要计量手段

人类经济活动的价值计量,一般包括劳动计量、实物计量和货币计量三种方式。会计选择以货币计量为主要计量手段,便于统一核算,反映经济活动,提供会计信息。

（四）会计活动的指导思想和理论依据

会计活动的指导思想是会计活动中应该遵循的思想方法,即《中华人民共和国会计法》。会计活动的理论依据是会计学原理,实践依据是会计实践活动的凭证。这就表明了会计是一个专门学科,会计学原理是其理论依据,会计凭证是其事实依据,二者共同发挥作用,缺一不可。

三、会计岗位

会计岗位是指从事会计业务的部门根据业务分工设置的职能岗位。会计岗位设置是遵循会计工作规范、提升会计核算效率、突出会计职能的重要体现和必要环节。

单位设置会计岗位要遵循国家财经管理制度和《会计基础工作规范》,兼顾本行业、本单位的实际情况。会计工作岗位包括总会计师（或行使总会计师行政职权）岗位;会计机构负责人（会计主管人员）岗位;出纳岗位;稽核岗位;资本、基金核算岗位、收入、支出、债权债务核算岗位;工资核算、成本核算、财务成果核算岗位;财产物资的收发、增减核算岗位;总账岗位;对外财务会计报告编制岗位;会计电算化岗位;会计档案管理岗位等。

会计岗位设置的原则是"管钱不管账,管账不管钱"。出纳不得兼任稽核、会计档案、收入、指出、费用、债券债务的登记人。反之亦然。除此而外,会计可以一人一岗、一人多岗,也可以一岗多人,主要根据实际情况而定。在我国从事会计工作,需要具备必要的专业知识和专业技能。

四、常设的会计岗位工作职责

（一）出纳岗位的工作职责

（1）按财务规定及时办理现金收付和银行结算业务。

（2）库存现金不得超过企业规定的限额，超过部分要及时存入银行。不得以"白条"抵充库存现金，更不得随意挪用现金。

（3）负责现金、支票、汇票、发票、收据的保管工作。

（4）支票的签发要严格执行银行支票管理制度，不得签发逾期支票、空头支票。

（5）对报销凭证认真审核，不符合规定的有权拒付。

（6）现金要日清月结，按日逐笔记录现金日记账，并按日核对库存现金，做到记录及时、准确，账实相符。

（7）要根据审批手续完整的付款单据办理付款，未经领导批准的单据不得随意付款。

（8）按期与银行对账，按月编制银行存款余额调节表，随时处理未达账项。

（9）完成财务部经理交办的其他工作。

（二）会计管理岗位的工作职责

（1）按国家统一会计制度规定设置会计科目。

（2）及时确认销售收入，正确计算增值税、消项税额。

（3）划清费用的开支范围及营业内外收入。

（4）认真计算财务成果及各种税金。

（5）按财务制度规定正确核算利润分配。

（6）按期缴纳各种税款。

（7）债权、债务及时登记、及时查清，按月做好财务状况分析。

（8）对会计账目及凭证要按期装订成册，妥善保管。

（三）会计主管岗位的工作职责

（1）遵守国家法规，制定企业财务制度。具体领导本单位的财务会计工作，对各项财务会计工作要定期研究、布置、检查、总结。要积极宣传、严格遵守财经纪律和各项规章制度。要把专业核算与经营管理紧密结合起来，不断改进财务会计工作。组织制定本单位的各项财务会计制度，并督促贯彻执行。要随时检查各项制度的执行情况，发现违反财经纪律、财务会计制度的行为，及时制止和纠正，并向领导或有关部门报告重大问题。要及时总结经验，不断地修订和完善本企业各项财务会计制度。

（2）组织筹集资金，节约使用资金。组织编制本单位资金的筹集计划和使用计划，并组织实施。资金的筹集计划和使用计划要结合本单位的经营预测和经营决策以及生产、经营、供应、销售、劳动、技术措施等计划，按年、按季、按月进行编制，并根据企业的经济核算责任制将各项计划指标分解下达落实，督促执行。根据生产经营发展和节约资金的要求,组织有关人员,合理核定资金定额,加强资金的使用管理,提高资金使用效果。根据管用结合和资金归口分级管理的要求,拟定资金管理与核算实施办法,并组织有关部门贯彻执行。

(3) 认真研究税法,督促足额上缴。对于应该上缴的税金、费用等款项,要按照税法等规定进行严格审查,督促办理解缴手续,做到按期足额上缴,不挤占、不挪用、不拖欠、不截留。积极组织完成各项上缴任务。

(4) 组织分析活动,参与经营决策。按月、按季、按年分析计划的完成情况,找出管理中的漏洞,提出改善经营管理的建议和措施,进一步挖掘增收节支潜力。参加生产经营管理会议,参与经营决策。充分运用会计资料,分析经济效果。提供可靠信息,预测经济前景,为领导决策当好参谋和助手。

(5) 参与审查合同,维护企业利益。审查或参与拟定经济合同、协议及其他经济文件。对于违反国家法律和制度,损害国家和集体利益,以及没有资金来源的经济合同和协议,应拒绝执行,并向本单位领导报告。对重要的经济合同和协议,要积极参与拟定,加强事前监督。

(6) 提出财务报告,汇报财务工作。负责按规定定期或不定期地向企业管理当局、职工代表大会报告或股东大会报告财务状况和经营成果,以便高层管理人员进行决策。要按照会计制度和上级有关规定,认真审查对外提供的会计报表,保证会计资料的真实可靠,并及时按规定报送给有关部门。

(7) 组织会计人员学习,考核调配人员。要建立学习制度,组织会计人员学习业务技术,不断提高会计人员的业务水平。定期召开专业研讨会,研究工作问题。要制定对会计人员的考核办法,按期进行考核。参与研究会计人员的任用和调配,对不适合做会计工作的人员,要提出建议,进行调整;对不能胜任会计工作的人员,要帮助培养提高,或者另行安排适当的工作。

(8) 坚守独立财务管理职责,全权负责本单位内的财务管理,享有职权并承担职权责任。

五、会计岗位职业能力

会计职业是一种专业技术程度较高的经济管理活动,对职业适应能力要求相对较高。会计职业能力包括职业专业技能和职业道德素养。其中,职业专业能力包括书写技能、计算技能、点钞技能、编制凭证技能、设置和登记账簿技能、编制和分析报表技能、整理和保管会计档案技能、使用相关财务软件与办公软件的技能。职业道德素养包括爱岗敬业、认真细心、熟悉法规、依法办事、客观公正、乐于服务、保守秘密等。

会计职称是会计职业能力的评价标准。会计职称有助理会计师(初级)、会计师(中级)、高级会计师(副高级)、正高级会计师(正高级)。会计职称体系也是会计职业能力成长的进阶路线图。

注册会计师是会计职业能力的重要标志,是从事财务管理的黄金钥匙和制胜秘籍。它是指通过注册会计师执业资格考试并取得注册会计师证书在会计师事务所执业的人员,英文全称 certified public accountant,简称 CPA,注册会计师专业考试科目为会计、审计、财务成本管理、经济法、税法、公司战略与风险管理，综合科目为职业能力综合测试。

六、会计学习方法

会计是一门比较抽象的学科，要牢牢树立资金运动的观点，掌握并理解"资金从哪里来，到哪里去"，深刻掌握资金在运动过程中各个时点的特征及对应的会计科目名称，做到理实一体化融会贯通。会计学习的具体方法如下。

（1）理论联系法，即把会计的基本理论和基础知识、会计方法与具体业务联系起来，加深理解和领悟。

（2）情景模拟法，即创设会计业务环境，使自己置身于会计职业岗位，完成相应的会计核算业务。

（3）实践实训法，即在教师的统一组织下，完成相关项目的会计实践实训业务。

会计学习的方法多种多样，归根结底在于融会贯通，端正学习态度，重在加强业务操作，激发学习兴趣，提升会计职业人的综合素养。

课堂练习

1. 单项选择题

（1）会计以（　　）为计量手段。

　　A. 实物　　　　B. 劳务　　　　C. 货币　　　　D. 时间

（2）古代会计的最高成就是（　　）。

　　A. 司会

　　B. 龙门账法

　　C. 四柱清册记账法

　　D. 珠算法

（3）会计的目的是（　　）。

　　A. 赚钱

　　B. 管理企业

　　C. 提高经济效益

　　D. 完成信托

（4）会计人员对应收账款进行翔实说明以求更好的对策，体现了（　　）。

　　A. 会计检查　　B. 会计核算　　C. 会计监督　　D. 会计分析

2. 多项选择题

（1）设置会计岗位的原则有（　　）。

　　A. 遵守财经制度

　　B. 钱账分离

　　C. 回避制度

　　D. 权力制衡

（2）经济活动的价值计量方式包括（　　）。

　　A. 劳动计量　　B. 实物计量　　C. 货币计量　　D. 权力计量

（3）会计核算方法有（　　）。

　　A. 设置会计科目和账户

　　B. 复式记账

　　C. 填制和审核会计凭证

　　D. 登记账簿

（4）出纳的职责有（　　）。

　　A. 签发各种票据

　　B. 现金的管理

　　C. 登记现金日记账

　　D. 银行结算业务

(5) 会计工作应该（　　）。
　　A. 细心　　　　B. 认真　　　　C. 有责任感　　　D. 理实一体化

3. 思考题

(1) 如何理解会计是一种经济管理活动？
(2) 简述会计岗位职业能力的内涵。
(3) 经济发展的驱动力包括哪些内容？

任务实施

(1) 2024 年 3 月，智达科技公司总经理焦某以加强对公司财务部管理为由，将侄女邵某调入公司财务部担任出纳，并兼管会计档案工作。2024 年 6 月，焦某以公司改革管理提质增效为由，未召开管理层会议，也未向董事会请示汇报，直接任命邵某担任公司财务总监，全面负责公司财务工作。请指出本案例中不妥之处。

提示：有以下几个错误。

① 邵某不得兼任出纳和会计档案管理。理由是出纳人员不得兼任稽核、会计档案保管和收入、支出、费用、债权债务账目的登记工作。

② 焦某直接任命邵某为该公司财务总监不符合规定。理由是财务总监是公司高层管理人员，应当由董事会或者董事会授权的公司管理层集体决定。

③ 邵某担任财务总监的任职资格不合规定。理由是单位会计机构负责人（会计主管人员）应当具备会计师以上专业技术职务资格或者从事会计工作 3 年以上的经历。本例中邵某从事出纳 3 个月，且未明确说明是否具有会计师职称。

④ 邵某担任公司会计人员没有落实回避制度。理由是我国财经制度规定，单位负责人的直系亲属不得担任本单位的会计机构负责人、会计主管人员。本例中邵某和焦某属于直系亲属关系，焦某担任总经理，安排邵某担任财务总监不合规定。直系亲属包括夫妻关系、直系血亲关系（父母、子女）、三代以内旁系血亲（兄弟姐妹）及近姻亲关系。

(2) 智达科技公司新入职的结算员王某热爱财务工作，但是苦于专业技能有限，不知道如何提升职业能力，请帮助她厘清职业能力提升思路。

提示：会计职业能力提升，首先要端正态度；其次要厘清会计职业能力发展路径，按照会计的职称不断推进，发展路径是助理会计师（初级）、会计师（中级）、高级会计师（副高级）、正高级会计师（正高级）；最后要适时参加会计职业技能考试，取得会计执业资格。

(3) 说明什么是会计，会计工作者应具备哪些素养。

提示：基础知识已经讲解，大家说出自己的理解。

任务演练

请大家说说自己的会计职业规划，谈谈如何成为一名优秀的会计。

任务考核

项目名称	评价内容	分值	评价分值	
			自评	教师评分
个人素养考核项目（20%）	出勤情况	5分		
	仪容仪表	5分		
	课堂纪律和学习态度	10分		
专业能力考核项目（80%）	参与教学活动并正确理解任务要求	10分		
	课堂练习和任务完成情况	70分		
合计：综合分数	自评（30%）+教师评分（70%）	100分		
综合评语		教师（签名）		

任务总结

（1）深刻理解会计的内涵，这是会计学科和会计工作的逻辑起点和依据。

（2）理解会计的岗位设置，既要遵循国家财经法律，又要结合单位的发展实际。

（3）结合自身情况，进行会计职业生涯规划，努力成为优秀的会计人员，成就美好的人生。

任务1.2　领会会计职能与会计方法

★ 知识目标

熟悉会计的职能，掌握会计的方法。

★ 技能目标

以会计岗位为抓手，理解会计方法和会计职能的内涵。

★ 素养目标

遵守国家会计准则，恪守职业规范，敬畏财经纪律。

任务导入

智达科技公司会计希某认为，会计的职能和方法就是管钱、算账和记账。你赞同吗？

任务准备

一、会计的职能

会计的职能是指会计在经济管理活动中具有的功能，会计的职能由会计的本质和特点决定，具有稳定性和客观性。《中华人民共和国会计法》规定会计的基本功能为核算和监督。除此之外，还有预测、决策、控制和分析职能。会计的职能如图1-2所示。

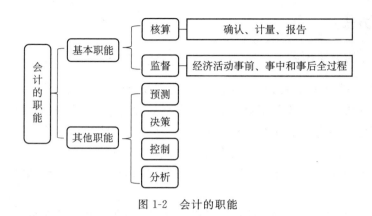

图 1-2 会计的职能

（一）会计的基本职能

1. 核算职能

会计核算职能是指以货币为主要计量单位，对特定主体的经济活动进行确认、计量和报告，贯穿于经济活动的全过程。它是会计最基本的职能。

（1）会计确认解决的是定性问题，即判断所发生的经济业务是否属于会计核算的内容，归属于哪类性质的业务，是作为资产还是负债或其他会计要素入账。

（2）会计计量解决的是定量问题，即在会计确认的基础上确定入账的具体金额。

（3）会计报告是确认和计量的结果，即在确认和计量的基础上，将特定主体财务状况、经营成果和现金流量信息以财务报表等形式向财务报告。

2. 监督职能

会计监督职能是对特定会计主体的经济活动与会计核算的真实性审查、合法性审查和合理性审查。会计监督职能以法律为准绳，以会计资料和客观事实为依据进行，包括内部监督和外部监督。会计监督包括事前监督、事中监督和事后监督。

（1）真实性审查是指检查各项会计核算是否根据实际发生的经济业务进行，是否如实反映经济业务的真实状况。

（2）合法性审查是指检查各项经济业务及其会计核算是否符合国家有关法律法规，遵守财经纪律，执行国家各项方针政策，以杜绝违法乱纪行为。

（3）合理性审查是指检查各项财务收支是否符合客观经济规律及经营管理方面的要求，保证各项财务收支符合特定的财务收支计划，实现预算目标。

会计的核算职能与监督职能相互依存。核算是监督的前提和基础，为监督提供了重要的数据和资料；监督保证了会计核算的质量。

（二）会计的其他职能

会计职能的实现受多个维度制约，主要包括经营理念、技术手段、企业自身特点与发展规律。随着现代经济活动和商务活动的不断深入，会计在核算与监督两项基本职能的基础上逐步发展出预测、决策、控制和分析职能。

二、会计的方法

（一）会计的方法体系

会计的方法是会计用来进行经济业务管理，完成会计任务，实现会计目标和功能的手段的总称。会计的方法随着经济业务的发展和会计理论的成熟而不断发展变化，并日趋丰富。现代会计方法体系包括会计核算方法、会计分析方法和会计检查方法。它们相辅相成，互为补充，共同构成一个完整的会计方法体系。

（1）会计核算方法是以计量、计算、记录与登记来提供有用的会计信息，是会计工作的基础。

（2）会计分析方法是利用会计核算提供的资料及其他信息资料对会计主体的经济活动及其效果进行评价和分析，帮助会计主体有针对性地分析结果，制定改进运营策略，提高经济效益。

（3）会计检查方法是在会计核算和分析方法基础上对会计的合法合规性、公允性和一惯性进行检查和验证，以保证会计核算和会计分析的正确性、合理性。三种会计方法中，会计核算方法是最基础、最一般、最常用的会计方法。

（二）会计核算方法

会计核算方法是对会计对象进行全面、综合、连续、系统的确认、计量和报告而采用的各种方法的总称，是整个会计方法体系的基础。会计核算方法主要包含填制与审核会计凭证、设置会计科目和账户、复式记账、登记会计账簿、成本计算、财产清查和编制财务会计报告。会计核算的七种方法具有层次性、先后性和完整性。会计核算方法体系如图1-3所示。

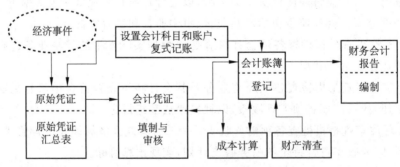

图1-3 会计核算方法体系

1. 填制与审核会计凭证

填制和审核会计凭证是为了审查经济业务的合理性与合法性，保证登记账簿的会计记录正确、完整而采用的专门方法。正确填制和审核会计凭证是进行会计核算和监督的基础。

2. 设置会计科目和账户

设置会计科目和账户是对会计的具体内容进行分类核算和监督的一种专门方法。会计科目是对会计要素的具体内容进行分类核算的项目。账户是根据会计科目设置的，具有一定的格式和结构,用于分类反映会计要素变动情况及其结果的载体。由于会计的内容是复杂多样的,要对其进行系统核算和日常监督,就必须按照经济业务的内容和管理要求,进行分类登记,以便为经营管理提供所需要的信息。

3. 复式记账

复式记账是指对于每一项经济业务,都必须用相等的金额在两个或两个以上相互联系的账户中进行登记,全面、系统地反映会计要素增减变化及其结果的一种记账方法。复式记账是会计核算方法体系的核心。

4. 登记会计账簿

登记会计账簿是以审核无误的会计凭证为依据,在账簿中分类、连续、系统、完整地记录各项经济业务的一种专门方法。账簿记录所提供的各种核算资料是编制财务报表的直接依据。

5. 成本计算

成本计算是按照一定对象归集和分配企业生产中发生的各种费用支出,以确定该对象的总成本和单位成本的一种专门方法。

6. 财产清查

财产清查是为确保会计主体对本单位的财产在有效的管控范围,并以此提升财产物资的利用效率,对单位财产物资通过会计技术方法盘点实物、核对账目,确保账实相符。无论账实是否相符,都要做出财产清查报告进行说明。如果账实不符(盘盈或者盘亏),需要报告给会计主管部门,调整账簿。

7. 编制财务会计报告

编制财务会计报告是以会计账簿记录和有关资料为依据,全面、系统地反映企业在某一特定日期的财务状况或者某一会计期间的经营成果和现金流量的一种专门方法。

三、会计循环

会计活动从填制和审核会计凭证到登记会计账簿,再到编制财务会计报告,一个会计期间(一般指一个月)的会计工作即告结束,然后进入新的会计期间,如此按照一定的步骤反复运行会计程序,完成一个会计循环。

从会计工作流程看,会计循环由确认、计量和报告等环节组成。

从会计核算的具体内容看,会计循环由填制与审核会计凭证、设置会计科目和账户、复式记账、登记会计账簿、成本计算、财产清查、编制财务会计报告等组成。填制和审核会计凭证是会计核算的起点。掌握会计循环才能深刻理解会计资金的流动周转。

课堂练习

1. 单项选择题

(1) 会计的基本职能包括( )。
  A. 会计预测与会计控制　　　　B. 会计控制与会计决策
  C. 会计核算与会计监督　　　　D. 会计权利与会计制衡

(2) 体现会计对未来把控的职能是( )。
  A. 控制职能　　B. 决策职能　　C. 预测职能　　D. 分析职能

(3) 不属于会计目的的是（　　）。
　　　　A. 解除劳动关系　B. 核算经济活动　C. 资产的盘点　D. 提高经济效益
2. 多项选择题
　　(1) 会计的其他职能包括（　　）。
　　　　A. 会计预测　　B. 会计决策　　C. 会计控制　　D. 会计分析
　　(2) 属于负债的有（　　）。
　　　　A. 应收账款　　B. 预付账款　　C. 预收账款　　D. 应收票据
　　(3) 会计分析方法主要突出（　　）。
　　　　A. 会计数据可对比性　　　　B. 目的是取得有效的会计分析结论
　　　　C. 分析方法千差万别　　　　D. 最常用的方法是"三对比一分析"
　　(4) 会计信息的使用者有（　　）。
　　　　A. 投资者　　B. 政府监管机构　　C. 社会公众　　D. 企业经营者
3. 思考题
　　(1) 会计的职能有哪些？
　　(2) 如何理解会计循环？

任务实施

(1) 人民币是财物吗？

提示：人民币是一种货币符号，货币是有价证券而不是财物。

(2) 预付账款和预收账款是一回事吗？

提示：预付账款是资产，预收账款负债。后面会专门讲解会计要素、会计科目。

(3) 滥用职权，违规报销账务，必须要会计监督才能证明吗？

提示：会计的监督职能能够保证会计合法、合规、真实。

任务演练

(1) 分组讨论并汇报会计职能的表现，加深理解会计核算的作用。

(2) 企业支付货款10 000万元，支付广告费5 000元，投入资本金60 000元，接受捐款200 000元，技术指导获得报酬20 000元。指出哪些是费用、成本、收入。

任务考核

项目名称	评价内容	分值	评价分值	
			自评	教师评分
个人素养考核项目 （20%）	出勤情况	5分		
	仪容仪表	5分		
	课堂纪律和学习态度	10分		

项目 1　揭开会计活动的面纱

续表

项目名称	评价内容	分值	评价分值	
			自评	教师评分
专业能力考核项目（80%）	参与教学活动并正确理解任务要求	10 分		
	课堂练习和任务完成情况	70 分		
合计：综合分数	自评(30%)＋教师评分(70%)	100 分		
综合评语		教师(签名)		

任务总结

（1）通过系统地学习和演练，掌握会计的职能和方法，培养会计职业素养。

（2）初步知晓会计核算方法，明确会计人员的职责，努力提升专业素养。

任务 1.3　理解会计假设与会计基础

★ **知识目标**
理解并掌握会计核算的四个基本假设，把握权责发生制和收付实现制会计核算基础。

★ **技能目标**
准确使用会计假设分析具体经济业务事项；运用两种会计核算基础分析业务，阐明差异。

★ **素养目标**
理解会计的精神内涵，培养与时俱进的思维方式。

任务导入

智达科技公司会计希某最近对两件事感到困惑：一是子公司和分公司关于会计主体和法律主体的关系；二是公司购置花圃培育厂房，当前的市场价值远远大于 3 年前的购置价格，需要做资产的账面调整。希某该如何做呢？

任务准备

一、会计基本假设

会计基本假设是创设会计核算的基本前提，是对会计核算的空间和时间范围所做的合理设定。会计假设的四大要素包括会计主体、持续经营、会计分期和货币计量。

（一）会计主体

会计主体即会计实体，是指会计工作所服务的特定单位或组织，是对会计工作的空间范围所作出的限定。只有符合会计规定空间范围的经济事项，才能进行会计确认、计量和报告。凡是不属于这个会计活动空间范围主体的经济事项，都不得进行会计确认、计量和报告。

会计主体的条件如下:有一定数量的经济资源;能够独立进行经济经营活动并承担主体责任;独立核算、提供会计报表。会计主体与法律主体交互存在,法律主体(法人)是会计主体,而会计主体不一定是法律主体。

小贴士

会计主体不同于法律主体。

第一,法律主体必然是一个会计主体。例如,一个企业作为一个法律主体应当建立财务会计系统,独立反映其财务状况、经营成果和现金流量。

第二,会计主体不一定是法律主体,会计主体可以是独立法人,也可以是非法人;可以是一个单一的企业,也可以是由几个独立企业组成的企业集团;可以是一个企业,也可以是企业内部的一个特定部分。例如,企业内部独立核算的生产车间、销售部门等,尽管不属于法律主体,但却可以作为一个会计主体来反映其经营成果。

(二)持续经营

持续经营是指在可以预见的将来,企业将会按当前的规模和状态持续经营下去,不会停业,也不会大规模削减业务。

企业会计确认、计量和报告应当以持续经营为前提。在持续经营的前提下,会计主体将会按当前的规模和状态继续经营下去,不会进行清算,所持有的资产将正常营运,所承担的债务将正常偿还。但是,在市场经济条件下,企业破产清算的风险始终存在。企业一旦进入破产清算程序,所有以持续经营为前提的会计程序和方法就不再适用了,而应当采取破产清算的会计程序和方法。

(三)会计分期

会计分期是指将一个会计主体持续不断的经营过程划分为若干较短、均等、连续的会计期间。其目的在于分期进行账目结算、编制会计报表、会计经济信息分析,提升会计主体经济信息分析的时效性。会计分期克服了会计主体因持续不断、时限太长造成的获取相关信息时效性太差的不足。会计分期就是让经营者、决策者更加便捷地了解会计主体的经济活动状况,以便作出相应的调整。

我国将会计分期分为年度或者中期,均以公历为准。年度时限自每年1月1日到12月31日,中期又分为半年度、季度和月度。会计分期的类型如表1-1所示。

表1-1 会计分期的类型

名称	时 段	备 注
年度	1月1日—12月31日	全年1个会计期间
半年	1月1日—6月30日;7月1日—12月31日	全年2个会计期间
季度	1月1日—3月31日;4月1日—6月30日; 7月1日—9月30日;10月1日—12月31日	全年4个会计期间

续表

名称	时段	备注
月度	1月1日—1月31日;2月1日—2月28(29)日; 3月1日—3月31日;4月1日—4月30日; 5月1—5月31日;6月1日—6月30日; 7月1日—7月31日;8月1日—8月31日; 9月1日—9月30日;10月1日—10月31日; 11月1日—11月30日;12月1日—12月31日	全年12个会计期间,闰年时2月份有29天

(四) 货币计量

会计计量是指会计核算中统一采用货币作为计量单位来计量、记录和报告会计主体经营活动,反映财务状况和经营成果。

我国《企业会计准则——基本准则》规定,企业会计应当以货币计量。《中华人民共和国会计法》则规定,会计核算以人民币为记账本位币,但业务收支以人民币以外的货币为主的单位,可以选定其中一种货币作为记账本位币,但是编报的财务会计报告应当折算为人民币。

以货币作为会计主体的计量单位,统一经济活动的价值计量,可以被社会广泛认可。但必要时,也可以以实物计量和劳务计量作为补充。

二、会计核算基础

会计假设为会计活动设定了前提和基础,确立了会计活动的基本遵循。会计以资金运动为主线,明确资金运动特点,研究资金运动的基本规律,可以帮助会计主体实现科学健康的运营。一方面,会计分期把会计活动划分为一定的会计期间,会计要素和资金也在若干会计期间进行流动。另一方面,会计经济事项与资金的流动可能不在同一会计期间,那么以会计期间为时限的会计核算和各类报表,就不一定能够如实客观反映对应会计期间的收入或支出。因此,确立以经济事项发生时点为准,还是以资金流动时点为准,是会计核算要解决的问题。这就是会计核算基础。会计核算基础包括收付实现制和权责发生制。

(一) 收付实现制

收付实现制又称实收实付制、现收现付制,即会计主体单位对各项收入和费用的认定是以款项的实际收付作为标准和会计核算依据。凡本期发生的收入和费用,无论交易或事项是否发生在本期,一律作为本期的收入和费用来记账;反之,凡是本期未发生的收入和费用,即使交易或事项发生在本期,也不作为本期的收入和费用记账。

采用收付实现制,不考虑交易或者事项,只考虑资金的流动,眼中只有"钱",可以简单认为是"管钱不管事"。这种方法直接简单,不易反映经济实现或交易与资金流动的匹配性,不适合企业单位。以预算资金收支为主的行政事业单位,一般可采用收付实现制。

（二）权责发生制

权责发生制又称应收应付制，即会计主体对各项收入和费用的认定一律以实际交易或事项发生作为标准，而不考虑款项的实际收付期。凡属于本期的收入和费用，无论其是否实际收到或付出款项，均作为本期的收入和费用处理；反之，凡不属于本期的收入和费用，即使已经收到或付出款项，也不能作为本期的收入和费用处理。

权责发生制作为会计核算基础，能够清楚合理地反映会计期间的收入和费用关系，由此核算的收支和盈亏更加符合实际。《企业会计准则——基本准则》规定，企业应当以权责发生制为基础进行会计确认、计量和报告。

三、会计信息质量要求

会计信息质量要求是会计活动对会计主体提供会计信息的基本要求。我国《企业会计准则——基本准则》规定了会计信息质量要求，包括可靠性、相关性、可理解性、可比性、实质重于形式、重要性、谨慎性和及时性。

（一）可靠性

可靠性要求企业以实际发生的交易或事项为依据进行会计确认、计量和报告，不得虚构和遗漏事实。保证会计事项的核算处理账务与事实相符，款项与会计实务匹配，会计处理系统、完整。不得存在主观故意或者技术、手段、认知等客观原因导致的错误。

（二）相关性

相关性要求企业提供的会计信息与投资者等财务报告使用者的经济决策需要相关，有助于投资者等财务报告使用者对企业过去、现在或未来的情况作出评价或者预测。同时，会计信息要能够反映会计信息使用者对会计主体的经济活动，能够进行正确的评价、引证和预测，有利于会计价值的释放和实现。凡是不相关的信息不必在会计活动中进行会计披露。

（三）可理解性

可理解性要求企业提供的会计信息清晰明了，运用会计思维和会计语言，便于财务报告使用者理解和使用，有助于财务报告使用者认识和理解财务报告和相关数据，提升财务报告的使用效率，避免产生歧义。

（四）可比性

可比性要求企业提供的会计信息相互可比。会计规则应前后贯通，同一企业不同时期的财务状况、经营成果、现金流量等会计数据可以比较。不同企业发生的相同或者相似的交易或事项，应当采用规定一致的会计政策，确保会计信息口径一致，相互可比。

（五）实质重于形式

实质重于形式要求企业应当按照交易或事项的经济实质进行会计确认、计量和报告。企业多数时候的经济交易事项法律形式和经济实质是一致的。但经济活动错综复杂,在有些情况下交易事项法律形式不能完全客观反映经济实质的真相。例如,企业融资租赁的资产,使用时限较长,租赁期接近使用寿命。虽然在法律形式上企业只拥有使用权,但是鉴于长时间被承租企业占有并能由此带来经济收益,从实质重于形式的原则看,符合资产的性质,因此要作为企业资产列入资产负债表。

当然,实质重于形式并不表明会计活动时不重视会计活动的形式,而是在特殊情况下执行的会计确认程序。

（六）重要性

重要性要求企业提供的会计信息反映与企业财务状况、经营成果和现金流量等有关的所有重要交易或者事项。

会计信息的重要性是职业要求和职业判断的重要体现。处理具体的会计业务活动时,应充分认识到信息对企业财务状况和经营成果的反映具有重要作用。因此,需要对经济事项进行甄别和区分,采取相应的会计处理程序。对于重要的会计事项,应该单独核算、分项反映、重点披露;而对于不重要的会计事项,则可以采取简化核算或合并反映的方式。这种重要性的判断和处理方式有助于提高会计信息的准确性和可靠性,为企业的决策提供有力支持。

（七）谨慎性

谨慎性要求企业对交易或者事项进行会计确认、计量和报告时保持应有的谨慎,不应高估资产或者收益、低估负债或者费用。

谨慎性的核心在于确保会计主体具备足够的能力,以实现稳健的持续发展,避免因会计处理过于激进而导致未来企业面临巨大的风险,或因过于保守而使经济效率增长缓慢。在具体业务中,应充分考虑会计对经济事项的确认、计量、报告、分析中贯彻预防风险的原则,确保资金链处于稳健安全的状态。

谨慎性要求企业科学预估收益,如果企业故意低估资产或者收益,或者故意高估负债和费用,将不符合会计可靠性和相关性的要求,从而损害会计信息质量,扭曲会计财务状况和经营成果,干扰会计信息使用者的决策。

（八）及时性

及时性要求企业对于已经发生的交易或事项及时进行会计确认、计量和报告,不得提前或延后,以保证会计信息及时反馈给使用者,帮助其精准决策。

会计信息具有时效性。在确认、计量和报告过程中应贯彻及时性要求:一是及时收集会计信息;二是及时处理会计信息;三是及时传递会计信息。

课堂练习

1. 单项选择题

(1) 对会计信息进行主次区分来进行披露,体现了会计信息的(　　)。
　　A. 真实性　　　B. 重要性　　　C. 科学性　　　D. 谨慎性

(2) 2023年补交2021年度税款,按照权责发生制应归结在(　　)。
　　A. 2021年度　　B. 2023年度　　C. 2023年度　　D. 任意会计年度

(3) 持续经营意味着(　　)。
　　A. 永不破产　　　　　　　B. 在可预见的未来能够实现连续不断的运营
　　C. 随时破产　　　　　　　D. 随时改组

(4) 最小的会计期间是(　　)。
　　A. 日　　　　　B. 周　　　　　C. 旬　　　　　D. 月

(5) 企业于12月8日发生经济业务,采购原材料;12月12日支付了银行存款10万元。按照权责发生制,记账日期应为(　　)。
　　A. 12月8日　　　　　　　B. 12月12日
　　C. 账款到达供货方账户之日　　D. 签发授权账务划拨之日

2. 多项选择题

(1) 会计核算的基本假设包括(　　)。
　　A. 会计主体　　B. 会计期间　　C. 货币计量　　D. 持续经营

(2) 会计核算的基础有(　　)。
　　A. 权责发生制　　　　　B. 收付实现制
　　C. 现收现付制　　　　　D. 电子货币制

(3) 会计信息质量要求有(　　)。
　　A. 及时性　　　B. 重要性　　　C. 谨慎性　　　D. 生动性

(4) 会计信息的重要性体现在(　　)。
　　A. 独立工作　　　　　　B. 重点会计事项重点披露
　　C. 全面说明　　　　　　D. 现金流量要重点说明

3. 判断题

(1) 会计假设是会计核算的前提,是会计活动的基本条件和场景。　　(　　)

(2) 会计期间的设定根据实际情况而定。　　(　　)

(3) 司锶说:"我今天上午在饮品店买了一杯珍珠奶茶,没有支付账款,饮品店的店员同意赊账。晚上我用支付宝转账了,饮品店的店员应该用收付实现制记账。"　　(　　)

(4) 开办公益平台,只要能办成事情,就不必管钱的事情。　　(　　)

(5) 为了保证会计信息的及时性,可以按照事前精准的预算先做账。　　(　　)

(6) 以权责发生制作为记账基础,能够准确、系统、全面地反映经济业务的全貌。
　　　　　　　　　　　　　　　　　　　　　　　　　　　　　　(　　)

4. 思考题

（1）会计活动的前提条件有哪些？

（2）会计信息质量要求有哪些？如何理解？

任务实施

（1）根据两种会计核算基础，确认会计期间相关收入或者费用。

① 5月收到上月销售商品收入50万元。

② 6月收到商品预付账款100万元。

③ 预付下一年度暖气费8万元。

④ 晚上支付当天午餐招待费1 000元。

提示：

① 权责发生制下，5月没有收入；收付实现制下，5月收入50万元。

② 权责发生制下，6月没有收入；收付实现制下，6月收入100万元。

③ 权责发生制下，本年没有费用；收付实现制下，本年费用8万元。

④ 权责发生制下，当日费用1 000元；收付实现制下，当日费用1 000元。但一般认为权责发生制下，当日费用1 000元，收付实现制下，当日没有费用。因为当日支付费用在24小时以内无先后，认定为权责发生制。

（2）大发公司对应收账款计提坏账准备后不久，收到债务方的应付款项。该如何做会计处理？

提示：大发公司把之前的坏账准备冲销掉以后，再做应收账款处理。这体现了会计谨慎性原则。

（3）支付宝平台系统下"我的"→"账单"功能里，按照会计期间列出资金明细，并且下设"网购""线下消费""理财""转账""提现""红包""还款""交费""手机充值""退款"等功能，可以据此进行分类统计。这体现了会计信息的什么属性？

提示：支付宝作为一个商务结算系统，融合商务活动的全过程，使会计信息可全程溯源，具备清晰的可理解性，也体现了真实性和及时性。

任务演练

大地公司8月发生一系列经济业务。请根据所学知识，填补表1-2中的空白。

表1-2 净收益会计基础核算

8月经济业务	收付实现制	权责发生制
收到本月销售款10万元		
赊购原材料，价值8万元		
支付7月电费1万元		
预收账款4万元		
预付暖气费1.5万元		
净收益（收入－费用）		

任务考核

项目名称	评价内容	分值	评价分值	
			自评	教师评分
个人素养考核项目（20%）	出勤情况	5分		
	仪容仪表	5分		
	课堂纪律和学习态度	10分		
专业能力考核项目（80%）	参与教学活动并正确理解任务要求	10分		
	课堂练习和任务完成情况	70分		
合计：综合分数_____	自评(30%)＋教师评分(70%)	100分		
综合评语		教师(签名)		

任务总结

（1）会计核算的前提与和信息质量要求对会计核算具有重要意义。实践中要充分认识和运用这些原则，提升会计信息披露的工作质量。

（2）学会运用权责发生制和收付实现制确认收入和费用，分析会计主体的业务活动。

任务1.4　掌握会计目标与会计准则

★ 知识目标

掌握会计目标和会计工作内容，了解会计准则。

★ 技能目标

领悟会计工作的目标与价值，能阐述会计准则和作用。

★ 素养目标

严守财经法规，养成诚实守信的品质。

任务导入

智达科技公司会计希某认为，会计就是算账，处理单据，把领导交代的财务工作做好就可以。至于生产、销售、审计、清欠应收账款等是其他部门、其他岗位的事情。你认为这种想法对吗？

任务准备

一、会计工作内容

财务会计是会计主体中负责财务管理职能的内设机构，其职责是贯彻国家财经管理制度，管理会计主体的所有财务活动和与之相关的财务工作，具体包括编制和执行预算、管理会计主体的资金和资产、审核原始凭证并进行核对，无误后编制记账凭证，根据记账凭证登记各种明细分类账,记录财务总账及各种明细账目。

在处理账务时,需要保证手续完备、数字准确、书写整洁、登记及时、账面清晰;月末需要作计提、摊销、结转记账凭证,并对所有记账凭证进行汇总,编制记账凭证汇总表,根据记账凭证汇总表登记总账。

在结账和对账时,需要确保账证相符、账账相符、账实相符。需要编制月度、季度、年度决算和其他相关报表,保证数字准确、内容完整,并进行分析说明。最后,将记账凭证装订成册并妥善保管,需要按照财经管理制度的要求提供相应的会计资料,并保守财务秘密。

二、会计任务

会计任务是连接会计对象,实现会计目标的必然阶段。会计任务由会计主体的要求决定,包括以下内容。

(1) 运用会计方法及时、系统、准确、完整地对会计主体的经济活动进行核算,提供有效的会计信息。

(2) 运用职权对会计主体经济活动实施监控,保证经济活动合法、合规、可控,维护财经纪律的权威性、公允性。

(3) 运用会计主体的技术和方法,发挥会计的核算、监督、预测、决策、控制、分析职能,参与会计主体的经济活动计划、决策、执行等。

三、会计目标

会计活动要达到的目的就是会计目标。会计目标明确了以什么途径和方式,向谁提供什么会计信息。

我国《企业会计准则——基本准则》规定,财务会计报告的目标是向财务会计报告使用者提供与企业财务状况、经营成果和现金流量等有关的会计信息,反映企业管理层受托责任履行情况,有助于财务会计报告使用者作出经济决策。

四、会计作用

会计活动按照财经法规进行,向会计信息使用者提供会计信息,具有重要的稽核作用,重点体现在以下方面。

(1) 会计信息是股东了解企业经营状况,评价企业经营业绩的重要依据。

(2) 会计信息是潜在的投资者了解企业发展状况,作出投资决策的重要依据。

(3) 会计信息是债权人评价其债权的安全程度,作出持有或收回债权决策的重要依据。

(4) 会计信息是供应商和销售商评价企业经营风险,作出相应决策的重要依据。

(5) 会计是政府有关部门指导和监管企业调控宏观经济的重要依据。

(6) 会计信息是企业内部管理者作出经营决策的重要依据。

五、会计准则

(一) 会计准则的构成

会计准则是反映经济活动、确认产权关系、规范收益分配的会计技术标准,是生成和提供会计信息的重要依据,也是政府调控经济活动、规范经济秩序和开展国际经济交往等的重要手段。会计准则具有严密和完整的体系。我国已颁布的会计准则有企业会计准则、小企业会计准则、事业单位会计准则和政府会计准则。

(二) 企业会计准则体系

我国的企业会计准则体系包括基本准则、具体准则、应用指南和解释公告。2006年2月15日,财政部发布了《企业会计准则——基本准则》,自2007年1月1日起在上市公司施行,并鼓励其他企业执行。2024年3月,财政部会计司编写的《企业会计准则应用指南汇编2024》出版发行,该出版物分上下两册,共1 628页。该书出版后,与财政部会计司2021年编写的《企业会计准则汇编2021》形成"准则汇编+指南汇编"的企业会计准则实施工具书组合,提供了实务查找和执行准则的"字典",并为准则监管提供依据,促进企业会计准则有效运行。2024年6月28日,第十四届全国人民代表大会常务委员会第十次会议对《中华人民共和国会计法》作出了第三次修正,进一步完善了我国会计工作的指导性法律文件。

1. 基本准则

基本准则是企业进行会计核算工作必须遵守的基本要求,是企业建立会计准则体系的基础,是制定具体准则、应用指南和解释公告的依据,也是解决新的会计问题的指南,在企业会计准则体系中具有重要的地位。《企业会计准则——基本准则》共十一章,包括总则、会计信息质量要求、资产、负债、所有者权益、收入、费用、利润、会计计量、财务会计报告、附则。

2. 具体准则

具体准则是根据基本准则的要求,对各项具体业务事项的确认、计量和报告作出规定,分为一般业务准则、特殊业务准则和报告类准则。

(1) 一般业务准则是规范各类企业一般经济业务确认、计量的准则,包括存货、固定无形资产、长期股权投资、收入、所得税等准则。

(2) 特殊业务准则可分为各行业共有的特殊业务准则和特殊行业的特殊业务准则,如外币业务、租赁业务、资产减值业务、债务重组业务、非货币性资产交换业务等准则;适用于农牧业的生物资产准则;适用于石油企业的石油天然气开采准则等。

(3) 报告类准则主要是各类企业通用的财务报告准则,如财务报表列报、现金流量表、中期财务报表、合并财务报表等准则。

3. 应用指南

应用指南是根据基本准则、具体准则制定的,用以指导会计实务的操作性指南,是对具体准则相关条款的细化和对有关重点、难点问题的操作性规定。

4. 解释公告

解释公告主要是针对企业会计准则实施中遇到的问题作出的相关解释。

（三）小企业会计准则

《小企业会计准则》于2011年10月18日由财政部发布，自2013年1月1日起施行。《小企业会计准则》一般适用于在我国境内依法设立、经济规模较小的企业，具体标准参见《小企业会计准则》和《中小企业划型标准规定》。

（四）事业单位会计准则

2012年12月6日，财政部修订发布了《事业单位会计准则》，自2013年1月1日起施行。《事业单位会计准则》共九章，包括总则、会计信息质量要求、资产、负债、净资产、收入、支出或者费用、财务会计报告、附则，对我国事业单位的会计工作进行了规范。

课堂练习

1. 单项选择题

（1）管理现金和银行存款的职位是（　　）。
　　A. 核算员　　B. 出纳　　C. 稽核会计　　D. 财务经理
（2）会计的目标是（　　）。
　　A. 赚钱　　B. 管理财务　　C. 提高经济效益　　D. 价值最大化

2. 多项选择题

（1）会计应该（　　）。
　　A. 遵守国家财经制度　　B. 具备职业素养
　　C. 持证上岗　　D. 管理应收账款
（2）会计价值（　　）。
　　A. 仅仅是经济价值　　B. 侧重于经济价值
　　C. 应当承担社会责任　　D. 唯利是图

3. 判断题

（1）会计只需要追求价值最大化，不必理会企业市场和生产。（　　）
（2）会计必须持证上岗。（　　）
（3）只要具有注册会计师证书，就可以胜任财务总监。（　　）
（4）只要是会计，就可以签发支票。（　　）
（5）小微公司可以不必做月度财务报表。（　　）

4. 思考题

（1）会计的任务是什么？
（2）会计的目标是什么？

任务实施

（1）全班分成两组，讨论会计的工作内容。10分钟后两组各选出一名代表上台宣讲,教师进行讲评引导。

提示:注意对会计工作内容和形式的认真探析。

(2)全班分成两组,讨论会计的工作目标,10分钟后两组各选出一名代表上台宣讲,教师进行讲评引导。

提示:注意对会计目标的宏观认知和总体把握。

任务演练

根据会计的任务、目标和作用收集案例,进行分析和分享。

任务考核

项目名称	评价内容	分值	评价分值	
			自评	教师评分
个人素养考核项目（20%）	出勤情况	5分		
	仪容仪表	5分		
	课堂纪律和学习态度	10分		
专业能力考核项目（80%）	参与教学活动并正确理解任务要求	10分		
	课堂练习和任务完成情况	70分		
合计:综合分数	自评(30%)+教师评分(70%)	100分		
综合评语		教师(签名)		

任务总结

(1)初步掌握会计工作内容、会计任务、会计目标和会计准则相关知识。

(2)会计以提升经济效益为目标,但是不能忽视会计主体的社会责任。

课堂练习答案

项目 2

认识会计要素与账户

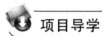

企业经济业务复杂,从会计的角度看,为了便于会计核算和监督,向会计信息使用者提供更直观的会计信息,就要对会计对象;即静态形式的资金和动态形式的资金运动进行更具体的分类描述。

本项目介绍会计要素的概念与分类、会计要素的确认与计量、会计科目和会计账户的内容与应用。

案例导航

案例 1:什么是会计要素?

经会展方同意,在世界博览城进行商务实习的陶涛同学,在淘宝平台上用公司账户通过花呗购买了一辆智能电动车,用于会务接待。

【思考】 这笔经济交易事项涉及哪些会计要素?

案例 2:如何理解资金运动?

阳光公司从招商银行获得一笔 15 万元的短期借款,用于偿还广厦公司的欠款。

【思考】 该经济业务发生后,会计主体阳光公司涉及哪些会计科目?资金是如何运动的?

案例导航解析

任务 2.1 理解会计对象与计量属性

★ **知识目标**

认识会计对象的含义,领会会计计量属性的含义和内在要求。

★ **技能目标**

能够把握会计对象的内涵和表现形态,选择适当的会计计量属性。

★ **素养目标**

理解会计资金运动的特点,培养会计计量的严肃性和逻辑思维。

任务导入

智达科技公司会计希某认为会计的对象就是自己供职的单位。大家认为对吗?智达科技公司对于技术开发申报的专利进行估价入账,关于专利的入账价值应当如何确定,希某拿捏不准。同学,你认为该如何处理?

任务准备

一、会计对象

(一)会计对象的含义

会计对象包括会计主体和客体。会计主体就是会计工作的空间范围,即会计工作服务的对象,包括企业、事业和其他经济组织。会计客体就是会计活动核算和监督的内容。会计以货币为主要核算手段对会计主体进行监督与核算,以货币为表现形式的经济活动构成会计核算的内容。通常所说的会计对象是指会计的客体。因此,会计对象包括三个层面,宏观层面是指经济活动,中观层面是企业事业和其他经济单位组织,微观层面是静态形式的资金和动态形式的资金运动。人们通常说的会计对象是指微观层面。

(二)会计对象的特征

不同经济实体或者单位资金活动的特点有所差异。一般地,工业企业资金运动包括三个阶段:资金筹集、资金运用(周转)和资金退出。为生产经营活动做好准备的是资金筹集;对筹集资金进一步消耗,采购生产用的原材料、设备等,使之变为储备资金;储备资金进一步消耗,在生产产品或者服务的过程中形成了生产资金;当产品或者服务投放市场进一步被消化,又构成了货币资金。由此,企业会计活动变成了以资金运动为纽带的经济活动全过程。会计学所讲述的会计主体的资金,不仅包括货币,而且包括以货币为计量的物质资料要素的总和。企业资金运动如图 2-1 所示。

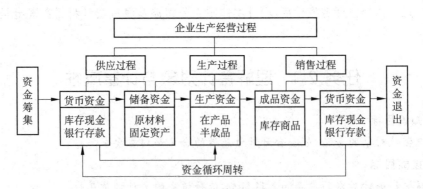

图 2-1　企业资金运动

资金在企业生产经营过程中表现为某一节点上的相对静止和全过程的运动状态。为了更好地描述资金运动过程的状态,我们会用会计的方法进行专门的研究和描述。此外,商品流通企业和行政事业单位不生产有形产品,资金运动相对简单。商品流通企业资金运动如图 2-2 所示,行政事业单位资金运动图 2-3 所示。

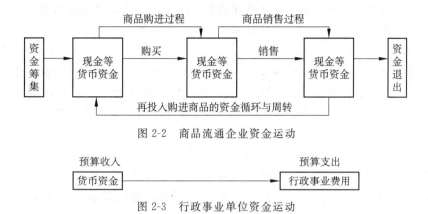

图 2-2　商品流通企业资金运动

图 2-3　行政事业单位资金运动

二、会计计量属性

（一）会计计量属性的内涵

会计计量属性是指会计要素可用货币单位计量。会计要素可以从多个方面予以货币计量，从而有不同的计量属性。例如，资产可以用历史成本、重置成本、可变现净值等进行计量。财务会计准则委员会(Financial Accounting Standards Board,FASB)第 5 号财务会计概念公告《企业财务报告的确认和计量》和我国《企业会计准则——基本准则》提出五种会计计量属性，包括历史成本、重置成本、可变现净值、现值、公允价值。

（二）会计计量属性的类型

1. 历史成本

历史成本是根据发生经济事项的历史成本价值来计量的方法。在历史成本计量下，资产按照购置时支付的现金或者现金等价物的金额，或者按照购置资产时所付出的对价的公允价值计算。负债按照因承担现时义务而实际收到的款项或者资产的金额，或者承担现时义务的合同金额，或者按照日常活动中为偿还负债预期需要支付的现金或者现金等价物的金额计算。一般在会计要素计量时均采用历史成本重置成本。

2. 重置成本

重置成本又称现行成本。采用重置成本计量时，资产按照现在购买相同或者相似资产所需支付的现金或者现金等价物的金额计量。负债按照现在偿付该项债务所需支付的现金或者现金等价物的金额计量。盘盈存货、盘盈固定资产的入账成本均采用重置成本计量。重置成本计量的常用方法为直接法、功能价值法和物价指数法。

3. 可变现净值

可变现净值是指在日常活动中，以预计售价减去进一步加工成本和预计销售费用以及相关税费后的净值。在可变现净值计量下，资产按照其正常对外销售所能收到现金或者现金等价物的金额扣减该资产至完工时估计将要发生的成本、估计的销售费用以及相关税费后的金额计量。可变净值的计算公式为

$$存货可变现净值＝存货估计售价－至完工估计将发生的成本$$
$$－估计销售费用－相关税金$$

4. 现值

现值是指资产按照预计从其持续使用和最终处置中所产生的未来净现金流入量的折现金额计算。这种会计计量考虑了资产的时间价值，即相同数目的资金，时间靠前的价值大。负债按照预计期限内需要偿还的未来净现金流出量的折现金额计算。

5. 公允价值

公允价值是充分市场条件下，买卖双方以公平交易为原则自愿确定的价值。公允价值最大的特征是来自公平交易的市场，参与市场交易的双方充分考虑市场后达成的共识，这种达成共识的市场交易价格即公允价值。公允价值计量是市场经济条件下维护产权秩序的必要手段，也是提高会计信息质量的重要途径，代表了会计计量体系变革的总体趋势。

在公允价值计量下，资产和负债按照在公平交易中，熟悉情况的交易双方自愿进行资产交换或者债务清偿的金额计算。公允价值确定的主观性较强，可操作性较差，容易导致利润操纵，信息成本较高，使用时要谨慎。

（三）会计计量属性的应用原则

新会计准则规定，企业对会计要素进行计量时，一般采用历史成本。采用重置成本、可变现净值、现值、公允价值计量的，应当保证所确定的会计要素金额能够取得并可靠计量。

课堂练习

1. 单项选择题

（1）会计对象（　　）。

  A. 具有动态性和静态性　　B. 是会计核算工作的起点

  C. 是会计的目标　　D. 是财务经理

（2）会计计量属性（　　）。

  A. 一成不变　　B. 前后统一

  C. 随时变化　　D. 可以根据实际应用，不必遵守财经制度

2. 多项选择题

（1）会计对象包括（　　）。

  A. 静态形式的资金　　B. 动态形式的资金运动

  C. 企业　　D. 财务总监

（2）会计计量属性的类型包括（　　）。

  A. 公允价值　　B. 历史成本　　C. 重置成本　　D. 现值

3. 判断题

（1）会计对象是会计核算工作的逻辑起点。（　　）

（2）公允价值的确定要根据市场共同的原则，取得会计主体的确认。（　　）

(3) 会计对象是静态与动态的结合与统一。　　　　　　　　　　　　(　)
(4) 固定资产也是会计资金的体现形式。　　　　　　　　　　　　　(　)
(5) 重置成本的会计计量需要权威机构确认。　　　　　　　　　　　(　)

4．思考题

(1) 会计对象是什么？

(2) 什么是会计计量属性？包括哪些内容？

任务实施

(1) 贝贝开设了一家小微企业，投资4 000元购买一台计算机，花费200元学习网络编程课，自主开发网络产品，吸收如风公司2 000元的投资。企业运营一年后，获得收入80 000元，在此期间各种花销15 000元，获得政府创业补贴20 000元。试问：该小微企业是如何实现资金运动的？

提示：通过学习可以得知，会计对象是静态形式的资金和动态形式的资金运动。本案例中筹资6 000元(贝贝投资4 000元，如风公司投资2 000元)，投入企业形成6 000元的货币资金(银行存款)；资金进一步运动形成储备资金(4 000元的计算机为固定资产)；为开展业务研发产品，投入200元学习编程(200元为管理费用——研发费用)；获得80 000元的主营业务收入，以银行存款形式存在；政府补贴20 000元，为营业外收入。

(2) 公司改组兼并以后，为什么要对公司之前的不动产厂房重新评估价值？应该采用什么会计计量属性？如何操作？

提示：考查会计计量属性的会计业务应用，参见公允价值的适用条件，即充分市场条件。

任务演练

(1) 请举例说明什么是会计对象。

(2) 企业要对2000年购入的一栋房产进行会计核算处理，应当采用什么会计计量属性？为什么？

任务考核

项目名称	评价内容	分值	评价分值	
			自评	教师评分
个人素养考核项目 (20%)	出勤情况	5分		
	仪容仪表	5分		
	课堂纪律和学习态度	10分		
专业能力考核项目 (80%)	参与教学活动并正确理解任务要求	10分		
	课堂练习和任务完成情况	70分		
合计：综合分数_____	自评(30%)+教师评分(70%)	100分		
综合评语		教师(签名)		

任务总结

（1）以上学习，大家掌握了会计的对象，抓住资金和资金运动这一主线具有非常重要的意义，这为后面会计资金及资金运动的特点认知打好基础。

（2）会计的计量属性是会计工作的重要原则，大家要正确把握会计的计量属性，遵守会计准则，保持会计业务前后一致，不得随意更改。

任务 2.2　把握会计静态要素的内涵

★ 知识目标

认识会计要素的含义，掌握静态要素的内容和表现形式。

★ 技能目标

能够根据会计要素和静态要素的内涵，识别和判断静态会计要素。

★ 素养目标

掌握会计资金运动的特征，坚定价值管理理念。

任务导入

（1）智达科技公司会计希某认为，财务会计就是管好钱、算好账，至于会计对象和会计要素没有必要区别。你认为这种想法对吗？

（2）出纳白某提取现金 50 000 元，归还上月原材料采购账款。请分析这对企业的资产有什么影响？

任务准备

一、资金运动

会计经济业务中，资金运动是以货币表现的经济活动，通常又称为价值运动。会计主体的资金运动表现为三个过程：资金的投入、资金的运用和资金的退出。

工业企业通常先以货币资金购买生产设备和材料物资，为生产过程做好准备；然后，将其投入企业生产过程中生产出产品；最后，将产品投放市场销售，取得的货币资金。工业企业的资金在供应过程、生产过程和销售过程中形态发生了变化：用货币资金购买生产设备、材料物资转化为储备资金；车间生产产品领用材料物资时，储备资金又转化为生产资金；将车间加工完毕的产品验收进入成品库后，生产资金又转化为成品资金；将产成品出售又收回货币资金时，成品资金又转化为货币资金。

由此，把货币资金顺次经过的货币资金→储备资金→生产资金→成品资金→货币资金的运动过程叫作资金循环，周而复始的资金循环叫作资金周转。资金周转反映了企业的生产经营过程是周而复始的连续过程，即企业不断地投入人力、原材料，不断地加工产品、销售产品，其资金也不断循环周转。

企业的资金运动还包括资金投入和资金退出。资金投入是指资金进入企业。企业进行生产经营活动的前提是必须拥有一定数量的资金，资金投入包括投资者的资金投入和债权人的资金投入。前者构成了企业的所有者权益,后者形成了企业的债权人权益,即企业的负债。投入企业的资金一部分形成流动资产,另一部分形成企业的固定资产等非流动资产。资金的退出是指资金退出企业的资金循环和周转,包括按法定程序返回投资者的投资、偿还各项债务、上缴税费、向所有者分配利润等。

二、会计要素

(一)会计要素的含义

会计要素是对会计对象的基本分类,是会计核算对象的具体化。会计要素是对静态形式的资金和动态形式的资金运动的描述分析。会计要素是对会计对象的科学分类,是实现会计反映职能,分类、系统地反映会计对象的需要。会计要素是设置会计科目和会计账户的基本依据。会计要素是构成会计报表的基本框架。

(二)会计要素的构成

我国《企业会计准则——基本准则》规定,会计要素分为资产、负债、所有者权益、收入、费用和利润,如图 2-4 所示。反映企业财务状况的会计要素是资产、负债和所有者权益,是资金运动的静态表现,构成资产负债表的要素。反映企业经营成果的会计要素是收入、费用和利润,是资金运动的动态表现,是构成利润表的要素。

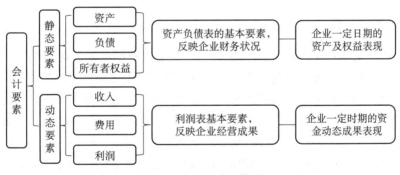

图 2-4　会计要素的构成

三、资产

(一)资产的概念

资产是由企业过去交易或者事实形成的、由企业拥有或者控制的、预期能给企业带来收益的资源。资产是企业生产经营活动的重要基础和前提。没有一定的资产,企业便无从存在,也无法从事生产经营活动,难以存续。常见的资产有银行存款、原材料、固定资产、设备厂房、知识产权、无形资产等。

(二)资产的特征

资产是由企业过去的交易或者事实形成的,也就是说资产是由过去的经济活动和交易形成的,或是企业本身所拥有的。

资产是为企业所拥有或控制的资源。会计源于资产的主体并为本企业所拥有和控制,代收代管的第三方行为、融资租赁的使用权行为等,都不构成资产。

资产预期能带给企业收益。企业所拥有和控制的经济资源参与企业经营活动,未来能够带给企业收益。企业淘汰的或者陈旧的物资预期无法带给企业价值和收益,就不能作为资产来处理。

> **小知识**
>
> 一个正常营业周期是指企业从购买用于生产的资产起至实现现金或现金等价物的期间。正常营业周期通常短于一年,一般在一年内有几个营业周期。但是,也存在正常营业周期长于一年的情况,在这种情况下,与生产循环相关的产成品、应收账款和原材料尽管是超过一年才变现、出售或耗用,仍应作为流动资产。当正常营业周期不能确定时,应以一年(12个月)作为正常营业周期。

(三)资产的确认条件

将一项资源确认为资产,除了需要符合资产的定义,还应满足两个条件:①与该资产有关的经济利益可能流入企业;②该资源的成本或者价值能够可靠地计量。

(四)资产的分类

企业的资产按其变现或耗用时间的长短,划分为流动资产和非流动资产。

流动资产是在一年或在超过一年的一个营业周期内变现或耗用的资产。常见的流动资产包括:①货币资金,指以货币资金形式存在的资产,包括库存现金、银行存款、其他货币资金等;②短期投资,指各种能够随时变现、持有时间不超过一年的有价证券及不超过一年的其他投资;③应收及预付款项,指应收而尚未收回的账款和预付的购货款,属于短期债权,包括应收票据、应收账款、预付账款、其他应收款等;④存货,指企业在生产经营过程中为销售或耗用而储存的各种资产,包括商品、产成品、半成品、在产品及各种材料、燃料、包装物和低值易耗品等。

非流动资产是不符合流动资产定义的资产。常见的非流动资产包括:①长期投资,指不准备在一年以内变现的投资,包括股票投资、债权投资和其他投资;②固定资产,指使用年限在一年以上,在使用过程中保持原有物质形态的资产,包括房屋及建筑物、机器设备、运输设备和工具器具等;③无形资产,指企业长期使用而没有实物形态的资产,包括专利权、非专利技术、商标权、著作权、土地使用权。

四、负债

(一)负债的概念

负债是指企业过去的交易或事项形成的、预期会导致经济利益流出企业的现时义务。

（二）负债的特征

负债是经济交易活动的结果。如果没有交易活动,就不可能产生经济后果,负债也不会产生。

负债是企业承担的现时义务,是由过去的交易或者事项形成的。未来发生的交易或者事项形成的义务,不属于现时义务,超越经济活动界定的时限,因此不是负债。

负债预期会导致经济利益流出企业。企业承担负债的方式是以资产或者劳动计量相抵,资产和劳动具有价值,因此,清偿完毕必然导致企业拥有的权益减少。

（三）负债的确认条件

根据《企业会计准则——基本准则》的规定,除了符合负债的定义,负债还要同时满足两个条件:一是与该义务有关的经济利益很可能流出企业;二是未来流出的经济利益的金额能够可靠地计量。

（四）负债的分类

企业的负债按照其流动性可以分为流动负债和非流动负债。

流动负债是指预计在一年(含一年)或超过一年的一个营业周期内清偿的债务,如短期借款、应付账款、应付票据、预收账款、应付职工薪酬、应交税费、应付股利、企业应付款等。

非流动负债也称为长期负债,是指偿还期限超过一年或一个营业周期的债务,如长期借款、应付债券、长期应付款等。

五、所有者权益

（一）所有者权益的概念

所有者权益是指企业资产扣除负债后由所有者享有的剩余权益。公司所有者权益也称股东权益。资产减去负债后的余额也称为净资产。因此,所有者权益实际上是投资者(即所有者)对企业净资产的所有权。企业的资产来源于两个方面:一是所有者,二是债权人。债权人对企业资产的要求权形成了企业的负债,所有者对企业资产的要求形成了企业的所有者权益。因此,所有者权益的来源包括所有者投入的资本、直接计入所有者权益的利得和损失、留存收益等。所有者权益通常由实收资本(或股本)、资本公积(含股本溢价或资本溢价、其他资本公积)、盈余公积和未分配利润构成。

（二）所有者权益的特征

(1) 除非发生减资、清算、破产等,企业无须偿还,可长期使用。

(2) 企业清算时,先偿还负债,后返还所有者权益。

(3) 所有者凭其权益,参与企业利润分配,但同时要承担运营风险。

所有者权益体现的是企业资产减去负债的剩余权益。因此所有者权益的确认有赖于资产和负债两个要素。如果企业没有负债,那么企业的资产和所有者权益在数值上相等。

所有者权益具体体现为实收资本、资本公积、盈余公积和未分配利润。资本公积和盈余公积可以转增资本,法定盈余公积金和任意盈余公积金可以用来弥补亏损或者发放股利。

课堂练习

1. 单项选择题

(1) 属于资产要素的是(　　)。
　　A. 在建工程　　　B. 应付账款　　　C. 实收资本　　　D. 应付职工薪

(2) 企业资产和所有者权益在数额上(　　)。
　　A. 可能相等　　　B. 总是相等　　　C. 需要具体判断　　D. 期末才相等

(3) 属于负债的是(　　)。
　　A. 预收账款　　　B. 预付账款　　　C. 在途物资　　　D. 销售费用

2. 多项选择题

(1) 会计要素包括(　　)。
　　A. 虚拟会计要素　　　　　　　B. 假设会计要素
　　C. 动态会计要素　　　　　　　D. 静态会计要素

(2) 属于所有者权益的是(　　)。
　　A. 收到欠款　　　B. 私有资本　　　C. 实收资本　　　D. 利润分配

(3) 其他应收款包括(　　)。
　　A. 存出保证金　　　　　　　　B. 备用金
　　C. 向职工收取的各种垫付款项　　D. 营收的出租包装物租金

(4) 属于资产的有(　　)。
　　A. 在建工程　　　B. 固定资产　　　C. 预收账款　　　D. 预付账款

3. 判断题

(1) 会计要素以会计对象为研究对象。　　　　　　　　　　　　　　　　　(　　)
(2) 营业周期为14个月的企业取得一项银行借款,应认定为短期借款。　(　　)
(3) "三角债"在会计上就是连环债务。　　　　　　　　　　　　　　　　(　　)
(4) 融资租赁的固定资产在满足条件的情况下可以确认为资产。　　　　　(　　)
(5) 拥有多少资产就拥有多少所有者权益。　　　　　　　　　　　　　　　(　　)
(6) 资产表明了企业的财产状况,负债及所有者权益表明了财产的来源。　(　　)
(7) 预付账款属于负债。　　　　　　　　　　　　　　　　　　　　　　　(　　)
(8) 融资租赁认作资产。　　　　　　　　　　　　　　　　　　　　　　　(　　)

4. 思考题

(1) 什么是会计要素?
(2) 会计要素包括哪些内容?

任务实施

(1) 钓游通公司向利美公司长期租入一台三年期内报废的设备用于开展海洋钓鱼旅游业务。这台设备能作为钓游通公司的资产吗?

提示：可作为资产进行会计处理。尽管该设备是租赁物资，拥有使用权，但是由于长期租赁，在使用期内资产报废，残值归零，并且在试用期内确实为企业带来收益，所以该租赁设备可作为资产处理。

(2) 经财务总监批准，润润用公司账户在拼多多平台购买了价值 8 000 元的笔记本电脑一台用于办公，支付方式为花呗。笔记本电脑和花呗是哪种会计要素？

提示：润润用公司账户在拼多多购买笔记本电脑用于办公，这表明该经济业务属于公司行为。笔记本电脑是公司资产，具体认定为固定资产；以花呗支付笔记本电脑货款，实质是公司向平台融资借款，花呗与公司之间形成债权债务关系，公司到期要归还花呗平台货款。因此，公司拥有一笔因购买笔记本电脑与花呗之间的负债，具体认定为短期借款。

(3) 伏某投资设立吉星公司，投入资本金 100 万元，其中 30 万元为银行借款。会计甲认为，伏某拥有所有者权益 70 万元。会计乙认为，尽管伏某向银行融资 30 万元，但是并不影响所有者权益，因此，伏某拥有所有者权益 100 万元。

提示：所有者权益来源于投资者投资，而投资有两个方面，一是所有者投资（即资产），构成所有者权益，二是融资投入（即负债），构成债权人权益。所有者权益与债权人权益共同构成企业权益。伏某投资 100 万元，其中 30 万元为银行借款，70 万元为伏某自己投资。因此，公司拥有企业所有者权益 70 万元，会计甲的观点正确。

任务演练

(1) 分组讨论资产和负债的区别。
(2) 分组讨论资产和所有者权益的关系。
(3) 分组讨论企业资产额度越大，运营能力就越强。
请根据上述三个主题分组讨论，然后委派代表进行演说，看看谁的说服力更强。

任务考核

项目名称	评 价 内 容	分值	评价分值	
			自评	教师评分
个人素养考核项目 (20%)	出勤情况	5 分		
	仪容仪表	5 分		
	课堂纪律和学习态度	10 分		
专业能力考核项目 (80%)	参与教学活动并正确理解任务要求	10 分		
	课堂练习和任务完成情况	70 分		
合计：综合分数	自评(30%)+教师评分(70%)	100 分		
综合评语		教师(签名)		

任务总结

(1) 理解会计对象与会计要素的关系。
(2) 掌握静态会计要素的内涵和表现，能够分析简单的经济业务，进一步加深对会计要素的理解。

任务2.3 领会会计动态要素的内涵

★ **知识目标**

掌握动态要素的内容和表现形态,理解动态要素的作用。

★ **技能目标**

能够识别和判断动态会计要素,进行简单的业务分析。

★ **素养目标**

初步认识资金运动的规律和特征,坚定价值管理理念。

任务导入

智达科技公司要核算年度利润,应该如何做才能算出?理解会计动态要素。

任务准备

一、收入

(一) 收入的概念

收入是指企业在日常活动中形成的、会导致所有者权益增加的、与所有者投入资本无关的经济利益总流入。企业收入有三种来源:一是销售产品;二是提供劳务;三是让渡资产使用权。

(二) 收入的特征

(1) 收入来源于企业日常活动中形成的经济利益的总流入。不属于日常经营活动的资金利益流入不算收入,如接受捐款,销售原材料取得款项。

(2) 收入会导致企业所有者权益的增加,如资产增加、负债减少。

(3) 收入与所有者投入资本无关。所有者投入资本是为了启动经营、取得剩余权益,若企业接受投资者投入的资本,不能确认为收入,而是所有者权益。

(三) 收入的确认条件

(1) 与收入相关的经济利益应当很可能流入企业。

(2) 经济利益流入企业会导致资产的增加或者负债的减少。

(3) 经济利益的流入额能够可靠地计量。

(四) 收入的分类

收入按照企业经营业务的主次,分为主营业务收入和其他业务收入。

(1) 主营业务收入是由企业的主营业务活动带来的收入,如销售产成品的收入。

(2) 其他业务收入是除主营业务活动以外的其他经营活动实现的收入,如材料销售、技术转让、固定资产出租、包装物出租、无形资产出租、运输收入等。

收入按性质不同,可分为销售商品收入、提供劳务收入、让渡资产使用权收入等。

二、费用

(一)费用的概念

费用是指企业在日常经营活动中发生的、会导致所有者权益减少的、与向所有者分配利润无关的经济利益总流出。费用的发生可能导致企业资产减少或者负债增加。费用主要包括营业成本、税金及附加、期间费用、资产减值准备等。

(二)费用的特征

(1)费用是企业在日常经营活动中产生的,而不是别的活动产生的。没有费用的付出,就没有收入的产生。偶然交易导致的经济利益流出不能确认为费用,如罚款、捐赠、灾害损失。

(2)费用会导致企业所有者权益减少。费用发生多种多样,如支付工资、支付广告费,支付利息等,这些会导致企业资产减少,所有者的权益也随之减少。

(3)费用与分配的利润无关。向所有者分配利润属于企业利润范畴,不是企业的费用。

(三)费用的确认条件

(1)与费用相关的经济利益应当很可能流出企业。

(2)经济利益流出企业会导致资产的减少或者负债的增加。

(3)经济利益的流出额能够可靠地计量。

(四)费用的分类

按其经济用途,费用可分为生产费用与期间费用。

生产费用是指与企业日常生产产品有关的费用,如直接材料、直接人工和制造费用。生产费用应按其实际发生情况计入产品的生产成本,对于生产几种产品共同发生的生产费用,应当按照受益原则,采用适当的方法和程序分配计入相关产品的生产成本。

期间费用是指与生产产品无直接关系的、企业本期发生的,不能直接或间接归入产品生产成本,而应直接计入当期损益的各项费用,包括管理费用、销售费用和财务费用。

> **小知识**
>
> 企业向所有者分配的利润导致经济利益的流出,该经济利益的流出属于对投资者的分配,是所有者权益的抵减项目,不应该确认为费用,应当将其排除在费用的概念之外。

三、利润

（一）利润的概念

利润是指企业在一定会计期间的经营成果。利润包括收入减去费用后的净额、直接计入当期利润的利得和损失等。利润是收入与费用配比、相抵后的差额，反映最终的经营成果。

（二）利润的特征

如果企业实现了利润，表明企业的所有者权益将增加，业绩得到了提升；反之，如果企业发生了亏损（即利润为负数），表明企业的所有者权益将减少，业绩下降。利润是评价企业业绩的指标之一，也是投资者等财务会计报告使用者进行决策时的重要参考依据。

（三）利润的确认

利润反映收入减去费用、直接计入当期利润的利得减去损失后的净额。利润的确认主要依赖于收入和费用，以及直接计入当期利润的利得和损失的确认，其金额的确定也主要取决于收入、费用、利得、损失金额的计量。

（四）利润的分类

利润包括收入减去费用后的净额、直接计入当期损益的利得（营业外收入）和损失（营业外支出）等。其中，收入减去费用后的净额反映企业日常活动的经营业绩；直接计入当期损益的利得和损失反映企业非日常活动的业绩。

直接计入当期损益的利得和损失是指应当计入当期损益、最终会引起所有者权益发生增减变动的、与所有者投入资本或者向所有者分配利润无关的利得或者损失。企业应当严格区分收入和利得、费用和损失，以便全面反映企业的经营业绩。

利润包括营业利润、利润总额和净利润，相关计算公式如下。

营业利润＝营业收入－营业成本－税金及附加－销售费用－管理费用
　　　　　－财务费用－资产减值损失＋公允价值变动收益（－公允价值变动损失）
　　　　　＋投资收益（－投资损失）＋资产处置收益（－资产处置损失）
　　　　　＋其他收益

利润总额＝营业利润＋营业外收入－营业外支出

净利润＝利润总额－所得税费用

> **小知识**

收入、费用、利润的相同点和不同点见表2-1。

表 2-1　收入、费用、利润的相同点和不同点

项　目	相　同　点	不　同　点
收入和利润	都会导致所有者权益增加、均与所有者投入资本无关	收入是日常活动形成的
		利得是非日常活动形成的
费用和损失	都会导致所有者权益减少、均与向所有者分配利润无关	费用是日常活动形成的
		损失是非日常活动形成的
利得和损失	均可以分为两类,一类是直接计入当期利润的利得和损失;另一类是直接计入当期所有者权益的利得和损失	

课堂练习

1. **单项选择题**

(1) 下列说法正确的是(　　)。
  A. 期间费用是会计期间发生的费用　　B. 制造费用不是期间费用
  C. 财务费用是期间费用　　　　　　　D. 短期借款是期间费用

(2) 可以确认收入的是(　　)。
  A. 投入注册资本　　　　　　B. 融资租赁设备
  C. 销售产品所得　　　　　　D. 代收的账款

(3) 可以确认费用的是(　　)。
  A. 捐款　　　　　　　　　　B. 职工偶然所得
  C. 包装运输费　　　　　　　D. 获得政府补贴

(4) 利润的本质是(　　)。
  A. 所有收入的泛称　　　　　B. 企业的经营成果
  C. 不含所得税的收入　　　　D. 净利润

2. **多项选择题**

(1) 偿还负债的方式有(　　)。
  A. 现金支付　　B. 银行存款支付　　C. 劳务偿还　　D. 负债对抗

(2) 收入包含(　　)。
  A. 主营业务收入　　　　　　B. 其他业务收入
  C. 营业外收入　　　　　　　D. 让渡资产利得

(3) 利润包括(　　)。
  A. 营业利润　　B. 利润总额　　C. 净利润　　D. 所得税

3. **判断题**

(1) 企业无法支付的货款作为营业外收入处理。　　　　　　　　　　　　　(　　)
(2) 微信可以借款消费。　　　　　　　　　　　　　　　　　　　　　　　(　　)
(3) 微信支付实际是银行存款的转账支付。　　　　　　　　　　　　　　　(　　)
(4) 资本公积转投资实际是转为实收资本。　　　　　　　　　　　　　　　(　　)
(5) 创意没有付诸实践,但由此付出了开发成本,会计上应认定为费用。　　(　　)

4. 思考题

(1) 会计动态要素有哪些？作用是什么？

(2) 接受捐赠可以确认为收入吗？

任务实施

(1) 销售产品所得、销售原材料所得、接受捐赠，哪项属于企业收入？

提示：销售产品所得和销售原材料所得属于企业的收入。其中销售产品所得属于主营业务收入，销售原材料所得属于其他业务收入。接受捐赠不属于企业的收入，属于利得。

(2) 制造费用和管理费用是否属于同一性质的费用？

提示：制造费用和管理费用不属于同一性质的费用，制造费用属于生产费用，管理费用属于期间费用。

(3) 说出企业利润的形成过程。

提示：利润一般包括营业利润、利润总额和净利润。需要正确区分营业利润、利润总额和净利润的各个项目。

任务演练

(1) 某学校收到校友捐款 80 万元，用于学校的建设发展和支助贫困学生，请做会计确认。

(2) 某公司用 100 万元聘请网红做产品形象代言，请做会计确认。

(3) 宁宁认为利润就是净利润，娜娜认为利润就是利润总额，乐乐认为营业外收入不是利润。谁的说法正确呢？

教师组织学生参与上述三个任务演练，分别委派代表进行展示。

任务考核

项目名称	评价内容	分值	评价分值	
			自评	教师评分
个人素养考核项目(20%)	出勤情况	5分		
	仪容仪表	5分		
	课堂纪律和学习态度	10分		
专业能力考核项目(80%)	参与教学活动并正确理解任务要求	10分		
	课堂练习和任务完成情况	70分		
合计：综合分数_____	自评(30%)+教师评分(70%)	100分		
综合评语		教师(签名)		

任务总结

(1) 了解会计动态要素，包括收入、费用和利润，并能够进行相应会计确认。

(2) 会计要素包括资产、负债、所有者权益、收入、费用和利润，这为研究会计要素之间的关系打下了基础。

项目 2　认识会计要素与账户

任务 2.4　掌握会计科目及其内容

★ **知识目标**

理解会计科目的含义,掌握会计科目的设置原则。

★ **技能目标**

熟识并掌握常用的会计科目,为业务核算打下基础。

★ **素养目标**

形成科学严谨的思维模式,养成会计职业素养。

任务导入

智达科技公司预筹建一个新的酒店,会计希某按照智达科技公司原有的核算项目设计会计科目是否妥当?你认为应该怎样设置?

任务准备

一、会计科目的含义

会计科目是按照经济业务内容和经济管理进行会计核算的需要,对会计要素的具体内容进行分类核算的名称。

二、会计科目的价值

会计科目是会计业务核算的需要,是进行各项会计记录和提供各项会计信息的基础,也是会计核算的重要方法之一。

(一) 会计科目是复式记账的基础

复式记账要求每一笔经济业务以相等的金额在两个或两个以上相互联系的账户中进行登记,以反映资金运动的来龙去脉,能够全面、清楚、真实地反映资金运动变化情况。

(二) 会计科目是编制记账凭证的基础

会计科目清楚、真实地承载了经济业务交易事项的状态,编制凭证必须依靠会计科目。会计凭证是确定所发生的经济业务应记入何种会计科目及分门别类登记账簿的凭据,是形成会计报表的事实基础和会计资料。

(三) 会计科目是成本计算与财产清查的前提条件

会计科目的设置有助于成本核算,使各种成本核算成为可能。通过对账面记录与实际结存进行核对,又为财产清查、保证账实相符提供了必要的条件。

（四）会计科目是实现会计监督的重要手段和依据

登记会计科目需要对日常经济活动和经济交易进行确认和归集，为会计监督提供重要的会计信息。因此，对会计科目进行审查能很好地实现会计监督。

三、会计科目的分类

（一）按反映的经济内容（即所属会计要素）划分

按反映的经济内容划分会计科目，如图2-5所示。

（1）资产类科目：按资产的流动性分为反映流动资产的科目和反映非流动资产的科目。

（2）负债类科目：按负债的偿还期限分为反映流动负债的科目和反映长期负债的科目。

（3）所有者权益类科目：按所有者权益的形成和性质可分为反映资本的科目和反映留存收益的科目。

（4）成本类科目：按成本内容和性质的不同可以分为反映制造成本的科目和反映劳务成本的科目。

（5）损益类科目：按损益的不同内容可以分为反映收入的科目和反映费用的科目。

（6）共同类科目：既有资产性质又有负债性质的科目，需要从期末余额所在方向界定其性质。

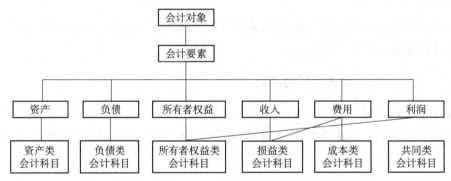

图2-5 按反映的经济内容划分会计科目

（二）按核算信息详细程度及其统驭关系划分

（1）总分类科目：又称总账科目或一级科目，是对会计要素的具体内容进行总括分类，提供总括信息的会计科目。

（2）明细分类科目：又称明细科目，是对总分类科目作进一步分类，提供更为详细和具体会计信息的科目。如果某一总分类科目所属的明细分类科目较多，可在总分类科目下设置二级明细科目，在二级明细科目下设置三级明细科目。

总分类科目对明细分类科目具有统驭和控制作用,明细分类科目则是对其所属的总分类科目的补充和说明,如设置总账科目"原材料"与相应明细科目,如表 2-2 所示。

表 2-2 "原材料"会计科目

一级会计科目	二级会计科目(子科目)	明细会计科目	
		三级科目	四级科目
原材料	原材料及主要材料	钢筋	A 型号钢筋
			B 型号钢筋
		水泥	W 型号水泥
			Y 型号水泥
		铝合金	A 型号铝合金
			B 型号铝合金
	辅助材料	油漆	A 型号油漆
			B 型号油漆
		润滑油	007 型号润滑油
	燃料	汽油	—
		柴油	—

四、设置会计科目的原则

由于各单位的性质和经济业务活动有所差异,其规模大小、业务繁简程度、发展阶段各不相同,在具体设置会计科目时,要重点做到突出规范、实用、简明。一般而言,设置会计科目时应遵循以下原则。

(一)合法性原则

设置的会计科目应当符合国家会计制度规定,在不影响统一会计核算要求及对外提供统一财务报表的前提下,会计主体可根据实际需要增加或者删减会计科目。

(二)相关性原则

设置会计科目要便于清晰、明了地反映经济实务内容,并能够满足内、外管理者使用会计信息的需求。

(三)实用性原则

会计科目应符合会计主体的行业特点,满足其实际需要,避免太过笼统和过于详细。

五、会计科目的内容

《企业会计准则——应用指南》规范的企业常用会计科目如表 2-3 所示。

表 2-3　企业常用会计科目

序号	编号	会计科目名称	序号	编号	会计科目名称
		一、资产类	33	2231	△应付利息
1	1001	△库存现金	34	2232	应付股利
2	1002	△银行存款	35	2241	△其他应付款
3	1012	其他货币资金	36	2501	△长期借款
4	1101	交易性金融资产	37	2502	应付债券
5	1121	△应收票据	38	2701	长期应付款
6	1122	△应收账款			三、共同类（略）
7	1123	△预付账款			四、所有者权益类
8	1131	应收股利	39	4001	△实收资本
9	1132	应收利息	40	4002	△资本公积
10	1221	△其他应收款	41	4101	△盈余公积
11	1231	坏账准备	42	4103	△本年利润
12	1401	△材料采购	43	4104	△利润分配
13	1402	△在途物资			五、成本类
14	1403	△原材料	44	5001	△生产成本
15	1404	材料成本差异	45	5101	△制造费用
16	1405	△库存商品	46	5201	△劳务成本
17	1406	发出商品	47	5301	研发支出
18	1511	长期股权投资			六、损益类
19	1512	长期股权投资减值准备	48	6001	△主营业务收入
20	1601	△固定资产	49	6051	△其他业务收入
21	1602	△累计折旧	50	6101	公允价值变动损益
22	1604	△在建工程	51	6111	投资收益
23	1606	固定资产清理	52	6301	△营业外收入
24	1701	△无形资产	53	6401	△主营业务成本
25	1801	△长期待摊费用	54	6402	△其他业务成本
26	1901	△待处理财产损益	55	6403	税金及附加
		二、负债类	56	6601	△销售费用
27	2001	△短期借款	57	6602	△管理费用
28	2201	△应付票据	58	6603	△财务费用
29	2202	△应付账款	59	6701	资产减值损失
30	2203	△预收账款	60	6711	△营业外支出
31	2211	△应付职工薪酬	61	6801	△所得税费用
32	2221	△应交税费			

注：△表示常用会计科目，本表未列共同类会计科目。

课堂练习

1. 单项选择题

(1) 会计科目的对象是( )。
　　A. 会计对象　　B. 会计要素　　C. 会计历史　　D. 会计内涵

(2) 不属于资产类会计科目的是( )。
　　A. 原材料　　B. 专利　　C. 预收账款　　D. 库存现金

(3) 其他应收款属于( )科目。
　　A. 所有者权益类　B. 共同类　　C. 负债类　　D. 资产类

(4) 关于本年利润表述错误的是( )。
　　A. 可能是负数　　　　　　B. 不反映企业经营成果
　　C. 是损益类会计科目　　　D. 一定是正数

2. 多项选择题

(1) 会计科目按照反映的经济内容分为( )。
　　A. 所有者权益类会计科目　　B. 收入类会计科目
　　C. 共同类会计科目　　　　　D. 损益类会计科目

(2) 设置会计科目需要遵循( )原则。
　　A. 实用性　　B. 合法性　　C. 相关性　　D. 简便性

(3) 研发支出( )。
　　A. 属于费用类会计科目　　　B. 属于成本类会计科目
　　C. 属于自行研发无形资产的支出　D. 可以转嫁他人

3. 判断题

(1) 根据实际需要,二级及以下会计科目可以自行设置。　　　　　(　)
(2) 一级会计科目是不可以随意变更的。　　　　　　　　　　　(　)
(3) 资本减值属于资产类会计科目。　　　　　　　　　　　　　(　)
(4) 会计科目和会计要素是一一对应的关系。　　　　　　　　　(　)

4. 思考题

(1) 为什么要设置会计科目?
(2) 会计科目有哪几类?

任务实施

(1) 请按经济内容对下列会计科目进行分类。

库存现金、应收账款、预收账款、预计负债、利润分配、生产成本、主营业务成本、罚款所得、制造费用、累计折旧、预付账款、营业外支出、外汇买卖、衍生工具。

提示:按反映的经济内容判断会计科目属于哪一类,为以后账务处理打下基础。这部分内容必须牢固掌握,越扎实越好。

(2)判断下列哪些科目属于总分类科目,哪些属于明细分类科目,并说出总分类科目和明细分类科目的联系与区别。

原材料、原料及主要材料、电缆。

提示:原材料属于总分类科目又称总账科目、一级科目;原料及主要材料属于明细科目,又称二级科目;电缆属于三级科目。二级科目和三级科目都属于明细科目。

任务演练

(1)熟悉常用的会计科目,说出六类会计科目的内涵和主要内容。

(2)公司将10万元用于产品推广会展,如何做会计确认?

(3)根据所学,判断下列科目按反映的经济内容划分,属于什么类型科目。

在途物资、存货跌价准备、本年利润、预收账款、制造费用、管理费用、生产成本、主营业务成本、资产减值损失。

教师组织学生参与上述三个任务演练,分别委派代表进行展示。

任务考核

项目名称	评价内容	分值	评价分值	
			自评	教师评分
个人素养考核项目(20%)	出勤情况	5分		
	仪容仪表	5分		
	课堂纪律和学习态度	10分		
专业能力考核项目(80%)	参与教学活动并正确理解任务要求	10分		
	课堂练习和任务完成情况	70分		
合计:综合分数	自评(30%)+教师评分(70%)	100分		
综合评语		教师(签名)		

任务总结

(1)通过学习和演练,对会计科目有了系统的认知。

(2)熟悉常用的会计科目,要识记并领会其中的含义。

任务2.5 掌握会计账户及其应用

★ 知识目标

理解会计账户的含义,掌握会计账户的结构、内容与方法。

★ 技能目标

能运用所学会计账户知识,熟练登记"T"字形账户。

★ 素养目标

建立运用会计账户对会计要素进行专业语言表达的思维模式。

任务导入

智达科技公司预筹建一个新的酒店,会计希某按照智达科技公司原有的会计账户设计账户,是否妥当?你认为应该怎样设置?

任务准备

一、会计账户的含义

会计账户是指根据会计科目设置的,具有一定格式和结构,用于分类反映会计要素增减变动情况及其结果的载体。

二、会计账户与会计科目的关系

根据会计账户的定义,可以看出会计账户与会计科目既相互联系又相互区别。两者的联系在于,它们都反映经济事件的内容。区别在于,会计科目只是对会计对象的具体内容进行分类核算的项目,而账户是针对经济业务引起的会计要素具体内容的增减变化的空间架构;会计科目只是一个分类标志,本身没有结构,不能记录和反映经济业务的增减变化及结果,会计科目只是对会计要素的具体内容进行科学分类,不能进行具体的会计核算,也不能反映经济业务发生所引起的会计要素各项目的增减变动情况和结果。在会计科目的基础上设置会计账户就是为了弥补上述不足,会计账户是会计核算业务的重要手段和途径。

会计账户是根据会计科目设置的,因此,会计科目就是账户的名称。在实际核算业务中,应注意会计科目和会计账户的联系与区别。

三、会计账户的分类

(一)根据提供信息的详细程度及其统驭关系分类

会计账户根据提供信息的详细程度及其统驭关系可以分为总分类账户和明细分类账户。

1. 总分类账户

总分类账户是指根据总分类科目设置的,用于对会计要素具体内容进行总括分类核算的账户,简称总账。

2. 明细分类账户

明细分类账户是根据明细分类科目设置的,用来对会计要素具体内容进行明细分类核算的账户,简称明细账。明细分类账户是对总分类账户的进一步细化。

总分类账户和所属明细分类账户核算的内容相同,它们是层级关系。总分类账户是明细分类账户的高一层级。总分类账户统驭和控制所属明细分类账户,明细分类账户从属于总分类账户。它们反映核算内容的详细程度有所不同,两者相互补充,相互制约,相互核对和引证。

（二）根据核算的经济内容分类

会计账户根据核算的经济内容可分为资产类账户、负债类账户、所有者权益类账户、成本类账户和损益类账户。

1. 资产类账户

资产类账户是用来核算和监督企业各种资产增减变动和结果的账户，主要包括"库存现金""银行存款""其他货币资金""交易性金融资产""应收票据""应收账款""预付账款""应收股利""应收利息""其他应收款""材料采购""原材料""库存商品""长期股权投资""固定资产""在建工程""无形资产""长期待摊费用"等账户。

2. 负债类账户

负债类账户是用来核算和监督企业各种负债增减变动和结果的账户，主要包括"短期借款""交易性金融负债""应付票据""应付账款""预收账款""应付职工薪酬""应交税费""应付利息""应付股利""其他应付款""长期借款""应付债券""长期应付款"等账户。

3. 所有者权益类账户

所有者权益类账户是用来核算和监督所有者权益增减变动和结果的账户，主要包括"实收资本""资本公积""盈余公积""本年利润""利润分配"等账户。

4. 成本类账户

成本类账户用来核算企业生产过程中为研发和生产产品的直接消耗，主要包括"生产成本""研发支出""制造费用""劳务成本"等账户。

5. 损益类账户

损益类账户是根据损益类科目设置的，反映企业实现的收入和发生的相关费用及直接记入利润的利得和损失，以便按照配比原则计算确认当期损益的账户。按照损益的构成要素，损益类账户又可以分为收入类账户、费用类账户及直接记入利润的利得和损失类账户。费用类账户的增加额记借方，收入类账户的减少额记借方。根据企业会计制度的规定，损益类账户余额应当在期末结转，结转后损益类账户期末余额为零。损益类账户主要包括"主营业务成本""主营业务收入""其他业务成本""其他业务收入""营业外收入""营业外支出""管理费用""销售费用""财务费用"等账户。

四、会计账户的功能与结构

（一）会计账户功能

会计账户的功能在于连续、系统、完整地提供企业经济活动中各会计要素增减变动及其结果的具体信息。会计要素在特定会计期间增加和减少的金额，分别称为账户的"本期增加发生额"和"本期减少发生额"，二者统称为账户的"本期发生额"；会计要素在会计期末的增减变动结果，称为账户的"余额"，具体表现为期初余额和期末余额，账户上期的期末余额转入本期,即为本期的期初余额;账户本期的期末余额转入下期,即为下期的期初余额。

账户的期初余额、期末余额、本期增加发生额、本期减少发生额统称为账户的四个金额要素。对于同一账户,它们的基本关系为

$$期末余额＝期初余额＋本期增加发生额－本期减少发生额$$

(二) 会计账户的结构

1. 基本要素结构

(1) 账户名称,也就是会计科目。
(2) 日期,用以说明经济业务记录的日期。
(3) 凭证字号,表明账户记录所依据的凭证。
(4) 摘要,概括说明经济业务的内容。
(5) 金额,业务引起的增加额、减少额和余额。

2. 账户的结构格式

(1) "T"字形账户。"T"字形账户只需要简明地写明账户的名称、记账方向和变动金额三个基本要素,如图 2-6 所示。

借方	账户名称	贷方
发生额		发生额
余额		余额

图 2-6 "T"字形账户的基本结构

"借"和"贷"表示记账符号(或者方向),并不表示增加或者减少。不同类型的会计账户增加额或者减少额记在借方或贷方,如图 2-7 和图 2-8 所示。

借方	资产、成本、损益(支出)	贷方
期初余额		
增加额		减少额
期末余额		

图 2-7 资产类、成本类、损益(支出)类账户"T"字形账户结构

借方	负债、所有者权益、损益(收入)	贷方
		期初余额
减少额		增加额
		期末余额

图 2-8 负债类、所有者权益类、损益(收入)类账户"T"字形账户结构

(2) 会计账户一般格式。会计账户的一般格式包含会计账户的全部要素,包括账户名称、日期、凭证编号、摘要、借方、贷方、借(贷)、余额,如表 2-4 所示。

表 2-4 会计账户一般格式

账户名称：

年		凭证编号	摘要	借方	贷方	借（贷）	余额
月	日						

课堂练习

1. 单项选择题

(1) 开设会计账户的依据是（　　）。
　　A. 会计方法　　B. 会计等式　　C. 会计科目　　D. 会计要素

(2) 会计账户的基本结构是指（　　）。
　　A. 账户的具体形式　　　　　　B. 账户登记的日期
　　C. 账户登记的经济内容　　　　D. 账户中登记增减金额的栏次

(3) 会计科目与会计账户的共同点是（　　）。
　　A. 科目可以随便列举，账户不可以
　　B. 会计账户按照经济业务实际填制
　　C. 它们都是一种会计方法
　　D. 会计科目前后一致，会计账户可随时变更

2. 多项选择题

(1) "T"字形账户应具备的要素有（　　）。
　　A. 账户名称　　　　　　　　　B. 记账符号（方向）
　　C. 变动金额　　　　　　　　　D. 账户填制人

(2) 关于会计账户说法正确的有（　　）。
　　A. 必须有账户名称　　　　　　B. 设置的依据是会计科目
　　C. 用来说明会计科目　　　　　D. 账户增减金额随意变更

(3) 属于负债类账户有（　　）。
　　A. "预收账款"账户　　　　　　B. "预付账款"账户
　　C. "坏账准备"账户　　　　　　D. "应收账款"账户

(4) 会计账户中各项金额的关系可用（　　）表示。
　　A. 本期期初余额＝上期期末余额
　　B. 期初余额＋本期增加发生额＝期末余额＋本期减少发生额
　　C. 期末余额＝期初余额＋本期增加发生额－本期减少发生额
　　D. 期末余额＝本期增加发生额＋本期减少发生额

3. 判断题

(1) 会计账户和会计科目的区别在于反映的经济内容不同。　　　　　（　　）

(2) 总分类账户不得随意设置。（　　）
(3) 损益类账户借方表示减少，贷方表示增加。（　　）
(4) 总分类账户和明细分类账户具有对应关系。（　　）

4. 思考题

(1) 会计账户与会计科目有什么关系？

(2) 会计账户的要素有哪些？

任务实施

(1) 明细分类账户根据明细分类科目设置，它是对会计要素具体内容进行总括分类核算的账户。这个说法对吗？

提示：明细分类账户是根据明细分类科目设置的，是对会计要素具体内容进行明细分类核算的账户。因此，该说法错误。

(2) 成本类账户反映了企业为了组织生产和完成产品生产，并投放市场获取收入而不得不花销的费用和成本。这个说法对吗？

提示：成本类账户是用来反映企业存货在取得或形成的过程中成本归集和计算过程的账户，反映企业为生产产品、提供劳务而发生的经济利益的流出。它针对一定成本计算对象（如某产品、某类产品、某批产品、某生产步骤等），表明了由此发生的企业经济资源的耗费。由此，该说法正确。

(3) 准确判断出下列账户增加和减少的方向。

① "主营业务收入""管理费用""其他业务收入""其他业务成本"账户。

提示：以上四个会计账户都属于损益类账户，要注意的是损益类账户又分为两种情况，收入类账户是贷方表示增加，借方表示减少，支出类账户是借方表示增加，贷方表示减少。

因此，"主营业务收入"和"其他业务收入"账户贷方表示增加，借方表示减少。"管理费用"和"其他业务成本"账户借方表示增加，贷方表示减少。

② "生产成本""固定资产""预收账款""预付账款""应收账款""本年利润"账户。

提示：资产类账户、成本类账户借方表示增加，贷方表示减少。负债类账户、所有者权益类账户贷方表示增加，借方表示减少。因此，"生产成本""固定资产""预付账款""应收账款"账户借方表示增加，贷方表示减少。"预收账款""本年利润"账户贷方表示增加，借方表示减少。

(4) 准确判断下列账户余额的方向。

"预付账款""银行存款""短期借款""实收资本""生产成本""销售费用"账户。

提示："预付行款"账户属于资产类账户，借方表示增加，余额在借方。

"银行存款"账户属于资产类账户，借方表示增加，余额在借方。

"短期借款"账户属于负债类账户，贷方表示增加，余额在贷方。

"实收资本"账户属于所有者权益类账户，贷方表示增加，余额在贷方。

"生产成本"账户属于成本类账户，借方表示增加，余额在借方。

"销售费用"账户属于损益类账户，损益类账户没有余额。

任务演练

根据会计账户的期初余额、期末余额、本期增加发生额和本期减少发生额的基本关系补充表2-5。

表2-5　会计账户变动金额　　　　　　　　　　　　　　　　单位:元

账户名称	期初余额	本期增加发生额	本期减少发生额	期末余额
库存现金	50 000		40 000	80 000
银行存款		100 000	60 000	50 000
在途物资	20 000	10 000	30 000	
预付账款	60 000		50 000	30 000
预收账款	10 000	30 000	15 000	
短期借款	20 000		20 000	33 000
实收资本	40 000	10 000		60 000
未分配利润		50 000	30 000	90 000

教师组织学生分组完成任务演练,并派出代表进行展示。

任务考核

项目名称	评价内容	分值	评价分值	
			自评	教师评分
个人素养考核项目(20%)	出勤情况	5分		
	仪容仪表	5分		
	课堂纪律和学习态度	10分		
专业能力考核项目(80%)	参与教学活动并正确理解任务要求	10分		
	课堂练习和任务完成情况	70分		
合计:综合分数_____	自评(30%)+教师评分(70%)	100分		
综合评语		教师(签名)		

任务总结

(1)掌握会计账户的含义、分类、功能等知识,理解会计科目与会计账户的关系。

(2)熟练掌握资产类、负债类、成本类、所有者权益类、损益类账户的"T"字形结构,知道账户金额增减应该登记在借方还是贷方。

(3)掌握会计账户的期初余额、本期发生额及期末余额的关系,能够验证账户金额变动是否正确。

课堂练习答案

掌握会计等式与试算平衡

 项目导学

为了更好地核算和监督企业的经济业务,我们要明确资金的来龙去脉,即"资金从哪里来、到哪里去",对企业的经济互动进行全面、连续、系统的核算和监督。企业的资金不仅指现实的货币资金,还包括以货币为计量的生产要素的总和。在企业经济活动中,企业资金总量保持不变,而资金的形态在业务发生的不同阶段表现为不同形态。

本项目介绍会计要素之间的关系,以及会计等式与试算平衡。

 案例导航

案例1:什么是复式记账法?

会计专业的都逗同学以自己的学习和生活活动为对象进行会计核算,把生活费、打工收入和开支记录下来进行对比,弄清楚资金的运动过程。

案例导航解析

【思考】 如何理解都逗同学的这种核算方法?

案例2:如何理会计试算平衡?

欧阳是实习会计,月末完成会计业务核算,包括设置会计账户、编写会计分录、过账和编制试算平衡表。他认为,只要试算平衡表的借方金额等于贷方金额,试算平衡表就没有问题,核算就是正确的。

【思考】 欧阳的想法正确吗?为什么?

任务3.1 领会会计等式及业务应用

★ **知识目标**

掌握会计等式的内涵及等式要素的变化关系。

★ **技能目标**

能够熟练运用会计等式的原理,准确判断经济业务的类型。

★ **素养目标**

理解会计要素变化与经济业务的关系,以认真、谨慎的态度处理经济业务。

任务导入

智达科技公司上市融资 8 000 000 元,这对公司的资产和负债有什么影响?你认为该公司是否实力增强了?

任务准备

一、会计等式

会计等式也称会计方程式、会计平衡公式,是反映会计要素之间内在平衡关系的等式。会计等式是复式记账、试算平衡和编制会计报表的理论依据。

(一)财务状况等式

企业的财务状况等式实际是资产、负债和所有者权益之间关系的等式。这组等式由会计的静态要素构成,是会计静态要素等式,也叫会计第一恒等式。

企业运营必须拥有可供支配的资源,在会计上叫作资产。资产来源有投资者投资和债权人投入。投资者向企业投入资产供企业使用形成了投入资产要求权,这种要求权即所有者权益;债权人借给企业资产,要企业按期收回本金和利息而拥有要求权,这种要求权即负债。综上,企业拥有资产就必然拥有相应的权益,即

$$资产=权益$$

权益又包括所有者权益和债权人权益(负债),因此,上述等式变形为

$$资产=债权人权益+所有者权益$$

即

$$资产=负债+所有者权益$$

通过上述论证,可以得出资产和权益的关系如下。

(1)资产与权益相互依存,对立统一。资产和权益不能独立存在,有一定的权益,必然有一定的资产,反之亦然。

(2)资产和权益数量相等。有多少资产,必然有多少权益。

(3)资产和权益的平衡关系不受经济事项影响,保持恒等。

(二)经营成果等式

企业的经营成果等式实际是收入、费用和利润之间关系的等式。企业拥有可控制的资源用于开启生产经营活动,取得预期经济效益,即收入。为了取得收入又不得不发生经济利益的流出,即费用。企业在一定时期内取得的收入与支出的费用的差额就是企业的经营成果,即利润。于是这种关系在数量上描述为

$$收入-费用=利润$$

经营成果等式反映了企业在一定期间的经营成果,它是企业确定利润、设置损益类账

户、设定和编制利润表的理论依据。这组等式由会计的动态要素构成,是会计动态要素等式,也叫会计第二等式。

(三) 会计等式的转化

收入可能增加资产和所有者权益,而费用必然导致企业资产和所有者权益减少。由此,两个会计等式之间的关系为

资产＝负债＋所有者权益＋利润

资产＝负债＋所有者权益＋收入－费用

资产＋费用＝负债＋所有者权益＋收入

二、经济事项对会计等式的影响

会计的静态要素等式"资产＝负债＋所有者权益"在经济事项发生时,无论要素发生增加或者减少,等式永远保持平衡。在此基础上,等式两边的要素变化分为以下九种基本类型。

(1) 一种资产减少,另一种资产等额增加。
(2) 一种负债减少,另一种负债等额增加。
(3) 一种所有者权益减少,另一种所有者权益等额增加。
(4) 一种资产增加,一种负债等额增加。
(5) 一种资产增加,一种所有者权益等额增加。
(6) 一种资产减少,一种负债等额减少。
(7) 一种资产减少,一种所有者权益等额减少。
(8) 一种负债增加,一种所有者权益等额减少。
(9) 一种负债减少,一种所有者权益等额增加。

课堂练习

1. 单项选择题

(1) 用银行存款偿还应付账款后( )。
 A. 权益减少 B. 会计等式不平衡
 C. 负债增加 D. 费用减少

(2) 企业的资产和权益的关系是( )。
 A. 互不相干 B. 资产大于权益
 C. 总是对应额度相等 D. 权益大于资产

(3) 会计第一恒等式的作用是( )。
 A. 反映企业经营成果 B. 反映企业财务状况
 C. 反映企业运营能力 D. 反映企业的负债能力

(4) 会计动态要素构成的恒等式( )。

A. 反映企业经营成果　　　　　　B. 反映企业财务状况
C. 反映企业运营能力　　　　　　D. 反映企业的负债能力

2. 多项选择题

(1) 会计第一等式(　　)。
　　A. 资产＝负债＋所有者权益　　B. 反映了企业的财产状况
　　C. 是编制资产负债表的基本依据　D. 适用于任何情况的经济业务

(2) 用银行借款偿还应付账款的业务,说法正确的是(　　)。
　　A. 一种资产减少,同时一种负债也减少
　　B. 一种负债减少,同时另一种负债增加
　　C. 实际是旧债灭亡,新债产生
　　D. 取得银行借款,企业资产增加,负债也增加

(3) 关于会计等式转化表述正确的是(　　)。
　　A. 资产＝负债＋所有者权益＋收入
　　B. 资产＋费用＝负债＋所有者权益＋收入
　　C. 反映企业的经营成果与财产状况
　　D. 本质仍是"资产＝负债＋所有者权益"

(4) 不影响资产总额的有(　　)。
　　A. 用银行存款购入原材料　　　B. 向供货单位赊购商品
　　C. 从银行提取现金　　　　　　D. 用银行存款偿还前欠货款

3. 判断题

(1) 会计等式反映了会计要素之间的关系。　　　　　　　　　　(　　)
(2) 编制利润表的依据是"收入－费用＝利润"。　　　　　　　　(　　)
(3) 由"资产＝负债＋所有者权益"可以判断分析所有经济业务的内容。(　　)
(4) 收到投资时,企业资产增加,所有者权益也增加。　　　　　　(　　)
(5) 任何时候会计等式都是相等的。　　　　　　　　　　　　　(　　)

4. 思考题

(1) 写出会计的三组恒等式。
(2) 怎样理解经济事项对会计等式的影响?

任务实施

(1) 退还投资者投资 200 000 元。请分析业务类型。

提示:依据资产＝负债＋所有者权益,企业的资产减少 200 000 元,同时所有者权益减少 200 000 元。

(2) 取得银行贷款偿还应付账款 50 000 元。请分析业务类型。

提示:根据会计第一恒等式,取得贷款和偿还应付账款对企业来说都是负债。因此,这项业务属于一种负债增加,另一种负债减少。

任务演练

融发公司 2023 年 8 月 1 日所有资产项目合计 900 000 元,负债项目合计 310 000 元,所有者权益项目合计为 590 000 元。该企业 2023 年 8 月发生下列经济业务。

（1）购入材料一批已入库,金额 6 000 元,材料款尚未支付。

（2）购入材料一批已入库,金额 4 000 元,材料款以银行存款支付。

（3）投资者追加投入设备一台,价值 70 000 元。

（4）从银行借入资金 40 000 元,并存入银行账户。

（5）收到购货单位归还所欠货款 20 000 元,存入银行账户。

（6）以现金 1 000 元支付采购人员出差预借的差旅费。

（7）以银行存款 30 000 元偿还短期借款。

（8）接受外单位捐赠设备一套,现有价值 40 000 元。

（9）从银行取得借款 6 000 元,直接偿付所欠购料款。

（10）以银行存款 30 000 元缴纳税金。

（11）以银行存款 10 000 元偿付前欠料款。

（12）从银行提取现金 4 000 元。

（13）把盈余公积 10 000 元,用于转增资本。

根据上述经济业务,逐项分析其对资产、负债及所有者权益三类会计要素增减变动的影响。计算 2023 年 8 月末资产、负债及所有者权益三类会计要素的总额,并列出会计等式。

任务考核

项目名称	评价内容	分值	评价分值	
			自评	教师评分
个人素养考核项目 (20%)	出勤情况	5 分		
	仪容仪表	5 分		
	课堂纪律和学习态度	10 分		
专业能力考核项目 (80%)	参与教学活动并正确理解任务要求	10 分		
	课堂练习和任务完成情况	70 分		
合计:综合分数_____	自评(30%)+教师评分(70%)	100 分		
综合评语		教师(签名)		

任务总结

（1）掌握会计等式的内容和意义。

（2）掌握经济业务对会计等式的影响。以"资产＝负债＋所有者权益"将经济业务分为九类,发生经济业务不会破坏会计等式的恒等关系。

任务 3.2　学会借贷记账法及其应用

★ **知识目标**
熟悉复式记账法的特点,理解复式记账法的记账要领。
★ **技能目标**
能够运用借贷记账法准确登记"T"字形账户。
★ **素养目标**
培养会计职业素养,真实、准确地完成记账。

任务导入

智达科技公司会计希某认为,会计科目和会计账户是一回事。你认为呢?

任务准备

一、会计记账方法

记账方法就是根据资金运动的原理,采用一定的计量单位和记账规则,记录经济业务,反映资金运动的专门方法。记账方法可分为单式记账法和复式记账法,如图 3-1 所示。

图 3-1　会计记账方法

(一) 单式记账法

单式记账法是指对发生的每一项经济业务,只在一个账户中进行登记的记账方法。单式记账法操作简单,手续便捷,但只能反映业务的一个方面,不存在账户对应关系,故不能完整反映"资金的来龙去脉",无法确认账户是否正确。因此,单式记账法不常用。

(二) 复式记账法

复式记账法是指对发生的每一项经济业务,同时在两个或者两个以上的相互联系的账户中以相等的金额进行登记的记账方法。复式记账法能够全面、系统、完整地反映经济业务的内容,清晰反映"资金的来龙去脉",还能检验账户的正确性。因此,复式记账法得到了广泛的应用。

二、借贷记账法的运用

(一)借贷记账法的概念

借贷记账法是以"借"和"贷"作为记账符号,以"有借必有贷,借贷必相等"为记账规则的一种复式记账法。

(二)借贷记账法的记账符号与变动金额

"借"和"贷"源于货币的借贷业务,"借"和"贷"表示债权债务关系。在现代会计复式记账核算中,"借"和"贷"只是记账符号,代表方向,不再具有原来的经济含义。在借贷记账法下,记账符号"借"和"贷"后面分别记录账户的变动金额。因此,借贷记账法的三要素包括:账户名称(会计科目名称)、记账方向("借"与"贷")和变动金额(相应的货币金额)。

(三)借贷记账法的账户结构

在借贷记账法下,"T"字形账户上部中间是账户名称,左边是借方,右边是贷方,如图 3-2 所示。

图 3-2 借贷记账法"T"字形账户

不同性质的账户,借方和贷方的内容不同,变动金额登记在借方还是贷方,主要取决于账户的性质和经济内容。

1. 资产类账户的结构

在借贷记账法下资产类账户借方登记资产增加,贷方登记资产减少,资产账户的期末余额在借方,如图 3-3 所示。

借方	资产类账户	贷方
期初余额		
增加额		减少额
本期发生额		本期发生额
期末余额		

图 3-3 资产类账户的结构

资产类账户期末余额计算公式为

期末借方余额=期初借方余额+本期借方发生额-本期贷方发生额

2. 负债类账户的结构

在借贷记账法下负债类账户借方登记负债减少,贷方登记负债增加,账户的期末余额在贷方,如图 3-4 所示。

借方	负债类账户	贷方
	期初余额	
减少额	增加额	
本期发生额	本期发生额	
	期末余额	

图 3-4　负债类账户的结构

负债类账户期末余额计算公式为

　　期末贷方余额＝期初贷方余额＋本期贷方发生额－本期借方发生额

3. 所有者权益类账户的结构

在借贷记账法下所有者权益类账户借方登记所有者权益减少，贷方登记所有者权益增加，所有者权益类账户的期末余额在贷方，如图 3-5 所示。

借方	所有者权益类账户	贷方
	期初余额	
减少额	增加额	
本期发生额	本期发生额	
	期末余额	

图 3-5　所有者权益类账户的结构

所有者权益类账户期末余额计算公式为

　　期末贷方余额＝期初贷方余额＋本期贷方发生额－本期借方发生额

4. 成本类账户的结构

成本类账户与资产类账户的特点基本相同，借方登记成本增加，贷方登记成本减少，期末一般成本转出，没有余额。如果有成本没有转出，那余额在借方。成本类账户的结构如图 3-6 所示。

借方	成本类账户	贷方
期初余额		
增加额	减少额	
本期发生额	本期发生额	
期末余额		

图 3-6　成本类账户的结构

成本类账户期末余额计算公式为

　　期末借方余额＝期初借方余额＋本期借方发生额－本期贷方发生额

5. 收入类账户的结构

企业收入会导致所有者权益增加。由此，收入类账户与所有者权益类账户的特点基本相同，借方登记收入减少，贷方登记收入增加，期末一般收入转出，没有余额。收入类账户的结构如图 3-7 所示。

借方	收入类账户	贷方
减少额		增加额
本期发生额		本期发生额

图 3-7 收入类账户的结构

6. 费用类账户的结构

费用增加导致所有者权益减少。由此,收入类账户与所有者权益类账户的特点正好相反,借方登记费用增加,贷方登记费用减少,期末一般费用转出,没有余额。费用类账户的结构如图 3-8 所示。

借方	费用类账户	贷方
增加额		减少额
本期发生额		本期发生额

图 3-8 费用类账户的结构

收入类账户和费用类账户都属于损益类账户,它们由不同的会计要素决定,两者的变动金额和方向是不一样的。

> **小知识**
>
> 在借贷记账法下,六类账户的基本结构可以借助"资产+费用=负债+所有者权益+收入"等式来记忆:会计等式左边的账户"借方登记增加、贷方登记减少",右边的账户"贷方登记增加、借方登记减少"。由于成本类账户与资产类账户结构类似,因此可以进一步简记为"资、成、费借增贷减,负、所、收贷增借减"。

会计账户变动金额的登记方向不同,为了便于学习掌握,进行登记账户业务处理,表 3-1 对会计账户变动金额的登记方向进行了归纳和汇总。

表 3-1 借贷记账法各类账户结构

账户名称	借方	贷方	余额方向
资产类账户	增加	减少	借方
负债类账户	减少	增加	贷方
所有者权益类账户	减少	增加	贷方
成本类账户	增加	减少(或转销)	借方
损益类账户:收入类账户	减少(或转销)	增加	一般无余额
损益类账户:费用类账户	增加	减少(或转销)	一般无余额

> **小知识**
>
> 为了增强理解与记忆,可以总结出账户的借贷关系原则:资(资产)费(费用)成(成本)增加记借方,减少记贷方;负(负债)所(所有者权益)收(收入)增加记贷方,减少记借方。

课堂练习

1. 单项选择题

   (1) 在借贷记账法下,费用类账户的借方表明(　　)。
   　　A. 费用增加　　　　　　　　　　B. 企业费用减少
   　　C. 利润增加　　　　　　　　　　D. 利润减少

   (2) 普遍采用的复式记账法是(　　)。
   　　A. 增减记账法　　B. 收付记账法　　C. 单式记账法　　D. 借贷记账法

   (3) 采用复式记账法主要为了(　　)。
   　　A. 便于登记账簿
   　　B. 全面地、相互联系地反映资金运动的来龙去脉
   　　C. 提高会计工作效率
   　　D. 便于会计人员的分工协作

2. 多项选择题

   (1) 下列账户增加额记在借方的是(　　)。
   　　A. 资产类账户　　B. 负债类账户　　C. 费用类账户　　D. 成本类账户

   (2) 下列记账方法属于复式记账法的有(　　)。
   　　A. 收付记账法　　B. 单式记账法　　C. 借贷记账法　　D. 增减记账法

   (3) 复式记账法的特点是(　　)。
   　　A. 可以全面、系统地反映经济活动的过程与结果
   　　B. 便于试算平衡,以检查账户记录是否正确
   　　C. 所记账户之间形成相互对应关系
   　　D. 可以全面、清晰地反映资金运动的来龙去脉

   (4) 单式记账法下(　　)。
   　　A. 账户设置不完整,不能反映经济活动的全貌
   　　B. 不形成账户对应关系,不能反映资金运动的来龙去脉
   　　C. 对发生的每一项经济业务,只在一个账户中登记
   　　D. 账户登记不完整

3. 判断题

   (1) 复式记账法就是重复地反映资金运动。(　　)
   (2) 借贷记账法下,借方可以表示资产和费用的增加,以及负债和所有者权益的减少。
   　　(　　)
   (3) 负债类账户及所有者权益类账户的结构应与资产类账户的结构一致。(　　)
   (4) 所有账户的借贷方向登记规则都是一样的。(　　)

4. 思考题

   (1) 什么是复式记账法?包括哪些具体方法?
   (2) 各类账户的记账规则有什么?

任务实施

(1) 某企业"其他往来"总账期初余额为借方600元,其三个明细账的期初余额分别为甲厂借方800元,乙厂贷方300元,由此推算丙厂期初余额是多少?

提示:根据账户关系原理,得出丙厂期初余额为600+800-300=1 100(元)。丙厂应为贷方1 100元。

(2) 甜甜用微信购买了一个平板电脑,单式记账法和复式记账法下分别应如何记账?

提示:单式记账法下登记"固定资产"账户增加,或者登记"银行存款"账户减少。

复式记账法下登记"固定资产"账户增加,同时登记"银行存款"账户减少。

任务演练

根据腾跃公司某年5月的经济业务,绘制"T"字形账户,分析账户之间的对应关系。

(1) 1日,追加投入资本200 000元。
(2) 6日,开出现金支票25 000元,偿还欠款。
(3) 10日,收回销售货款30 000元。
(4) 16日,向银行借入3个月的短期借款20 000元,归还购货款。
(5) 20日,从银行提取现金220 000元。
(6) 21日,职工出差提取备用金5 000元。
(7) 22日,银行同意公司所持3个月期限的短期借款300 000元延缓偿还,期限2年。
(8) 24日,董事会决定将盈余公积60 000元转投资。
(9) 24日,向投资者分配红利400 000元。
(10) 31日,决定将债权人应付账款50 000元转为资本。

任务考核

项目名称	评价内容	分值	评价分值	
			自评	教师评分
个人素养考核项目(20%)	出勤情况	5分		
	仪容仪表	5分		
	课堂纪律和学习态度	10分		
专业能力考核项目(80%)	参与教学活动并正确理解任务要求	10分		
	课堂练习和任务完成情况	70分		
合计:综合分数____	自评(30%)+教师评分(70%)	100分		
综合评语		教师(签名)		

任务总结

(1) 掌握会计账户和复式记账法的特点,熟悉借贷记账法的原理和业务处理。
(2) 熟练掌握在"T"字形账户中登记各类账户变动金额和方向的方法。

任务3.3 掌握会计分录的编制方法

★ 知识目标

理解如何用借贷记账法编制会计分录。

★ 技能目标

能熟练进行会计分录的编制。

★ 素养目标

建立缜密的会计思维体系。

任务导入

智达科技公司会计希某认为,在处理很多原始业务、分析票据时,做会计分录十分麻烦,可以把众多业务放在一起,编制多借多贷的会计科目。你认为这种方法正确吗?

任务准备

一、会计分录的含义

为了便于账户登记正确,对每一笔经济业务编制会计分录。所谓会计分录,就是对某一项经济业务表明应借应贷的账户和金额的记录。会计分录的三个要素包括记账符号(即"借"和"贷")、账户名称和变动金额。

二、会计分录的分类

会计分录一般分为简单会计分录和复合会计分录。简单会计分录是由一个借方和一个贷方组成的会计分录。复合会计分录是由一个借方对应多个贷方、多个借方对应一个贷方或者多个借方对应多个贷方的会计分录。

三、会计分录的格式

"借""贷"分两行排列,"借"在上,"贷"在下,并且缩进一个字。"借""贷"后面是冒号,冒号之后是会计科目,会计科目之后至少空出一个字,写变动金额数字。

例如,退回投资者投资10 000元,请写出会计分录。

借:实收资本　　　　　　　　　　　　　　10 000
　　贷:银行存款　　　　　　　　　　　　　10 000

四、会计分录的编制方法

为了准确地编制会计科目,应遵循以下三个步骤。

(1)定属性、分类型。根据交易事项和会计恒等式确定经济的类型(九种),然后确定账户的性质,明确隶属资产类账户、负债类账户、所有者权益类账户、收入类账户、费有类账户还是成本类账户。

(2) 写账户、明增减。根据账户类型确定经济业务涉及的具体账户名称,明确金额是增加还是减少。

(3) 转格式、写分录。根据会计分录的格式要求,写出会计分录。

课堂练习

1. 单项选择题

(1) 会计分录用来解释说明(　　)。
   A. 会计对象　　B. 会计科目　　C. 复式记账法　　D. 借贷记账法

(2) 会计分录(　　)。
   A. 是一种核算方法　　　　　　B. 是一种检查方法
   C. 编制时使用简单会计分录是错误的　　D. 是会计账户的表达

2. 多项选择题

(1) 复合会计分录要有(　　)。
   A. 一个借方一个贷方　　　　B. 一个借方和多个贷方
   C. 多个借方和一个贷方　　　D. 多个借方和多个贷方

(2) 会计分录的三个要素包括(　　)。
   A. 记账符号　　B. 账户名称　　C. 变动金额　　D. 单位名称

(3) 实际业务中,"预付账款"账户的金额(　　)。
   A. 可能在借方　　B. 可能在贷方　　C. 只能在借方　　D. 只能在贷方

3. 判断题

(1) 会计分录包括借贷记账法。　　　　　　　　　　　　　　　　(　　)
(2) 会计分录中"借"和"贷"既是记账符号,又表明增减。　　　　(　　)
(3) 会计分录研究的直接对象是会计科目。　　　　　　　　　　　(　　)
(4) 企业收到预付账款,编制会计分录时记在贷方。　　　　　　　(　　)

4. 思考题

(1) 会计分录的含义和作用是什么?
(2) 编写会计分录的方法是什么?

任务实施

(1) 以银行借款偿还应付货款 18 万元。请编制会计分录。

提示:该经济业务分两个步骤完成,先从银行取得短期借款 200 000 元,然后偿还应付货款。

① 取得借款。

借:银行存款　　　　　　　　　　　　　200 000
    贷:短期借款　　　　　　　　　　　　　　200 000

② 偿还货款。

借:应付账款　　　　　　　　　　　　　200 000

贷:银行存款　　　　　　　　　　　　　　　　　　200 000

(2) 规定公司注册资本为50万元,收到资本金80万元。请编制会计分录。

　　提示:投入80万元超过注册资本50万元的规定,多余部分应作为资本公积处理。

　　借:银行存款　　　　　　　　　　　　　　　　　　800 000
　　　贷:实收资本　　　　　　　　　　　　　　　　　　500 000
　　　　资本公积　　　　　　　　　　　　　　　　　　300 000

(3) 以银行存款偿还银行长期借款31万元,其中利息1万元。请编制会计分录。

　　提示:贷款利息应作为财务费用处理。

　　借:长期借款　　　　　　　　　　　　　　　　　　300 000
　　　财务费用　　　　　　　　　　　　　　　　　　　10 000
　　　贷:银行存款　　　　　　　　　　　　　　　　　　310 000

任务演练

根据以下经济业务编制会计分录(不考虑增值税影响)。

(1) 从银行提取现金100 000元。

(2) 以现金500元购支付水电费。

(3) 从银行借入期限为4个月的借款30 000元,存入银行。

(4) 员工出差预借差旅费3 000元。

(5) 员工报销差旅费2 400元,剩余部分以现金形式退还公司。

(6) 以银行存款20 000元偿还购货款。

(7) 收到购货款30 000元,存入银行。

(8) 收到所有者以现金对企业的投资500 000元,存入银行。

(9) 以现金90 000元支付职工工资。

(10) 以银行存款10 000元支付展销费用。

任务考核

项目名称	评价内容	分值	评价分值	
			自评	教师评分
个人素养考核项目 (20%)	出勤情况	5分		
	仪容仪表	5分		
	课堂纪律和学习态度	10分		
专业能力考核项目 (80%)	参与教学活动并正确理解任务要求	10分		
	课堂练习和任务完成情况	70分		
合计:综合分数＿＿＿＿	自评(30%)+教师评分(70%)	100分		
综合评语		教师(签名)		

任务总结

(1) 知晓编制会计分录的原理和方法,明确编制会计分录是会计的基础核算工作,必须加强编制会计分录的业务训练。

(2) 学会编制会计分录的三个步骤和验证方法,记住"有借必有贷,借贷必相等"的规则,以及"借"和"贷"仅表示记账符号,不代表增加或者减少。

任务 3.4　通晓会计试算平衡表的编制

★ **知识目标**

熟悉试算平衡表的基本原理和编制过程。

★ **技能目标**

能根据经济业务编制会计期间的试算平衡表。

★ **素养目标**

树立资金运动动态平衡的理念。

任务导入

智达科技公司会计希某进行本月账务检查,把所编制的会计分录所有的借方金额和贷方金额合计比对,总额相等。于是得出结论:本月账务是准确的。你认为这种方法正确吗?

任务准备

一、试算平衡的含义

试算平衡是指以借贷记账规则和会计等式为理论基础,以借贷平衡关系来检验全部会计记录的正确性和完整性的会计检查方法。具体而言,试算平衡是根据"资产=负债+所有者权益"这一会计等式的平衡关系,定期对各账户的借贷方发生额及余额的合计数进行核算,用以检查借贷方是否平衡,即账户记录有无错误。

二、试算平衡的方法

(一) 发生额试算平衡

发生额试算平衡公式为

全部账户的借方发生额合计=全部账户的贷方发生额合计

如果试算不平衡,推测出一定记账错误。但是试算平衡并不意味着记账正确,记账借贷漏记、重复登记或者方向相反登记等,均有可能使合计数一致。排查错误的方法是通过倒推法检验表格编制是否错误,过账是否错误,会计分录是否错误,会计"T"字形账户是否错误,经济类型判断是否错误。

(二) 余额试算平衡

余额试算平衡公式为

全部账户的借方期初余额合计＝全部账户的贷方期初余额合计

全部账户的借方期末余额合计＝全部账户的贷方期末余额合计

其中,期初余额试算平衡检查以前账户登记是否正确。一般来说期初是平衡的,否则上一会计期间无法结账。期末余额试算平衡检验会计期末账户登记是否正确。如果试算不平衡,一定存在记账错误。但是试算平衡并不意味着记账正确,记账借贷漏登、重复登记或者方向相反登记等,均有可能使合计数一致,应进一步排查错误。

试算平衡表一般在会计期初开始由会计人员开始登记续编,期末编制完成。

课堂练习

1. 单项选择题

(1) 试算平衡表是( )。

  A. 会计检查方法   B. 会计核算方法

  C. 会计记账方法   D. 会计记账方法

(2) 试算平衡表的期初余额( )。

  A. 等于上期期末余额   B. 借方和贷方总额相等

  C. 单位可以变更   D. 和本期发生额借方贷方相等

2. 多项选择题

(1) 会计试算平衡表中( )。

  A. 期初余额合计数借方等于贷方

  B. 本期发生额之和借方等于贷方

  C. 期末余额合计数借方等于贷方

  D. 只要借方总额等于贷方总额记账就是正确的

(2) 编制试算平衡表的步骤有( )。

  A. 根据经济业务写出会计分录   B. 过账

  C. 编写试算平衡表   D. 查阅相关资料

3. 判断题

(1) 只要试算平衡,就表明核算正确。 ( )

(2) 试算平衡体现了"资产＝负债＋所有者权益"的原理。 ( )

(3) 试算平衡表正确的前提是确保编制会计分录和过账正确。 ( )

(4) 过账实际就是对发生的经济业务进行同类合并的过程。 ( )

(5) 资产类账户的余额和负债类账户的余额都在借方。 ( )

4. 思考题

(1) 什么是会计试算平衡?

(2) 阐述编制会计试算平衡表的方法。

任务实施

表 3-2 显示了全泰冷链物流有限公司 2024 年 9 月 30 日各账户余额。该公司 10 月发生了 8 笔经济业务,请编制会计分录、过账、编制 10 月会计试算平衡表。

表 3-2　全泰冷链物流有限公司各账户期末余额

2023 年 9 月 30 日　　　　　　　　　　　　　　　　　　　　　　　　　　单位:元

资产	金额	负债及所有者权益	金额
库存现金	30 000	短期借款	100 000
银行存款	120 000	应付票据	101 000
应收账款	100 000	应付账款	8 000
应收票据	80 000	预收账款	1 000
其他应收账款	2 000	长期借款	150 000
原材料	140 000	实收资本	500 000
固定资产	400 000	资本公积	20 000
预付账款	15 000	盈余公积	10 000
在途物资	23 000	未分配利润	20 000
合计	910 000	合计	910 000

主管:大华　　　　　　　　审核:大壮　　　　　　　　制表:大芬

(1) 赊购一批冷冻鳕鱼,货款 40 000 元。
(2) 现金支票支付货款 8 000 元。
(3) 合作方甲投资冷藏车一台,价值 160 000 元。
(4) 以银行存款偿还长期借款 130 000 元。
(5) 决定退还合作方乙投资款 30 000 元。
(6) 董事会同意将 10 000 元盈余公积转为资本。
(7) 以库存现金偿还短期借款 20 000 元。
(8) 收到预售商品款 400 000 元。

提示:

第一步,编写 8 笔经济业务的会计分录。

(1) 借:原材料　　　　　　　　　　　　　　40 000
　　　贷:应付账款　　　　　　　　　　　　　　　40 000
(2) 借:应付账款　　　　　　　　　　　　　　8 000
　　　贷:银行存款　　　　　　　　　　　　　　　8 000
(3) 借:固定资产　　　　　　　　　　　　　　160 000
　　　贷:实收资本　　　　　　　　　　　　　　　160 000
(4) 借:长期借款　　　　　　　　　　　　　　130 000
　　　贷:银行存款　　　　　　　　　　　　　　　130 000

(5) 借:实收资本　　　　　　　　　　　30 000
　　贷:银行存款　　　　　　　　　　　　　30 000
(6) 借:盈余公积　　　　　　　　　　　10 000
　　贷:实收资本　　　　　　　　　　　　　10 000
(7) 借:短期借款　　　　　　　　　　　20 000
　　贷:库存现金　　　　　　　　　　　　　20 000
(8) 借:银行存款　　　　　　　　　　　400 000
　　贷:预收账款　　　　　　　　　　　　　400 000

第二步,过账。将 8 笔经济业务登记到账簿中,以"T"字形账户分别核算每个账户的本期发生额和期末余额,如图 3-9～图 3-26 所示。

借方	库存现金	贷方
期初余额　30 000		
本期	(2)	20 000
本期发生额		20 000
期末余额　10 000		

图 3-9　"库存现金"账户记录

借方	银行存款	贷方
期初余额　120 000		
本期(8)　400 000	(2)	8 000
	(4)	130 000
	(5)	30 000
本期发生额　400 000		168 000
期末余额　352 000		

图 3-10　"银行存款"账户记录

借方	应收账款	贷方
期初余额　100 000		
本期		
本期发生额		
期末余额　100 000		

图 3-11　"应收账款"账户记录

借方	应收票据	贷方
期初余额　80 000		
本期		
本期发生额		
期末余额　80 000		

图 3-12　"应收票据"账户记录

借方	其他应收款	贷方
期初余额　2 000		
本期		
本期发生额		
期末余额　2 000		

图 3-13　"其他应收款"账户记录

借方	原材料	贷方
期初余额　140 000		
本期　(1) 40 000		
本期发生额　40 000		
期末余额　180 000		

图 3-14　"原材料"账户记录

借方	固定资产	贷方
期初余额　400 000		
本期　(3) 160 000		
本期发生额　160 000		
期末余额　560 000		

图 3-15　"固定资产"账户记录

借方	预付账款	贷方
期初余额　15 000		
本期		
本期发生额		
期末余额　15 000		

图 3-16　"预付账款"账户记录

项目 3 掌握会计等式与试算平衡

借方	在途物流	贷方
期初余额 23 000		
本期		
本期发生额		
期末余额 23 000		

图 3-17 "在途物流"账户记录

借方	短期借款	贷方
		期初余额 100 000
本期(7) 20 000		
本期发生额 20 000		
		期末余额 80 000

图 3-18 "短期借款"账户记录

借方	应付票据	贷方
		期初余额 101 000
本期		
本期发生额		
		期末余额 101 000

图 3-19 "应付票据"账户记录

借方	应付账款	贷方
		期初余额 8 000
本期 (2) 8 000		(1) 40 000
本期发生额 8 000		40 000
		期末余额 40 000

图 3-20 "应付账款"账户记录

借方	预收账款	贷方
		期初余额 1 000
本期		400 000
本期发生额		400 000
		期末余额 401 000

图 3-21 "预收账款"账户记录

借方	长期借款	贷方
		期初余额 150 000
本期 (4) 130 000		
本期发生额 130 000		
		期末余额 20 000

图 3-22 "长期借款"账户记录

借方	实收资本	贷方
		期初余额 500 000
本期 (5) 30 000		(3) 160 000
		(6) 10 000
本期发生额 30 000		170 000
		期末余额 640 000

图 3-23 "实收资本"账户记录

借方	资本公积	贷方
		期初余额 20 000
本期		
本期发生额		
		期末余额 20 000

图 3-24 "资本公积"账户记录

借方	盈余公积	贷方
		期初余额 10 000
本期 (6) 10 000		
本期发生额 10 000		10 000
期末余额		

图 3-25 "盈余公积"账户记录

借方	未分配利润	贷方
		期初余额 20 000
本期		
本期发生额		
		期末余额 20 000

图 3-26 "未分配利润"账户记录

第三步,编写试算平衡表。根据过账情况,编制试算平衡表,如表 3-3 所示。

表 3-3 全泰冷链物流有限公司试算平衡表

2024 年 10 月 31 日　　　　　　　　　　　　　　　　　　　　　　　　　　　　单位:元

科目名称	期初余额 借方	期初余额 贷方	本期发生额 借方	本期发生额 贷方	期末余额 借方	期末余额 贷方
库存现金	30 000			20 000	10 000	
银行存款	120 000		400 000	168 000	352 000	
应收账款	100 000				100 000	
应收票据	80 000				80 000	
其他应收账款	2 000				2 000	
原材料	140 000		40 000		180 000	
固定资产	400 000		160 000		560 000	
预付账款	15 000				15 000	
在途物资	23 000				23 000	
短期借款		100 000	20 000			80 000
应付票据		101 000				101 000
应付账款		8 000	8 000	40 000		40 000
预收账款		1 000		400 000		401 000
长期借款		150 000	130 000			20 000
实收资本		500 000	30 000	170 000		640 000
资本公积		20 000				20 000
盈余公积		10 000		10 000		
未分配利润		20 000				20 000
合计	910 000	910 000	798 000	798 000	1 322 000	1 322 000

主管:严肃　　　　　　　　　审核:郑智　　　　　　　　　制表:任真

 任务演练

（1）分组讨论编制试算平衡表的原理和过程。

（2）根据下列经济业务，补充完成表 3-4。

极速快递公司 10 月发生有关业务如下。

① 5 日，支付上月购货款 26 000 元。

② 8 日，收到上月销售产品收入 280 000 元，存入银行。

③ 13 日，购置运输车辆一台，价值 200 000 元，银行存款支付。

④ 20 日，开出现金支票提取现金 20 000 元。

⑤ 23 日，银行存款购买无形资产 60 000 元。

⑥ 24 日，赊购原材料一批，价值 80 000 元。

⑦ 28 日，资本公积转投资 4 000 元。

⑧ 31 日，现金退还投资 6 000 元。

表 3-4 极速快递公司账户本期发生额和余额试算平衡表

2024 年 9 月 30 日　　　　　　　　　　　　　　　　　　　　　　　　　单位:元

账户名称	期初余额		本期发生额		期末余额	
	借方	贷方	借方	贷方	借方	贷方
银行存款			30 000	500	39 500	
在途物资	5 000		541 000		406 000	
预收账款	3 000		500	2 500	1 000	
固定资产	900 000			103 500	876 500	
短期借款		440 000		200 000		619 500
实收资本		370 000	2 000			573 500
资本公积			0	22 000		130 000
合计	918 000	918 000	674 000	674 000	1 323 000	1 323 000

主管:帅气　　　　　　　　　　审核:周正　　　　　　　　　　制表:付星

任务考核

项目名称	评价内容	分值	评价分值	
			自评	教师评分
个人素养考核项目（20%）	出勤情况	5 分		
	仪容仪表	5 分		
	课堂纪律和学习态度	10 分		
专业能力考核项目（80%）	参与教学活动并正确理解任务要求	10 分		
	课堂练习和任务完成情况	70 分		
合计:综合分数	自评(30%)＋教师评分(70%)	100 分		
综合评语		教师(签名)		

任务总结

（1）熟练地掌握试算平衡的含义及其计算公式,学会编制试算平衡表。

（2）掌握会计试算平衡表的检验方法。

课堂练习答案

下篇　会计实务技能

　　会计学原理与实务是一门理实一体的课程,只有知行合一,才能发挥功效。本书强调理实一体、知行合一,注重学习与应用相统一。初学会计,要积极在会计实践中加深对理论知识的理解,实现理论知识与实务技能互相赋能、良性互动。

项 目 ④

核算企业主要经济业务

　　企业的经营过程可分为供应过程、生产过程和销售过程。企业的资金从货币形态开始，依次在这三个过程中变换其存在的方式，并不断循环与周转，最终形成企业的利润。同时，企业依法缴纳各项税费、偿还各项债务、向所有者分配利润，部分资金最终退出企业。
　　本项目主要介绍制造业企业的主要经济业务及其账务处理。

案例导航

案例1：什么是资金？

案例导航解析

　　航航说："企业账户的存款是资金。"浩浩说："企业生产筹备的原材料也是资金。"莉莉问道："科技公司的开发专利，也算资金吧？"禾禾说："大伙都说我家农场有钱，但爸爸说都是贷款办农场，哪有钱？"凯凯说："我二叔是外企的CFO，企业的资金不仅是账户上的款项、保险柜的现金，还包括实物，如厂房、设备等。"沙沙不服气地说："企业的资金就像人体的血液，它的表现形态在各个阶段不一样。"
　　【思考】　如何理解企业资金的内涵？
　　案例2：如此折旧合理吗？
　　萱萱在经营业绩最好的年份，对公司设备进行一次性折旧并完成核算处理。
　　【思考】　这种会计处理正确吗？为什么？

任务4.1　理解企业资金运动的原理

★ **知识目标**
认识和掌握企业资金运动的特点与规律。
★ **技能目标**
能够描述企业资金运动的全过程。
★ **素养目标**
建立企业资金血液链理念，理解价值运动和价值再生原理，珍视和尊重劳动创造。

任务导入

　　智达科技公司会计希某不能完全理解企业资金运动规律。你可以为她描述出来吗？

任务准备

小知识

工业企业资金运动的过程示意图就是企业经济活动的"资金流动画图",主线反映了资金运功变化,即"资金从哪里来,到哪里去"。抓住这条主线,学习理解会计实务就容易多了。

一、企业资金的含义

企业依靠资金的流动周转完成业务,业务各阶段具有层次性、连贯性和统一性。从广义上讲,工业企业资金不仅包括现实的货币资金,而且包括以货币计量生产全过程所投入的各种生产要素的总和,如银行存款、库存现金、原材料、固定资产(厂房、设施设备等)、半成品、产成品、库存商品、应收账款、应收票据等。通常所说企业资金是狭义上的资金,是指银行存款和库存现金。

二、企业资金运动与经济业务

企业资金运动主要包括三个阶段:资金投入、资金运用(资金循环与周转)和资金退出。资金运动简单来说就是"供、产、销"流动循环。销售完成后的资金一部分用于分配利润缴纳税款,另一部分用于再次投入企业,以所有者权益的形式进入下一轮循环与周转。

如图 4-1 所示,企业通过资金运用完成相应的经济业务,实现资金价值的增值。主要经济业务有资金筹集业务、材料采购业务、产品生产业务、产品销售业务和资金退出业务。

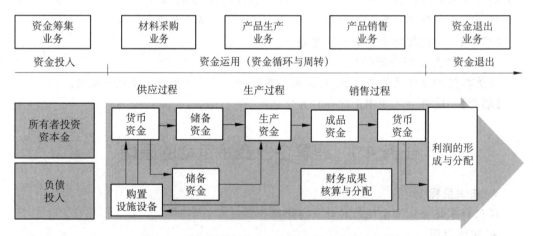

图 4-1 企业主要经济业务与资金运动模型示意图

(一)资金筹集业务

资金筹集业务为企业资金供应和生产业务打下基础。从方向上看,包括所有者投资和负债筹集。从形态上看,可以是现实的货币资金(银行存款、库存现金等),也可以是实物资产(如厂房、设置设备、融资租赁资产)、无形资产(如土地使用权、专利技术等)。

（二）材料采购业务

材料采购业务主要对原材料采购入库业务进行核算。采购过程中发生的材料款、运输费、装卸费、过桥过路费等，均列入采购成本。有的企业还要完成所采购设施设备的安全调试。材料采购业务使企业具备了生产产品所需的条件：原材料和设施设备。

（三）产品生产业务

产品生产业务主要是对原材料和人工成本的消耗进行核算，并完成产品的生产和验收入库，形成库存商品。原材料的价值被消耗，转移到新的产品中，构成新产品生产费用的一部分。设施设备等固定资产价值在生产过程中因损耗发生价值转移，构成产品生产成本。为组织生产而支付的人员工资及其他费用形成产品制造期间的制造费用，向为生产提供辅助服务的部门职工发放的薪酬构成管理费用。由此，生产过程中各种耗费均可归结为生产成本、制造费用和管理费用。

（四）产品销售业务

产品销售业务主要完成产品投放市场转化为货币资金的业务核算。销售过程中发生的相关费用按照配比原则，确定销售成本、销售费用和销售税金等。销售完成后要进行成本利润的分离。

（五）资金退出业务

资金退出业务是指企业将资金投入生产经营后，通过销售产品或提供服务获得收益，并从这些收益中回收资金的过程。这通常包括销售收入的实现、应收账款的回收、存货的变现等，以确保企业资金的良性循环。资金退出企业运营的主要途径是发放职工薪酬福利，上缴国家税款，偿还业务贷款，提取发展基金，派发股东红利等。

课堂练习

1. 单项选择题

（1）企业的存在和发展的逻辑起点是（　　）。
　　A. 筹集资金　　　B. 取得法人资格　　C. 法人代表　　　D. 开办账户
（2）不属于资金周转阶段的是（　　）。
　　A. 材料采购　　　B. 产品生产　　　　C. 产品销售　　　D. 生产监督

2. 多项选择题

（1）企业资金运动的三个阶段有（　　）。
　　A. 资金筹集　　　B. 资金运用　　　　C. 资金产生　　　D. 资金退出
（2）企业生产的目的是（　　）。
　　A. 满足市场需求　　　　　　　　　　B. 服务国民消费需求
　　C. 追求企业价值　　　　　　　　　　D. 维护社会公平

3. 判断题

（1）企业资金运动就是资企业完成资金筹集、资金运用和资金退出的过程。其目的在于以资金为纽带，完成企业价值管理。（　　）

（2）所有企业必须具有法人代表。（　　）

（3）企业资金就是货币资金。（　　）

（4）原材料也是企业资金。（　　）

（5）无形资产是企业资金的表现形态。（　　）

（6）企业资金的周转过程中可能存在资金减少的情况。（　　）

（7）筹资就是企业向所有者以外的主体筹集资金。（　　）

4. 思考题

（1）简述企业资金的运动过程。

（2）为什么说资金运动是企业存在的生命线？

任务实施

（1）请说出工业企业存在和发展的逻辑起点和必要条件。

提示：工业企业存在和发展的逻辑起点是取得法人主体资格，由国家行政管理部门核发营业执照。必备条件是具有企业章程、法人代表、资金、营业场所和专业技术人员。

（2）描述工业企业资金运动的特点。

提示：工业企业资金运动的特点如下。

① 循环性。资金运动随着企业经济业务的循环贯穿始终。

② 多样性。资金在运动变化过程中的每一个阶段呈现的形态各不相同。

③ 连贯性。资金在运动过程中的资金筹集、资金运用和资金退出是相互衔接的，并且这种连贯性符合企业生产逻辑，并非无序的。

④ 增值性。资金在运动过程中具有增值性，这也是企业发展的必然和内在要求。

任务演练

描述工业企业资金运动的过程。

任务考核

项目名称	评价内容	分值	评价分值	
			自评	教师评分
个人素养考核项目(20%)	出勤情况	5分		
	仪容仪表	5分		
	课堂纪律和学习态度	10分		
专业能力考核项目(80%)	参与教学活动并正确理解任务要求	10分		
	课堂练习和任务完成情况	70分		
合计：综合分数_____	自评(30%)＋教师评分(70%)	100分		
综合评语		教师(签名)		

任务总结

（1）企业资金运动构成企业存在和发展的逻辑主线，包括资金筹集、资金运用和资金退出三个阶段。

（2）企业资金运动的规律要通过资金的核算体现，它是构成复式记账法会计核算的重要前提。

（3）深刻理解和领悟工业企业资金运动的过程，能够区分和描述，为使用复式记账法进行全流程核算奠定坚实的基础。

任务 4.2　掌握资金筹集业务核算

★ 知识目标

了解资金筹集业务核算的内容，熟悉资金筹集业务核算的账户设置，掌握资金的来源。

★ 技能目标

能够正确核算资金筹集业务，进行账务处理。

★ 素养目标

认识企业资金筹集对生产的重要性。

任务导入

智达科技公司登记设立，欲筹集资金正式运营，那么该如何筹资呢？

任务准备

一、资金筹集业务的含义

资金是企业活动的前提和基础。如前所述，资金主要源于投资者投资和负债筹集。投资者投资形成所有者权益，向外融资筹资则形成债权人权益，对于企业来说则是债务。

资金筹集业务核算是指对企业生产活动所用资金的来源、形式和数量的核算。

二、资金筹集业务核算相关账户

（一）"银行存款"账户

"银行存款"账户属于资产类账户，用来核算企业银行账户增加或者减少的各类款项，增加额登记借方，减少额登记贷方，期末余额在借方，如图 4-2 所示。

借方	银行存款	贷方
期初余额		
增加额	减少额	
期末余额		

图 4-2　"银行存款"账户结构

"银行存款"账户的主要对应关系:接受投资时,借方登记"银行存款",贷方登记"实收资本";购买材料时,借方登记"原材料""固定资产""应交税费",贷方登记"银行存款"。

(二)"库存现金"账户

"库存现金"账户属于资产类账户,用来核算企业库存现金增加或者减少的各类款项,期初余额在借方,增加额登记在借方,减少额登记在贷方,期末余额在借方,如图4-3所示。

借方	库存现金	贷方
期初余额		
增加额		减少额
期末余额		

图4-3 "库存现金"账户结构

库存现金账户的主要对应关系:领取备用金时,借方登记"其他应收款",贷方登记"库存现金";购买低值易耗办公用品时,借方登记"制造费用(车间用)""管理费用(管理部门用)",贷方登记"库存现金";支付销售展览费、装卸费等时,借方登记"销售费用",贷方登记"库存现金"。

(三)"短期借款"账户

"短期借款"账户属于负债类账户,用来核算企业短期借款的借入、归还和结余情况,期初余额在贷方,增加额登记在贷方,减少额登记在借方,期末余额在贷方,表示应该偿还但未偿还的短期借款额度,如图4-4所示。

借方	短期借款	贷方
		期初余额
减少额		增加额
		期末余额

图4-4 "短期借款"账户结构

"短期借款"账户的主要对应关系:归还银行借款时,借方登记"短期借款",贷方登记"银行存款";取得短期借款时,借方登记"银行存款",贷方登记"短期借款"。

(四)"长期借款"账户

"长期借款"账户属于负债类账户,用来核算企业长期借款的借入、归还和结余情况,期初余额在贷方,增加额登记在借方,减少额登记在贷方,期末余额在贷方,表示应该偿还但未偿还的长期借款,如图4-5所示。

借方	长期借款	贷方
		期初余额
减少额		增加额
		期末余额

图4-5 "长期借款"账户结构

"长期借款"账户的主要对应关系:归还银行借款时,借方登记"长期借款",贷方登记"银行存款";取得短期借款时,借方登记"银行存款",贷方登记"长期借款"。

(五)"财务费用"账户

"财务费用"账户属于损益类账户,用来核算核算企业为筹集资金发生相关费用,包括利息支出、汇兑损失和手续费等。"财务费用"账户借方登记发生的财务费用,贷方登记发生的应冲减财务费用的利息收入、汇兑收益,期末应将本账户的余额转入"本年利润"账户,如图4-6所示。

借方	财务费用	贷方
筹集资金发生的财务费用(增加) 利息支出 汇兑损失 手续费	发生的应冲减财务费用的利息收入 期末转入"本年利润"借方余额(减少)	

图4-6 "财务费用"账户结构

"财务费用"账户的主要对应关系:发生财务费用时,借方登记"财务费用",贷方登记"银行存款(还款)""应付利息(还利息)";结转财务费用时,借方登记"本年利润",贷方登记"财务费用"。

(六)"应付利息"账户

"应付利息"账户属于负债类账户,用来核算企业在举借资金使用期间应该归还的利息,期初余额在贷方,借方登记实际偿还利息额,贷方登记计提利息额,期末余额在贷方,表示已经计提但未偿还的利息,如图4-7所示。

借方	应付利息	贷方
实际偿还利息额(减少)	计提的借款利息额(增加) 期末余额:尚未偿还的利息额	

图4-7 "应付利息"账户结构

"应付利息"账户的主要对应关系:计提利息时,借方登记"财务费用",贷方登记"应付利息";偿还利息时,借方登记"应付利息",贷方登记"银行存款"。

(七)"实收资本"账户

"实收资本"账户属于所有者权益类账户,用来核算企业实收资本的增减变动情况及其结果,期初余额在贷方,资本增加额登记在贷方,资本减少额登记在借方,期末余额在贷方,如图4-8所示。

借方	实收资本	贷方
	期初余额	
减少额	增加额	
	期末余额	

图4-8 "实收资本"账户结构

"实收资本"账户主要对应关系:增加注册资本(股本)时,借方登记"银行存款""固定资产""原材料""库存现金";贷方登记"实收资本";减少注册资本(股本)时,借方登记"实收资本",贷方登记"银行存款""库存现金"。

(八)"资本公积"账户

"资本公积"账户属于所有者权益类账户,用来核算资本公积的变动情况,期初余额在贷方,增加额登记在贷方,减少额登记在借方,期末余额在贷方,如图4-9所示。

借方	资本公积	贷方
	期初余额	
减少额	增加额	
	期末余额	

图4-9 "资本公积"账户结构

"资本公积"账户的主要对应关系:取得资本公积时,借方登记"银行存款""库存现金",贷方登记"资本公积";结转资本公积时,借方登记"资本公积",贷方登记"实收资本"。

课堂练习

1. 单项选择题

(1)"实收资本"账户是( )。
　　A. 资产账户　　　　　　　　　　B. 负债账户
　　C. 所有者权益账户　　　　　　　D. 损益类账户

(2)"盈余公积"账户登记( )。
　　A. 筹集资金的贷方账户　　　　　B. 超过资本金的部分
　　C. 未分配利润　　　　　　　　　D. 月结账户

(3)企业所有者的房屋被评价为固定资产,投资入账是( )。
　　A. 权益　　　B. 负债　　　C. 费用　　　D. 变动资产

(4)负债筹资产生的利息费用( )。
　　A. 由企业承担　　　　　　　　　B. 列为管理费用
　　C. 利息务必一次性提前偿还　　　D. 利息影响注册资本金

(5)不可能在筹资活动中出现的会计账户是( )账户。
　　A. 银行存款　　B. 库存现金　　C. 生产成本　　D. 固定资产

2. 多项选择题

(1) 筹资活动中,( )。
　　A. 资金是生产的前提
　　B. 高利贷筹资必须退回
　　C. 资金筹集业务核算企业核算的必然环节
　　D. 如果全部是所有者投资,即没有负债

(2) 现金筹集活动( )。
　　A. 可能会产生利息　　　　　　　B. 不能是100%的现金
　　C. 要取得原始凭证才能入账　　　D. 计量单位必须统一

(3) 从筹资的方式看,筹资有( )。
　　A. 所有者投资　　　　　　　　　B. 负债融资
　　C. 申请政府救济　　　　　　　　D. 准职工捐款

(4) 外币筹集时( )。
　　A. 接受国家外汇管理　　　　　　B. 无须外汇监管
　　C. 不准中小企业筹集外汇　　　　D. 可以以合伙加入方式筹集资金

(5) 筹资的资金结构( )。
　　A. 不能全部是非货币资金　　　　B. 可能有设备等固定资产
　　C. 不能全部是货币资产　　　　　D. 筹资体量越大,企业效益越好

(6) 筹资能够引起( )。
　　A. 资产增加　　　　　　　　　　B. 负债增加
　　C. 所有者权益增加　　　　　　　D. 收入增加

3. 判断题

(1) 筹集资金的过程就是权益形成的过程。　　　　　　　　　　　　　(   )
(2) 无形资产不能作为注册资本。　　　　　　　　　　　　　　　　　(   )
(3) 筹资时借方登记"实收资本"账户。　　　　　　　　　　　　　　(   )
(4) 负债筹资也是是一种筹资方式。　　　　　　　　　　　　　　　　(   )
(5) 所有者筹集资金可以直接应用。　　　　　　　　　　　　　　　　(   )
(6) 筹资超过注册资本的部分记入"资本公积"账户。　　　　　　　　(   )
(7) 库存现金既可以用来购置设施设备,又可以用来发放职工工资。　　(   )
(8) 资金筹集阶段可能使用"原材料"账户。　　　　　　　　　　　　(   )
(9) 无形资产用来筹资入账,一般采用公允价值计量。　　　　　　　　(   )
(10) 注册资本一旦进入企业不能退还。　　　　　　　　　　　　　　(   )

4. 思考题

(1) 简述资金的筹集方式。
(2) 如何理解融资资本增加了企业的负债?

任务实施

(1) 智达科技公司吸收投资者投资400 000元,请编制会计分录。

提示：本业务发生后，智达科技公司账户增加400 000元，记入"银行存款"账户，所有者权益增加400 000元，记入"实收资本"账户。

  借：银行存款   400 000
   贷：实收资本   400 000

（2）智达科技公司吸收投资者投入设备一台200 000元，已经超过注册资本50 000元，请编制会计分录。

提示：本业务发生后，智达科技公司增加200 000元设备，记入"固定资产"账户，另外，因受注册资本金额度限制，所有者权益增加150 000元记入"实收资本"账户，超过注册资本金的50 000元记入"资本公积"账户。

  借：固定资产   200 000
   贷：实收资本   150 000
     资本公积   50 000

（3）2024年1月1日，智达科技公司向银行举借为期3个月的短期借款30万元，利率为5%，请编制会计分录。

提示：本业务结算可以分为取得借款、预提利息、偿还利息、偿还本金四个阶段。

① 取得借款核算。智达科技公司2024年1月1日首先取得借款30万元。资产增加记入"银行存款"账户，负债增加记入"短期借款"账户。

② 预提利息核算。按月计提利息，利息增加记入"应付利息"账户，费用增加记入"财务费用"账户。

③ 偿还利息核算。按月偿还利息，费用减少记入"财务费用"账户，资产减少记入"银行存款"账户。

④ 偿还本金核算。最后一次偿还本金，短期借款减少记入"短期费用"账户，资产减少记入"银行存款"账户。

通过以上分析，编制会计分录如下。

① 取得短期借款核算。2024年1月1日取得短期借款时，会计分录如下。

  借：银行存款   300 000
   贷：短期借款   300 000

② 计提利息核算。按月算出利息额度：300 000×5%÷12＝1 250（元）。于是，2024年1月31日，预提利息时会计分录如下。

  借：财务费用   1 250
   贷：应付利息   1 250

2月28日、3月31日预提利息会计分录同上。

③ 支付利息核算。2024年1月31日，支付利息时会计分录如下。

  借：应付利息   1 250
   贷：银行存款   1 250

2月28日、3月31日支付利息会计分录同上。

④ 偿还本金核算。2024年3月31日，偿还本金会计分录如下。

  借：短期借款   300 000

项目 4　核算企业主要经济业务

　　　贷：银行存款　　　　　　　　　　　　　　　　　　　　300 000

需要说明的是,本题的核算分为四个步骤,清晰明了。而在实际业务中,四个步骤是浑然一体的,可以合并核算。长期贷款的核算原理和步骤同上。

（4）智达科技公司法人代表兰彬彬主持董事会,研究同意把 12 万元盈余公积追加公司投资。同时吸收黄健健入伙,将估价 15 万元的一项实用新型专利作为资本投入公司。请编制会计分录。

提示：12 万元盈余公积追加投资,所有者权益增加部分记入"实收资本"账户,所有者权益减少部分记入"盈余公积"账户。吸收黄健健估价 15 万元的实用新型专利投入,所有者增加部分记入"无形资产"账户,所有者权益增加记入"实收资本"账户。

　　①借：无形资产　　　　　　　　　　　　　　　　　　　　150 000
　　　　贷：实收资本　　　　　　　　　　　　　　　　　　　150 000
　　②借：盈余公积　　　　　　　　　　　　　　　　　　　　120 000
　　　　贷：实收资本　　　　　　　　　　　　　　　　　　　120 000

（5）智达科技公司投入材料一批作为投资,价值 10 万元。请编制会计分录。

提示：本业务发生后,智达科技公司原材料增加 10 万元,记入"原材料"账户,同时实收资本增加,记入"实收资本"账户。

　　借：原材料　　　　　　　　　　　　　　　　　　　　　　100 000
　　　贷：实收资本　　　　　　　　　　　　　　　　　　　　100 000

任务演练

（1）9 月 5 日,智达科技公司收到投资者投资 400 000 元。9 月 10 日,接受合作人大希公司投资 150 000 元。经核算,此时超过注册资本金 10%。请编制会计分录。

（2）10 月 2 日,智达科技公司决定以现金形式退还投资者投资 500 000 万元。请编制会计分录。

（3）智达科技公司于 2023 年 1 月 1 日取得交通银行 4 年期借款 3 000 000 元,年利率 5.8%。按年计提偿还利息,到期一次性偿还本金。请编制会计分录。

任务考核

项目名称	评价内容	分值	评价分值	
			自评	教师评分
个人素养考核项目（20%）	出勤情况	5 分		
	仪容仪表	5 分		
	课堂纪律和学习态度	10 分		
专业能力考核项目（80%）	参与教学活动并正确理解任务要求	10 分		
	课堂练习和任务完成情况	70 分		
合计：综合分数	自评(30%)+教师评分(70%)	100 分		
综合评语		教师(签名)		

任务总结

（1）企业资金筹集活动是企业生产的前提和基础，资金筹集使企业权益增加，资金筹集包括所有者投资和负债筹资。

（2）资金筹集可能是货币资金，也可能是固定资产、无形资产或者其他形式。要学会对资金筹集业务的会计核算。

任务4.3　通晓资金供应业务核算

★ **知识目标**

理解资金供应业务就是将所筹资的资金供应给企业，为企业生产做好准备的过程。

★ **技能目标**

能够正确核算资金供应业务。

★ **素养目标**

建立企业资金运动与企业生产业务融合过程的管理理念。

任务导入

智达科技公司会计希某对筹集的资金怎样供应给企业，以做好生产准备，不知道如何做。你知道该如何进行会计核算吗？

任务准备

一、资金供应业务的含义

资金供应业务实质是为企业生产作准备，即把筹集的资金供应给企业生产过程。资金供应业务包括材料采购、设施设备采购、安装与调试（支付人工费和耗费必要辅助材料）。采购原材料和设施设备发生的包装费、运杂费、装卸费等分别记入相关账户。无论是材料采购，还是设施设备采购，都需要企业支付货款。常见支付方式所涉及的账户有"银行存款""库存现金""预付账款""应付货款""应付票据"等。

二、资金供应业务核算相关账户

（一）"原材料"账户

"原材料"账户属于资产类账户，用来核算企业库存材料增加、减少及结存情况。期初余额在借方，借方登记增加额，表示验收入库的原材料实际采购成本，贷方登记发出或者其他原因减少的原材料的实际成本，期末余额在借方，表示库存原材料的实际成本，如图4-10所示。

借方	原材料	贷方
期初余额		
增加额（验收入库的材料实际成本）	减少额（发出材料的实际成本）	
期末余额（库存材料实际成本）		

图 4-10 "原材料"账户结构

"原材料"账户的主要对应关系：采购时（不需要配送），借方登记"原材料"，贷方登记"银行存款"；需要配送时，借方登记"在途物资"，贷方登记"银行存款"；验收入库时，借方登记"原材料"，贷方登记"在途物资"；生产领用时，借方登记"生产成本"，贷方登记"原材料"。

（二）"在途物资"账户

"在途物资"账户属于资产类账户，用来核算企业已经采购但未验收入库的在运输途中的物资的采购成本，在配送中发生的包装费、搬运费、过桥过路费等都归集在采购成本中。期初余额在借方，表示尚未验收入库的材料采购成本，借方登记尚未验收入库材料的采购成本和相关费用，贷方登记验收入库材料的采购成本，期末余额在借方，表示尚未到达验收入库的在途物资的实际采购成本，如图 4-11 所示。在途物资还要设置明细科目进行核算。

借方	在途物资	贷方
期初余额		
增加额（尚未验收入库材料买价和采购费用）	结转验收入库材料的采购成本	
期末余额：尚未验收入库材料的采购成本		

图 4-11 "在途物资"账户结构

"在途物资"账户的主要对应关系：采购时，借方登记"在途物资""应交税费——应交增值税（进项税额）"，贷方登记"银行存款""库存现金""应付票据""应付账款""预付账款"等；验收入库时，借方登记"原材料"，贷方登记"在途物资"。

（三）"周转材料"账户

"周转材料"账户属于资产类账户，用来核算企业库存周转材料的增减、结存情况。周转材料是指用于会计主体完成某项工作，可以被多次使用，基本保持其原来的实物形态，其价值逐渐转移到工程成本中，但不构成工程实体的工具性材料。"周转材料"账户借方登记在库和在用数，贷方登记领用、报废、短缺或退库数，余额表示在库和在用数，表示可用库存或者在用周转材料的成本，如图 4-12 所示。该账户应分设"在库周转材料"和"在用周转材料"两个明细账户进行核算。

借方	周转材料	贷方
期初余额：在库或者在用周转材料		
增加额：本期在库或者在用周转材料成本	减少额：领用或者报废的周转材料成本	
期末余额：在库或者在用周转材料		

图 4-12 "周转材料"账户结构

"周转材料"账户的主要对应关系如下。①一次摊销法下，领用时，借方登记"生产费用""销售费用"，贷方登记"周转材料""原材料"；报废时，借方登记"周转材料""原材料"，贷方登记"生产成本""管理费用""销售费用"。②其他摊销法下，领用时，借方登记"在用周转材料"，贷方登记"在库周转材料"；摊销时，借方登记"管理费用""制造费用""销售费用"，贷方登记"周转材料"；报废时，借方登记"管理费用""制造费用""销售费用"，贷方登记"原材料（最后残值）"。

（四）"固定资产"账户

"固定资产"账户属于资产类账户，用来核算固定资产增减变化和结存情况。期初余额在借方，表示上期结存的固定资产价值，借方登记增加的固定资产价值，贷方登记减少的固定资产价值，期末余额在借方，表示结存的固定资产价值，如图4-13所示。

借方	固定资产	贷方
期初余额：上期结存的固定资产价值		
增加额：本期增加的固定资产价值	减少额：本期减少的固定资产价值	
期末余额：本期结存的固定资产价值		

图4-13 "固定资产"账户结构

"固定资产"账户的主要对应关系：购入不需要安装的固定资产时，借方登记"固定资产""应交税费——应交增值税（进项税额）"，贷方登记"银行存款""库存现金""预付账款""应付账款""应付票据"等；固定资产减少时，借方登记"累计折旧"，贷方登记"固定资产"。

（五）"在建工程"账户

"在建工程"账户属于资产类账户，用来核算基建工程、安装工程、更新工程发生的实际支付，以及安装过程中的辅助材料、人工费用等。期初余额在借方，表示上期结存的固定资产价值，借方登记实际支付的在建工程费用增加额，贷方登记完工转出工程的成本价值，期末余额在借方，表示尚未达到验收标准的在建工程的成本价值，如图4-14所示。

借方	在建工程	贷方
期初余额：上期发生的在建工程支出		
增加额：实际支付的在建工程费用增加额	减少额：完工结转的工程成本	
期末余额：本期发生尚未达到验收标准的工程成本价值		

图4-14 "在建工程"账户结构

"在建工程"账户的主要对应关系：购入需要安装设置时，借方登记"在建工程""应交税费——应交增值税（进项税额）"，贷方登记"银行存款""库存现金""预付账款""应付账款""应付票据"等;调试安装(领用辅助材料、支付人工费)时,借方登记"在建工程",贷方登记"原材料""应付职工薪酬";安装完毕调试验收(固定资产价值包含购置成本和安装调试成本之和)时,借方登记"固定资产",贷方登记"在建工程"。

(六)"预付账款"账户

"预付账款"账户属于资产类账户,用来核算企业为购买设备、材料及接受劳务提前预付给供应方的款项。期初余额在借方,表示上一会计期间预付款项。借方登记本期预付给供货方的货款,贷方登记已支付购货款,期末余额在借方,表示尚未结算的预付款,如图4-15所示。

借方	预付账款	贷方
期初余额		
增加额:预付给供货方的货款	减少额:已支付购货款	
期末余额:尚未结算的预付款		

图4-15 "预付账款"账户结构

"预付账款"账户的主要对应关系:预付时,借方登记"预付账款",贷方登记"银行存款";收到材料时,借方登记"原材料""应交税费——应交增值税(进项税额)",贷方登记"预付账款"。

(七)"应付账款"账户

"应付账款"账户属于负债类账户,用来核算购买材料、设备以及接受对方劳务应该支付供应方的款项。期初余额在贷方,表示应当支付的购货款。借方登记本期应该支付货款和补付的货款,贷方登记本期收到材料发生的应付货款和退回多付货款,期末余额在贷方,表示尚未支付的货款,如图4-16所示。

借方	应付账款	贷方
	期初余额	
减少额:本期应该支付供货方的货款	增加额:本期收到材料发生的应付供货方的货款	
	期末余额:尚未支付的货款	

图4-16 "应付账款"账户结构

"应付账款"账户的主要对应关系:因购买材料发生应付款项时,借方登记"原材料""材料采购"等,贷方登记"应付账款";偿还应付账款时,借方登记"应付账款",贷方登记"银行存款""库存现金""应付票据"等。

(八)"应付票据"账户

"应付票据"账户属于负债类账户,用来核算购买材料、设备以及接受对方劳务应该支付供应方的商业汇票,包含银行承兑汇票和商业承兑汇票。期初余额在贷方,借方登记到期应付的汇票,贷方登记已经开出的商业汇票。期末余额在贷方,表示企业持有尚未到期兑现的汇票,如图 4-17 所示。

借方	应付票据	贷方
	期初余额	
减少额:到期应付的汇票	增加额:开出的汇票	
	期末余额:尚未到期兑现的汇票	

图 4-17 "应付票据"账户结构

"应付票据"账户的主要对应关系:签发票据时,借方登记"原材料""应交税费——应交增值税(进项税额)",贷方登记"应付票据";支付票据款时,借方登记"应付票据",贷方登记"银行存款"。

(九)"应交税费"账户

"应交税费"账户属于负债类账户,用来核算按照税法,企业应该缴纳的各种税费,包括增值税、消费税和所得税等。期初余额在贷方,贷方登记企业应该缴纳的各项税额,借方登记实际缴纳的各项税金,期末余额在贷方,表示应该缴纳而为缴纳的各项税金,如图 4-18 所示。

借方	应交税费	贷方
	期初余额(一般没有)	
减少额(本期实际缴纳税额)	增加额(本期应该缴纳税额)	
进项税额	销项税额	
已缴纳的税额	进项税额转出	
转出未缴纳的增值税	转出多缴纳的增值税	
	期末余额:应缴未缴纳的税额	

图 4-18 "应交税费"账户结构

"应交税费"账户的主要对应关系:购进原材料时,借方登记"原材料""应交税费——应交增值税(进项税额)",贷方登记"预付账款""应付票据";销售产品时,借方登记"预收账款""银行存款",贷方登记"主营业务收入""应交税费——应交增值税(销项税额)";缴纳税金时,借方登记"应交税费——应交增值税(已缴税金)",贷方登记"银行存款";材料盘亏时,借方登记"待处理财产损溢",贷方登记"原材料""应交税费——应交增值税(进项税额转出)";转出应缴未缴税金时,借方登记"应交税费——应交增值税(转出未缴的增值税)",贷方登记"应交税费——未交增值税";转出多缴增值税时,借方登记"应交税费——未交增值税",贷方登记"应交税费——应交增值税(转出多缴的增值税)"。

课堂练习

1. 单项选择题

(1) 与"原材料"账户性质一致的是( )账户。

A. 生产成本　　　B. 预收账款　　　C. 在建工程　　　D. 应付账款

(2) 不是用来核算采购业务的账户是(　　)。

A. 应付利息　　　　　　　　　B. 主营业务成本

C. 应付票据　　　　　　　　　D. 预付账款

(3) 某公司 4 月"原材料"账户期初余额 30 000 元,本月入库原材料 60 000 元,领用 45 000 元。月末,"原材料"账户余额为(　　)元。

A. 135 000　　　B. 45 000　　　C. 15 000　　　D. 25 000

(4) 某公司采购一台设备支付 500 000 元,发生运费 5 000 元,包装费 2 000 元,增值税进项税额 60 000 元,调试安装过程中发生人工费 4 000 元,辅助材料费 6 000 元。该设备工程验收记入"固定资产"账户(　　)元。

A. 577 000　　　B. 517 000　　　C. 500 000　　　D. 507 000

(5) 采购原材料或者设施设备的进项税额的承担者是(　　)。

A. 供货方　　　　　　　　　　B. 购货方

C. 供货方和购货方　　　　　　D. 供货方和购货方按比例分摊

2. 多项选择题

(1) 采购原材料和设备的支付方式有(　　)。

A. 库存现金　　B. 预付账款　　C. 预收账款　　D. 应付账款

(2) 生产准备环节的账户有(　　)。

A. 原材料　　　B. 在途物资　　C. 固定资产　　D. 在建工程

(3) 安装调试设备过程中的账户有(　　)。

A. 在建工程　　　　　　　　　B. 应付职工薪酬——工资

C. 库存现金　　　　　　　　　D. 原材料

(4) 采购原材料发生的(　　)归集到"在途物资"账户。

A. 包装费　　　B. 装卸费　　　C. 运费　　　　D. 进项税额

3. 判断题

(1) 生产准备实质就是筹集资金供应企业生产的过程。　　　　　　(　　)

(2) 生产供应主要完成设施设备、原材料等必要生产物资的筹备。　(　　)

(3) 一般按照采购成本核算原材料。　　　　　　　　　　　　　　(　　)

(4) "在途物资"账户用来核算已经被采购单位验收入库的物资。　 (　　)

(5) "在建工程"账户用来核算企业需要调试安装的设施设备,但尚未验收。(　　)

(6) 采购过程中发生的装卸费记入"采购成本"账户。　　　　　　(　　)

(7) 安装调试设备耗用的辅助材料最后统一记入"固定资产"账户。(　　)

(8) 材料采购可以用预付账款。　　　　　　　　　　　　　　　　(　　)

(9) "一借多贷"常用于原材料的采购。　　　　　　　　　　　　(　　)

4. 思考题

(1) 简述企业生产资金的形成。

(2) 简述在建工程的会计核算条件。

任务实施

(1) 智达科技公司采购一批价值 100 000 元的生产材料,按照采购合同,2024 年 8 月 5 日支付货款,8 月 20 日接收供货单位运送的材料,验收入库。其中增值税为 13%。编制该业务会计分录。

提示:智达科技公司采购材料需要配送,可分为两个时段进行核算。2024 年 8 月 5 日采购时,增加额记入"在途物资"账户,税款记入"应交税费——应交增值税(进项税额)"账户,同时发生货款支付,记入"银行存款"账户。2024 年 8 月 20 日,收到材料验收入库,增加额记入"原材料"账户,减少额记入"在途物资"账户。

① 2024 年 8 月 5 日会计分录如下。

借:在途物资　　　　　　　　　　　　　　100 000
　　应交税费——应交增值税(进项税额)　　13 000
　　贷:银行存款　　　　　　　　　　　　　113 000

② 2024 年 8 月 20 日,材料入库会计分录如下。

借:原材料　　　　　　　　　　　　　　　100 000
　　贷:在途物资　　　　　　　　　　　　　100 000

(2) 2024 年 7 月 8 日,智达科技公司采购一台生产设备,价值 300 000 元,需要调试安装。发生包装费 1000 元,运费 10 000 元。其中预付账款 100 000 元,不足部分以转账支票支付。编制该业务会计分录。

提示:智达科技公司采购设备,需要调试安装,应记入"在建工程"账目。同时支付设备款项、包装费、运费,记入"预付账款"和"应付票据"账户。采购设备的成本包括设备本身的价值、包装费和运杂费,共计 311 000 元。编制会计分录如下。

借:在建工程　　　　　　　　　　　　　　311 000
　　贷:预付账款　　　　　　　　　　　　　100 000
　　　　应付票据　　　　　　　　　　　　　211 000

(3) 承接上题,设备投入安装调试,领用辅助材料 2 000 元,人工成本 1 500 元。以银行存款转账支付。编制该业务会计分录。

提示:设备投入安装调试,领用辅助材料记入"原材料"账户,人工成本记入"应付职工薪酬——工资"账户。

① 安装调试时会计分录如下。

借:原材料　　　　　　　　　　　　　　　2 000
　　应付职工薪酬——工资　　　　　　　　1 500
　　贷:在建工程　　　　　　　　　　　　　3 500

② 支付费用时会计分录如下。

借:在建工程　　　　　　　　　　　　　　3 500
　　贷:银行存款　　　　　　　　　　　　　3 500

(4) 承接上题,设备安装调试成功,验收合格。编制相应会计分录。

提示：设备包括购置成本（含包装费、运杂费）和调试费用（含辅助材料与工人成本），因此"在建工程"账户余额转入"固定资产"账户。编制会计分录如下。

在建工程：300 000＋10 000＋1 000＋2 000＋1 500＝314 500(元)。

借：固定资产　　　　　　　　　　　　　　　314 500
　　贷：在建工程　　　　　　　　　　　　　　314 500

任务演练

（1）科多帮公司采购一批生产材料，价值200 000元，发生包装费1 000元，运费800元，翻捣费200元，高速路通行费500元，进项税额按12%计算。其中公司预付账款80 000元，不足部分以转账支票支付。编制相应的会计分录。

（2）8月15日，大兴城建筑公司采购一台大型设备，价值2 000 000元，发生包装费6 000元，运费4 000元，保险费120 000元。进项税额按12%计算。8月28日，供货方将设备送抵大兴城工地进行安装调试，耗用建筑辅助材料12 000元，支付人工费9 000元。此两项费用以现金支付。8月31日，工程验收成功。工程购置扣款，预付账款1 200 000元，不足部分开出转账支票60 000元，其余以银行存款支付。编制相应的会计分录。

任务考核

项目名称	评价内容	分值	评价分值	
			自评	教师评分
个人素养考核项目（20%）	出勤情况	5分		
	仪容仪表	5分		
	课堂纪律和学习态度	10分		
专业能力考核项目（80%）	参与教学活动并正确理解任务要求	10分		
	课堂练习和任务完成情况	70分		
合计：综合分数	自评(30%)＋教师评分(70%)	100分		
综合评语		教师(签名)		

任务总结

（1）资金的供应过程实际就是筹集资金用于购买设备和原材料供应给企业，为生产做准备的过程。因此，主要核算固定资产（设备）购置和原材料的采购。固定资产购置分为需要调试安装和不需要调试安装；原材料采购分为需要配送和不需要配送。这两种业务的核算略有不同。

（2）固定资产随着时间的推移而贬值，会计上对这些随损耗而转移的价值通过计提折旧费用进行核算，使用"累计折旧"账户。

（3）资金供应给企业的过程相当于为生产赋能，要掌握恰当的核算方法，建立核算与生产合二为一的辩证统一理念。

任务4.4　通晓企业生产业务核算

★ **知识目标**

了解企业生产的基本流程,掌握生产成本的核算方法。

★ **技能目标**

能够对不同的会计事项正确进行账务处理,熟练核算产品生产成本。

★ **素养目标**

认知到劳动可以创造价值,形成尊重劳动、热爱劳动的思想,培养劳动精神。

任务导入

生态美有限公司培育生产无公害蔬菜,需要进行哪些准备?总经理咨询会计小希,生产蔬菜的成本如何计算?你能回答这些问题吗?

任务准备

一、生产过程及产品成本构成

生产过程是企业耗费直接材料、直接人工、设备损耗和耗费水、电、油、气等资源,形成新产品的过程。生产过程中发生的所有费用都要归集、分配到一定的新产品上,形成产品的成本。

产品的成本主要包含直接材料、直接人工和制造费用。其中,直接材料就是企业在生产新产品过程中直接消耗的原材料和辅助材料;直接人工是生产产品过程中工人的工资和福利费;制造费用是企业为组织生产和管理发生的各种费用,包括管理人员工资福利,生产单位的固定资产折旧、修理费,水、电、油、气等一般性消耗。

工业企业产品生产成本的形成过程如图4-19所示。

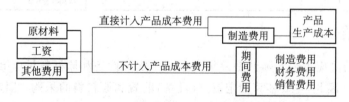

图4-19　工业企业产品生产成本的形成过程

二、生产业务核算相关账户

(一)"生产成本"账户

"生产成本"账户属于成本类账户,用来核算应计入产品成本的所有费用。借方登记实际发生生产成本(直接材料、直接人工和各种消耗费用),贷方登记完工入库产品的生产成本,期末余额在借方,表示上尚未完工入库的在产品的成本,如图4-20所示。"生产成本"账户应该根据产品种类设置明细账进行核算。

"生产成本"账户的主要对应关系:领用生产材料时,借方登记"生产成本",贷方登记"原材料";产成品入库时,借方登记"库存商品",贷方登记"生产成本"。

借方	生产成本	贷方
实际发生的成本:直接材料 　　　　　直接人工 　　　　　制造费用 　　　　　其他直接支出	完工入库产品的生产成本	
期末余额:尚未完工入库的在产品的成本		

图 4-20 "生产成本"账户结构

(二)"制造费用"账户

"制造费用"账户属于成本类账户,用来核算为组织和管理生产而发生的各种间接费用(工资、福利费、水电费、油气费、折旧费、管理费、办公费、机物消耗、劳保费、修理费、车间一般损失、差旅费、产品改良费等)。借方登记实际发生的各项费用,贷方登记分配计入成本计算对象的各项间接费用,期末结转没有余额,如图 4-21 所示。

借方	制造费用	贷方
车间发生的各种间接费用	分配结转到"生产成本"账户的数额

图 4-21 "制造费用"账户结构

"制造费用"账户的主要对应关系:计提固定资产折旧时,借方登记"制造费用",贷方登记"累计折旧";现金支付车间水电费及一般消耗时,借方登记"制造费用",贷方"库存现金""银行存款";结转制造费用时,借方登记"生产成本",贷方登记"制造费用"。

(三)"管理费用"账户

"管理费用"账户属于损益类账户,用来核算行政管理部门为组织生产和管理发生的各种费用(修理费、水电油气费、行政管理部门职工工资、福利费、差旅费、咨询费、诉讼费、业务招待费、研究开发费、排污费、董事会费、罚款等)。实际发生的各项管理费用登记在借方,期末结转"本年利润"账户的数额登记在贷方,无期末余额,如图 4-22 所示。

借方	管理费用	贷方
发生的各项管理费用	转入"本年利润"账户的数额

图 4-22 "管理费用"账户结构

"管理费用"账户的主要对应关系:发生管理费用时,借方登记"管理费用",贷方登记"银行存款""库存现金""应付职工薪酬""累计折旧"等;结转本期管理费用时,借方登记

"本年利润",贷方登记"管理费用"。

(四)"库存商品"账户

"库存商品"账户属于资产类账户,用来核算生产完工并验收入库可销售的库存商品的增减变动情况。完工产品成本登记在借方,出库产品成本登记在贷方,期末余额登记在借方,表示实际库存产品成本,如图 4-23 所示。

借方	库存商品	贷方
增加额:入库产品成本		减少额:出库产品成本
期末余额:实际库存产品成本		

图 4-23 "库存商品"账户结构

"库存商品"账户的主要对应关系:产品完工验收入库时,借方登记"库存商品",贷方登记"生产成本";结转销售产品成本时,借方登记"主营业务成本",贷方登记"库存商品"。

(五)"累计折旧"账户

"累计折旧"账户属于资产类账户,用来核算生产设备等固定资产磨损折旧、累计折旧。减少的折旧登记在借方,增加的折旧登记在贷方,期末余额在在贷方,表示固定资产累计计提折旧额,如图 4-24 所示。"累计折旧"账户是"固定资产"账户的调整账户。

借方	累计折旧	贷方
固定资产相应冲销折旧减少额		固定资产折旧增加额
		期末余额:固定资产累计计提折旧额

图 4-24 "累计折旧"账户结构

"累计折旧"账户的主要对应关系:计提固定资产折旧时,借方登记"制造费用""管理费用",贷方登记"累计折旧";固定资产减少(报废)时,借方登记"累计折旧",贷方登记"固定资产"。

(六)"应付职工薪酬"账户

"应付职工薪酬"账户属于负债类账户,用来核算企业应该支付职工的工资总额(工资、奖金、福利、津贴等费用)。一般没有期初余额,借方登记实际支付的职工薪酬,贷方登记企业应该支付的职工薪酬,期末余额在贷方,表示企业应当支付而没有支付的职工薪酬,如图 4-25 所示。

借方	应付职工薪酬	贷方
		期初余额(一般没有)
减少额:已经支付的额度		增加额:应当支付的额度
		期末余额:应当支付而没有支付的额度

图 4-25 "应付职工薪酬"账户结构

"应付职工薪酬"账户的主要对应关系:发放薪酬时,借方登记"应付职工薪酬",贷方登记"银行存款";分配职工薪酬时,借方登记"生产成本(车间生产职工薪酬)""制造费用(车间管理人员薪酬)""管理费用(管理部门职工薪酬)""销售费用(销售部门职工薪酬)",贷方登记"应付职工薪酬"。

课堂练习

1. 单项选择题

(1) 记入"管理费用"账户的是( )。
 A. 车间生产耗材　　　　　　B. 财务领用耗材
 C. 车间管理人员管理耗材　　D. 行政部门耗材

(2) 生产过程中不可能与"制造费用"账户发生对应关系的账户是( )。
 A. 银行存款　　　　　　　　B. 应付职工薪酬
 C. 生产成本　　　　　　　　D. 本年利润

(3) 某公司7月总部发放70 000元,总部修理费3 000元,车间招待费2 000元,车间保险费3 000元,财务部清凉费1 000元。该公司7月管理费用为( )元。
 A. 79 000　　B. 73 000　　C. 74 000　　D. 4 000

(4) "制造费用"账户属于( )。
 A. 资产类账户　　　　　　　B. 所有者权益类账户
 C. 负债类账户　　　　　　　D. 成本类账户

(5) 财务部门的职工薪酬应该记入( )账户。
 A. 财务费用　　B. 管理费用　　C. 制造费用　　D. 生产成本

2. 多项选择题

(1) 期间费用包括( )。
 A. 生产费用　　B. 管理费用　　C. 制造费用　　D. 财务费用

(2) 归集在"制造费用"账户的有( )。
 A. 车间培训费　　　　　　　B. 车间人员出差
 C. 车间一般消耗　　　　　　D. 产品展览费

(3) 属于资产类账户的有( )账户。
 A. 在产品　　B. 库存商品　　C. 坏账准备　　D. 累计折旧

(4) 职工薪酬包括( )。
 A. 工资　　　B. 福利　　　　C. 特别嘉奖　　D. 保健津贴

(5) 库存商品包括( )。
 A. 外购商品　B. 在产品　　　C. 展会产品　　D. 仓库待售商品

3. 判断题

(1) 生产过程就是利用设施设备对原材料加工形成产品的过程。　　( )
(2) 生产过程中水、电、油、气按照用途进行归集分配。　　　　　( )

(3) 车间的招待费归集为制造费用。   （   ）
(4) 企业车间人工成本直接归集为产品生产成本。   （   ）
(5) 行政部门耗费的原材料记入"制造费用"账户。   （   ）
(6) "累计折旧"账户属于"固定资产"账户的备抵账户,期末余额在借方。 （   ）
(7) 应付职工薪酬包含工资和福利费。   （   ）
(8) 车间管理人员的工资记入"管理费用"账户。   （   ）

4．思考题

(1) 简述制造费用的性质与形成过程。
(2) 阐述固定资产折旧的原理。

任务实施

(1) 大丰公司仓库发出原材料明细如下:甲产品耗用 20 000 元,乙产品耗用 10 000 元,车间一般耗用 5 000 元,管理部门耗用 1 000 元。请编制相应会计分录。

提示:生产领取原材料记入"原材料"账户贷方,同时记入"生产成本"账户借方。车间与管理耗用分别记入"制造费用"账户和"管理费用"账户的借方。

借:生产成本——甲产品   20 000
        ——乙产品   10 000
    制造费用   5 000
    管理费用   1 000
  贷:原材料   36 000

(2) 大丰公司计提职工工资 84 000 元,具体如下:车间工人生产 A 产品耗用 40 000 元,生产 B 产品耗用 30 000 元,车间管理人员工资 10 000 元,公司行政管理人员工资 4 000 元。请编制相应会计分录。

提示:职工工资根据职工的劳动分工性质不同分别计提。生产车间职工工资、车间管理人员工资、行政管理部门职工工资分别记入"生产成本""制造费用""管理费用"账户的借方,同时计提的工资登记"应付职工薪酬——工资"账户的贷方。

借:生产成本——A 产品   40 000
        ——B 产品   30 000
    制造费用   10 000
    管理费用   4 000
  贷:原材料   84 000

(3) 大丰公司开出现金支票从银行提款 84 000 元,准备发放工资。请编制相应会计分录。

提示:本业务借方登记"库存现金",贷方登记"银行存款"。

借:库存现金   84 000
  贷:银行存款   84 000

(4) 大丰公司以现金发放工资 84 000 元。请编制相应会计分录。

提示:本业务借方登记"应付职工薪酬——工资",贷方登记"库存现金"。

借：应付职工薪酬——工资　　　　　　　　　　　　84 000
　　　　贷：库存现金　　　　　　　　　　　　　　　　　　　　84 000

（5）现金支付车间水电费 1 200 元，财务部暖气费 2 000 元，银行存款支付短期贷款利息 1 000 元。请编制相应会计分录。

提示：根据期间费用发生的不同地点，车间水电费记入"制造费用"账户借方，财务部暖气费记入"管理费用"账户借方，同时现金支付记入"库存现金"账户贷方；贷款利息记入"财务费用"借方，同时银行存款支付记入"银行存款账"账户贷方。

　　借：制造费用　　　　　　　　　　　　　　　　　1 200
　　　　管理费用　　　　　　　　　　　　　　　　　　2 000
　　　　财务费用　　　　　　　　　　　　　　　　　　1 000
　　　　贷：库存现金　　　　　　　　　　　　　　　　　　　　3 200
　　　　　　银行存款　　　　　　　　　　　　　　　　　　　　1 000

（6）上月车间生产 A 产品 3 000 件，B 产品 2 000 件，计提设备折旧 10 000 元。请编制相应会计分录。

提示：设备折旧费应当归集为产品生产成本。因此，要先算出折旧率，再算出每种产品应该承担的折旧费用。分配折旧费记入"生产成本"账户借方，同时记入"累计折旧"账户贷方。分配率=10 000/(3 000+2 000)=2(元/件)，两种产品的成本分配如表 4-1 所示。

表 4-1　两种产品的成本分配

产品类型	产品数量/件	分配率	分配金额/元
A 产品	3 000	2	6 000
B 产品	2 000	2	4 000

于是，可编制会计分录如下。

　　借：生产成本——A 产品　　　　　　　　　　　　6 000
　　　　　　　　——B 产品　　　　　　　　　　　　4 000
　　　　贷：累计折旧　　　　　　　　　　　　　　　　　　　10 000

（7）2024 年 12 月 31 日，大丰公司结转完工入库产品成本 250 000 元，A 产品 2 000 件，B 产品 1 200 件，C 产品 1 800 件。请编制相应会计分录。

提示：完工入库产品形成库存商品，一方面记入"库存商品"账户的借方，另一方面记入"生产成本"账户的贷方。本业务需要对三类产品成本进行归集分配。

分配率=250 000/(2 000+1 200+1 800)=5(元/件)，三种产品成本分配如表 4-2 所示。

表 4-2　三种产品的成本分配

产品类型	产品数量/件	分配率	分配金额/元
A 产品	2 000	5	10 000
B 产品	1 200	5	6 000
C 产品	1 800	5	9 000

于是,可编制会计分录如下。

借:库存商品——A产品　　　　　　　　　　　10 000
　　　　　　——B产品　　　　　　　　　　　 6 000
　　　　　　——C产品　　　　　　　　　　　 9 000
　贷:生产成本——A产品　　　　　　　　　　　10 000
　　　　　　——B产品　　　　　　　　　　　 6 000
　　　　　　——C产品　　　　　　　　　　　 9 000

任务演练

(1) 吃得美食品公司领用原材料22 000元,车间生产耗用20 000元,车间一般耗用1 000元,行政部门耗用600元,财务部门耗用400元。请编制相应会计分录。

(2) 千里马速运公司本月职工薪酬830 000元,分配如下。

一分队:车间职工薪酬150 000元,车间管理人员薪酬20 000元。

二分队:车间职工薪酬200 000元,车间管理人员薪酬30 000元。

三分队:车间职工薪酬180 000元,车间管理人员薪酬40 000元。

公司总部职工薪酬80 000元,财务部职工薪酬40 000元,销售人员薪酬90 000元。依据上述分配方案,以现金支票支付职工薪酬。请编制相应会计分录。

(3) 甜心食品公司生产A、B两种产品,生产用料如表4-3所示。请编制相应会计分录。

表4-3　生产用料

项目	A产品			B产品			合计/元
	数量/件	单价/元	金额/元	数量/件	单价/元	金额/元	
生产A产品耗材	2 000	100	200 000	1 000	80	80 000	280 000
生产B产品耗材	3 000	90	270 000	800	100	80 000	350 000

任务考核

项目名称	评价内容	分值	评价分值	
			自评	教师评分
个人素养考核项目(20%)	出勤情况	5分		
	仪容仪表	5分		
	课堂纪律和学习态度	10分		
专业能力考核项目(80%)	参与教学活动并正确理解任务要求	10分		
	课堂练习和任务完成情况	70分		
合计:综合分数	自评(30%)+教师评分(70%)	100分		
综合评语		教师(签名)		

任务总结

(1) 认知生产过程是劳动者运用设备、消耗原材料形成产品的过程。

（2）期间费用核算是企业基本的业务核算，期间费用包括销售费用、管理费用和财务费用。财务部门发生的费用和财务人员的工资不属于财务费用，而是属于管理费用。

任务 4.5　通晓企业销售业务核算

★ 知识目标

了解销售过程中营业收入的确认，熟悉增值税、销项税计算。

★ 技能目标

能够正确核算销售业务，进行账务处理。

★ 素养目标

养成珍视劳动成果的思维习惯。

任务导入

智达科技公司销售科技芯片 100 个，获得 1 000 000 元，销售原本购买而没有使用的芯片原材料价值 30 000 元，技术输出获得 20 000 元。同时，获得政府补贴 100 000 元。商务经理认为这些都是收入，都应该记入"营业收入"账户。你认为这种说法是否正确？

任务准备

一、销售业务的主要内容

销售业务就是企业将验收合格入库的产品投放市场和收回货款的全过程。销售过程是企业实现价值增值的关键环节，这个过程需要交纳相应的税费。

产品销售业务的主要内容有确认产品销售收入，与购买单位办理结算，收回货款；计算并结转产品销售成本；计算和交纳产品销售税金等。销售商品取得货款方式主要有银行存款、库存现金、应收账款、应收票据和预收账款。

收入包括主营业务收入和其他业务收入。主营业务收入是指销售商品收入和主要劳动收入。其他业务收入是指销售多余材料、租金收入和辅助劳动收入。主营业务收入对应的费用为主营业务成本，其他业务收入对应的费用为企业业务成本。营业外收入属于利得，不属于企业的营业收入，如获得政府补贴、获得捐赠等。

二、销售业务核算相关主要账户

（一）"主营业务收入"账户

"主营业务收入"账户属于损益类账户，用来核算企业销售商品、自制半成品、提供劳务等主营业务取得的收入。借方登记销售退回、销售折让冲减的主营业务收入和期末转入"本年利润"账户的主营业务收入净额，贷方登记本期实现的业务收入，账户结转"本年利润"账户后，该账户没有余额，如图 4-26 所示。"主营业务收入"账户应该列举明细科目，分类进行核算。

借方	主营业务收入	贷方
销售退回 期末转入"本年利润"账户净收入	销售产品取得收入	

图 4-26 "主营业务收入"账户结构

"主营业务收入"账户主要对应关系：确认取得收入时，借方登记"银行存款""库存现金""应收账款""应收票据""预收账款"等，贷方登记"主营业务收入""应交税费——应交增值税（销项税额）"；结转本期收入时，借方登记"主营业务收入"，贷方登记"本年利润"。

（二）"其他业务收入"账户

"其他业务收入"账户属于损益类账户，用来核算企业主营业务以外的其他业务或者副业业务取得的收入。借方登记企业业务收入减少，贷方登记本期实现的其他业务收入，期末转入"本年利润"账户，期末没有余额，如图 4-27 所示。"其他业务收入"账户应该列举明细科目，分类核算。

借方	其他业务收入	贷方
期末转入"本年利润"账户其他业务净收入	其他业务收入（增加）	

图 4-27 "其他业务收入"账户结构

"其他业务收入"账户主要对应关系：确认取得其他业务收入时，借方登记"银行存款""库存现金""应收账款""应收票据""预收账款"等，贷方登记"其他业务收入"；结转本期收入时，借方登记"其他业务收入"，贷方登记"本年利润"。

（三）"主营业务成本"账户

"主营业务成本"账户属于损益类账户，用来核算企业销售商品、提供劳务发生的实际成本。借方登记本期销售产品的生产成本，贷方登记本期发生销售退回商品成本和期末转入"本年利润"账户的销售产品成本。"主营业务成本"账户期末转入"本年利润"账户，该账户没有余额，如图 4-28 所示。"主营业务成本"账户应该列举明细科目，分类核算。

借方	主营业务成本	贷方
销售产品的实际成本（主营业务成本）	期末转入"本年利润"账户的主营业务成本	

图 4-28 "主营业务成本"账户结构

"主营业务成本"账户主要对应关系：结转销售产品成本时，借方登记"主营业务成本"，贷方登记"库存商品"；结转本期主营业务成本时，借方登记"本年利润"，贷方登记"主营业务成本"。

(四)"其他业务成本"账户

"其他业务成本"账户属于损益类账户,用来核算企业主营业务成本以外的其他企业销售商品、提供劳务发生的实际成本。借方登记企业发生的其他业务成本,贷方登记其他业务成本转入"本年利润"账户的数额,期末结转"本年利润"账户后,该账户没有余额,如图4-29所示。"其他业务成本"账户应该列举明细科目,分类核算。

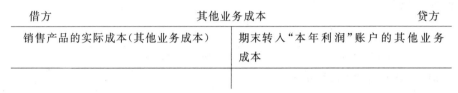

图4-29 "其他业务成本"账户结构

"其他业务成本"账户主要对应关系:结转已销售材料成本时,借方登记"其他业务成本",贷方登记"原材料";结转本期其他业务成本时,借方登记"本年利润",贷方登记"其他业务成本"。

(五)"销售费用"账户

"销售费用"账户属于损益类账户,用来核算销售产品过程中发生广告费、代言费、宣传费、会展费等相关费用。借方登记实际发生销售费用,贷方登记期末转入"本年利润"借方的金额,期末没有余额,如图4-30所示。

借方	销售费用	贷方
销售产品过程中发生的相关费用	期末转入"本年利润"账户借方余额	

图4-30 "销售费用"账户结构

"销售费用"账户主要对应关系:发生费用时,借方登记"销售费用",贷方登记"银行存款""库存现金""应付账款"等;结转时,借方登记"本年利润",贷方登记"销售费用"。

(六)"税金及附加"账户

"税金及附加"账户属于损益类账户,用来核算销售商品过程中发生的消费税、教育费附加、城市维护建设税和资源税等。借方登记实际发生税费,贷方登记期末转入"本年利润"借方的金额,账户没有余额,如图4-31所示。

图4-31 "税金及附加"账户结构

"税金及附加"账户主要对应关系:发生费用时,借方登记"税金及附加",贷方登记"应交税费（教育附加费、消费税、城建税等）"；结转时，借方登记"本年利润"，贷方登记"税金及附加"。

（七）"应收账款"账户

"应收账款"账户属于资产类账户，用来核算销售商品和提供劳务应该取得的款项。借方登记应该收回的款项，贷方登记实际收到的款项，账户余额在借方，表示尚未收回的款项，如图4-32所示。

借方	应收账款	贷方
本期应该收回的款项	本期实际收回的款项	
期末余额：尚未收回的款项		

图 4-32 "应收账款"账户结构

"应收账款"账户主要对应关系：产生时，借方登记"应收账款"，贷方登记"原材料""应交税费——应交增值税（进项税额）"；应收账款灭失时，借方登记"应收票据""银行存款""库存现金"，贷方登记"应收账款"。

三、账户调整

在权责发生制下，账户调整用来确定会计期间的收入和费用是否事实发生并进行匹配，合理核算会计期间的损益。调整账户主要包括"待摊费用""累计折旧""坏账准备""应付利息""资产减值准备"账户。"应付利息"账户和"累计折旧"账户，前面已经讲解。

（一）"待摊费用"账户

"待摊费用"账户属于资产类账户，用来核算以前年度预付、以后会计期间分摊的费用，如报纸杂志、水电油气、房租、保险费等。借方登记支付的款项，贷方登记应该摊销或者损益的费用，借方余额表示已经预付但未摊销的费用，如图4-33所示。应该列举明细科目，分类核算。

借方	待摊费用	贷方
已经预付的各项费用	应该摊销或者损益的费用	
期末余额：已经预付但未摊销费用		

图 4-33 "待摊费用"账户结构

"待摊费用"账户主要对应关系：归集分配时，借方登记"制造费用""管理费用"，贷方登记"待摊费用"；支付待摊费用时，借方登记"银行存款""库存现金""应付票据"等，贷方登记"待摊费用"。

（二）"坏账准备"账户

"坏账准备"账户属于资产类账户，用来核算为了预防未来发生坏账、呆账而设置的坏账准备金额。借方登记坏账发生数额,贷方登记提取的坏账准备金。如期末余额在借方,表示提取坏账准备小于坏账发生的额度,应该按照差额冲回坏账准备处理;如期末余额在贷方,表示提取坏账准备金大于坏账发生的额度,应按照差额提取,如图 4-34 所示。

借方	坏账准备	贷方
坏账发生数额	提取的坏账准备金	
期末余额:提取坏账准备小于坏账发生的额度	期末余额:提取坏账准备金大于坏账发生的额度	

图 4-34 "坏账准备"账户结构

"坏账准备"账户主要对应关系:企业在提取坏账准备时,借方登记"信用减值损失——计提坏账准备",贷方登记"坏账准备";如本期应计提的坏账准备金额大于坏账准备账面余额,应当按其差额计提,借方登记"信用减值损失——计提坏账准备",贷方登记"坏账准备";如应提取坏账准备金额小于坏账准备账面余额,应按其差额做相反会计分录,借方登记"坏账准备",贷方登记"资产减值损失——计提坏账准备";确实无法收回的应收款项,按管理权限报经批准后作为坏账处理,转销应收款项,借方登记"坏账准备",贷方登记"应收票据""应收账款""预付账款""其他应收款""长期应收款"等;已确认坏账损失并转销的应收款项,以后又全部或部分收回时,应按实际收回的金额,借方登记"应收账款""应收票据""预付账款""其他应收款""长期应收款"等,贷方登记"坏账准备",同时,借方登记"银行存款",贷方登记"应收账款"。

(三)"资产减值准备"账户

"资产减值准备"账户属于损益类账户,是"坏账准备"账户的对应账户,用来核算计提各项资产减值准备形成的损失。借方登记各项资产减值准备,贷方登记坏账准备、存货跌价准备等,期末余额转入"本年利润"账户,结转后无余额,如图 4-35 所示。

借方	资产减值准备	贷方
资产减值准备	坏账准备、存货跌价准备	
期末余额:转入"本年利润"账户		

图 4-35 "资产减值准备"账户结构

"资产减值准备"账户主要对应关系:计提存货跌价准备时,借方登记"生产成本""存货跌价准备",贷方登记"原材料",或者借方登记"存货跌价准备",贷方登记"制造费用";无形资产减值时的核算分为两种情况,无形资产减值准备时,借方登记"管理费用",贷方登记"无形资产",无形资产发生减值时,借方登记"营业外支出",贷方登记"无形资产减值准备";计提长期股权投资减值准备时,借方登记"资产减值损失",贷方登记"长期股权投资减值准备"。

课堂练习

1. **单项选择题**

   (1) "主营业务收入"账户性质是(　　)。
   　　A. 资产类账户　　　　　　　　B. 收入类账户
   　　C. 损益类账户　　　　　　　　D. 所有者权益类账户

   (2) 库存商品成本结转的账户是(　　)。
   　　A. 生产成本　　B. 原材料　　C. 制造费用　　D. 辅助材料

   (3) 取得罚款收入记入的账户是(　　)。
   　　A. 银行存款　　B. 营业外支出　　C. 营业外收入　　D. 其他业务收入

   (4) 不用结转"本年利润"账户的是(　　)。
   　　A. 应交税费——应交增值税　　B. 主营业务收入
   　　C. 制造费用　　　　　　　　　D. 营业外支出

   (5) 某公司销售产品 30 000 元,交纳税金 4 200 元,支付运费 1 000 元,"主营业务收入"账户应记入的金额是(　　)元。
   　　A. 30 000　　B. 34 200　　C. 35 200　　D. 31 000

2. **多项选择题**

   (1) 销售环节的收款方式有(　　)。
   　　A. 银行存款　　B. 预收账款　　C. 应收账款　　D. 应付账款

   (2) 年末结账没有余额的账户有(　　)。
   　　A. 主营业务收入　　　　　　　B. 其他业务收入
   　　C. 利润分配　　　　　　　　　D. 本年利润

   (3) 罚款支出的相关账户有(　　)。
   　　A. 其他业务支出　　B. 营业外支出　　C. 银行存款　　D. 原材料

   (4) 制造企业的其他业务收入有(　　)。
   　　A. 销售原材料　　B. 出租包装物　　C. 出租劳务　　D. 第三方研发

   (5) 销售收入可能会(　　)。
   　　A. 增加资产　　B. 增加费用　　C. 增加负债　　D. 增加权益

3. **判断题**

   (1) 产成品结算到"生产成本"账户。　　　　　　　　　　　　　　　　(　　)
   (2) 销售产品时,贷方登记"主营业务收入"和"应交税费"账户。　　　　(　　)
   (3) "预收账款"账户用于结算销售产品的收入。　　　　　　　　　　(　　)
   (4) 原材料销售收入登记"其他业务收入"账户。　　　　　　　　　　(　　)
   (5) 行政部门耗费的原材料记入"制造费用"账户。　　　　　　　　　(　　)
   (6) 应收账款可能产生坏账、呆账,因此,要设置"坏账准备"账户。　　(　　)
   (7) 销售原材料要交税,设置"应付税费——应交增值税(销项税额)"账户。(　　)

(8) 销售价值较大的产品,不得一次性支付货款。 （ ）

(9) 采用外币结算应该对汇率作出约定。没有约定的,以经济业务成交之日的汇率为准。 （ ）

(10) 推介费登记"销售费用"账户。 （ ）

4. 思考题

(1) 销售费用是如何形成的？包括哪些内容？

(2) 为什么会产生坏账？如何处理？

任务实施

(1) 进步公司销售产品取得收入后存入银行账户,其中销售 A 产品 1 000 件,单价 20 元,销售 B 产品 1 000 件,单价 10 元。增值税税率为 25%,分开核算税费。请编制相应会计分录。

提示:产品销售需要交纳销项税。本业务需要对销项税金进行归集,分配给 A 产品和 B 产品。销售取得收入包含税金记入"银行存款"账户借方,同时产品登记"主营业务收入"和"应交税费——应交增值税(销项税额)"账户的贷方。本业务需要对两类产品成本进行归集分配核算。两种产品应交销项税额如表 4-4 所示。

表 4-4 两种产品应交销项税额

产品类型	产品数量/件	单价/元	收入/元	税率	应交税额/元
A 产品	1 000	20	20 000	0.25	5 000
B 产品	1 000	10	10 000	0.25	2 500

可编制会计分录如下。

借:银行存款　　　　　　　　　　　　　　　　37 500
　　贷:主营业务收入——A 产品　　　　　　　　20 000
　　　　　　　　　　——B 产品　　　　　　　　10 000
　　　　应交税费——应交增值税(销项税额)——A 产品　5 000
　　　　　　　　　　　　　　　　　　　　　　——B 产品　2 500

(2) 月末结转两种产品销售成本,其中 A 产品 500 件,单位成本 50 元,B 产品 800 件,单位成本 40 元。请编制相应会计分录。

提示:用销售产品数量乘以单位产品成本,得出主营业务成本,然后进行结转。借方登记"主营业务成本",贷方登记"库存商品"。

借:主营业务成本——A 产品　　　　　　　　　25 000
　　　　　　　　——B 产品　　　　　　　　　32 000
　　贷:库存商品——A 产品　　　　　　　　　　25 000
　　　　　　　　——B 产品　　　　　　　　　　32 000

(3) 给盛大公司发货 1 000 件,单价 800 元,税率 25%。盛大公司已经提前预付货款 200 000 元,余款以转账支票支付。请编制相应会计分录。

提示:对于本公司来说,收到货款的形式是预收账款和应收票据,记入借方。贷方登记"主营业务收入"和"应交税费——应交增值税(销项税额)"。

借:预收账款　　　　　　　　　　　　　　　　　　200 000
　　应收票据　　　　　　　　　　　　　　　　　　800 000
　　贷:主营业务收入　　　　　　　　　　　　　　　800 000
　　　　应交税费——应交增值税(销项税额)　　　　200 000

(4) 现金预付次年杂志费 2 200 元。请编制相应会计分录。

提示:现金减少,贷方登记"库存现金";杂志费尚未发生,借方登记"待摊费用"。

借:待摊费用　　　　　　　　　　　　　　　　　　2 200
　　贷:库存现金　　　　　　　　　　　　　　　　　2 200

(5) 今年摊销暖气费,车间分摊 6 800 元,总部行政分担 3 200 元。请编制相应会计分录。

提示:已经预付的暖气费划入本年分摊,借方登记"制造费用""管理费用",贷方登记"待摊费用"。

借:制造费用　　　　　　　　　　　　　　　　　　6 800
　　管理费用　　　　　　　　　　　　　　　　　　3 200
　　贷:待摊费用　　　　　　　　　　　　　　　　　10 000

(6) 核算提取公司固定资产设备折旧 2 900 元,车间承担 2 100 元,行政部门承担 800 元。请编制相应会计分录。

提示:计提固定资产折旧,由车间和行政部门分担。借方登记"制造费用""管理费用",贷方登记"累计折旧"。

借:制造费用　　　　　　　　　　　　　　　　　　2 100
　　管理费用　　　　　　　　　　　　　　　　　　800
　　贷:累计折旧　　　　　　　　　　　　　　　　　2 900

(7) 为预防应收账款风险,计提坏账 10 000 元。请编制相应会计分录。

提示:坏账准备用来核算应收账款,防止未来应收账款变成坏账、呆账。借方登记"坏账准备",贷方登记"应收账款"。

借:坏账准备　　　　　　　　　　　　　　　　　　10 000
　　贷:应收账款　　　　　　　　　　　　　　　　　10 000

(8) 接上题,债务单位偿还欠账。请编制相应会计分录。

提示:当坏账发生时,借方登记"应收账款"账户,贷方登记"坏账准备"账户;债务单位偿还欠账,则要冲减计提的坏账准备,借方登记"银行存款",贷方登记"应收账款"。这个过程相当于本单位自己拿一笔资金先替债务单位偿还欠账,然后债务单位履行了债务,本单位把原来的坏账准备进行冲减。

① 冲减坏账时,编制会计分录如下。

借:应收账款　　　　　　　　　　　　　　　　　　10 000
　　贷:坏账准备　　　　　　　　　　　　　　　　　10 000

② 收回原欠账,编制会计分录如下。

借：银行存款　　　　　　　　　　　　　　　　　　10 000
　　贷：应收账款　　　　　　　　　　　　　　　　　　10 000

任务演练

新偶像仿真机器人公司2024年11月发生以下经济业务，请进行企业销售业务核算。

(1) 3日，罚款收入5 000元存入银行。

(2) 5日，捐赠传染病预防用品30 000元。

(3) 6日，销售给麦田公司甲产品500件，每件售价1 000元，共计500 000元，销项税额60 000元，款项存入银行。

(4) 8日，向麦迪公司销售乙产品400件，每件售价1 500元，共计600 000元。以银行存款代垫运费3 000元，应收增值税72 000元。所有款项尚未收到。

(5) 9日，现金支付合同违约罚款3 000元。

(6) 13日，用银行存款支付广告费5 000元。

(7) 18日，销售材料取得价款10 000元，销项增值税1 200元，货款存入银行。

(8) 31日，用银行存款支付短期借款利息6 800元。

(9) 31日，结转已销售产品的生产成本，包括甲产品生产成本400 000元，乙产品生产成本300 000元，已销售材料成本5 000元。

(10) 31日，计算出本月应负担的税金及附加4 000元，其中城市维护建设税3 000元，教育费附加2 000元。

(11) 31日，将本月收入结转"本年利润"账户。

(12) 31日，将本月费用、支出结转"本年利润"账户。

任务考核

项目名称	评价内容	分值	评价分值	
			自评	教师评分
个人素养考核项目(20%)	出勤情况	5分		
	仪容仪表	5分		
	课堂纪律和学习态度	10分		
专业能力考核项目(80%)	参与教学活动并正确理解任务要求	10分		
	课堂练习和任务完成情况	70分		
合计：综合分数_____	自评(30%)＋教师评分(70%)	100分		
综合评语		教师(签名)		

任务总结

(1) 销售过程是资金周转过程的第三阶段，其实质是对企业产成品进行成本结转，投放市场转化为货币资产。同时,还要核算对固定资产的折旧消耗。

(2) 完成销售还要对本年利润进行结转。

任务 4.6　通晓企业财务成果核算

★知识目标

了解所得税核算的原理,熟悉期间费用核算与损益类账户结转的相关知识,掌握企业财务成果核算的步骤、过程和方法。

★技能目标

能够熟练编制各项业务的会计分录,准确核算企业会计利润和计算所得税。

★素养目标

准确核算税费,培养遵纪守法的品质。

任务导入

智达科技公司的会计希某认为企业利润就是用本月销售收入减去成本,你认同这个观点吗？为什么？

任务准备

一、利润分配过程内容

利润是企业一定期间的经营成果,是收入减去费用后的余额。收入大于费用,企业盈利;收入小于费用,企业亏损。利润作为企业经营成果,是衡量企业运营能力的重要指标。

利润是一个综合指标,包括营业利润、利润总额和净利润,相关计算公式如下：

营业利润＝营业收入－营业成本－税金及附加－销售费用－管理费用－财务费用
　　　　－资产减值损失＋公允价值变动收益（－公允减值变动损失）
　　　　＋投资收益（－投资损失）＋其他收益

其中,

营业收入＝主营业务收入＋其他业务收入

营业成本＝主营业务成本＋其他业务成本

利润总额＝营业利润＋营业外收入－营业外支出

净利润＝利润总额－所得税费用

企业获得净利润后需要进行分配。首先,弥补以前年度的损失,如以前的欠款和各种费用。其次,按照规定提取盈余公积金作为企业发展基金。盈余公积金由法定盈余公积金和任意盈余公积金构成。法定盈余公积金按照净利润的 10% 提取。最后,按照投资约定或者公司章程向投资者分配利润。

二、财务成果核算相关账户

(一)"营业外收入"账户

"营业外收入"账户属于损益类账户,用来核算与企业日常经营没有关系的各项利得,如处置资产、盘盈、接受捐赠等。借方登记期末转入"本年利润"贷方的金额,贷方登记取得的各项利得,账户期末没有余额,如图4-36所示。

借方	营业外收入	贷方
期末转入"本年利润"账户贷方的金额		取得的各项利得

图4-36 "营业外收入"账户结构

"营业外收入"账户主要对应关系:取得营业外收入(如接受捐款、应付账款无法支付)时,借方登记"银行存款",贷方登记"营业外收入";营业外收入结转本年利润时,借方登记"营业外收入",贷方登记"本年利润"。

(二)"营业外支出"账户

"营业外支出"账户属于损益类账户,用来核算与企业日常经营没有关系的各项损失,如资产盘亏、非常损失、罚款、对外捐赠等。借方登记发生的各项损失,贷方登记期末转入"本年利润"借方的金额,账户没有余额,如图4-37所示。

借方	营业外支出	贷方
发生的各项损失		期末转入"本年利润"账户借方的金额

图4-37 "营业外支出"账户结构

"营业外支出"账户的主要对应关系:发生营业外支出(如捐款、罚款、非常损失等)时,借方登记"营业外支出",贷方登记"银行存款""库存现金""应付票据"等;期末结转到"本年利润"账户时,借方登记"本年利润",贷方登记"营业外支出"。

(三)"本年利润"账户

"本年利润"账户属于所有者权益类账户,用来核算企业当期实现的净利润或者净损失。借方登记期末转入的各项费用和损失,贷方登记期末转入的收入利得。账户余额在借方表示本期净亏损额度,在贷方表示本期净利润额度。年度结转后,账户无余额,如图4-38所示。

"营业外支出"账户的主要对应关系:期末结转各项收入时,借方登记"主营业务收入""其他业务收入""营业外收入""投资净收益",贷方登记"本年利润";期末结转各项支出时,借方登记"本年利润",贷方登记"主营业务成本""税金及附加""其他业务成本""管理费用""财务费用""销售费用""投资净损失""营业外支出""所得税费用"。

借方	本年利润	贷方
期末转入的各项费用和损失： 主营业务成本 税金及附加 其他业务成本 管理费用 财务费用 销售费用 投资净损失 营业外支出		期末转入的收入利得 主营业务收入 其他业务收入 营业外收入 投资净收益
期末余额：本期累计净亏损		期末余额：本期累计净利润

图 4-38 "本年利润"账户结构

（四）"所得税费用"账户

"所得税费用"账户属于损益类账户，用来核算企业所得税费用。借方登记本期发生的所得税费用，贷方登记期末转入"本年利润"借方的余额，账户没有余额，如图 4-39 所示。

借方	所得税费用	贷方
本期发生的所得税费用		期末转入"本年利润"借方的余额

图 4-39 "所得税费用"账户结构

"所得税费用"账户主要对应关系：确认应交税费时，借方登记"所得税费用"，贷方登记"应交税费——应交所得税"；结转所得税费用到"本年利润"账户时，借方登记"本年利润"，贷方登记"所得税费用"。

（五）"利润分配"账户

"利润分配"账户属于所有者权益类账户，用来核算分配企业利润。借方登记实际分配的利润，贷方登记盈余公积弥补以前年度的亏损额，账户余额在借方表示尚未弥补的亏损，在贷方表示尚未分配的利润，如图 4-40 所示。

"利润分配"账户主要对应关系：提取法定盈余公积时，借方登记"利润分配——提取法定盈余公积"，贷方登记"盈余公积——法定盈余公积"；归集分配股利时，借方登记"利润分配"，贷方登记"应付股利"；结转净利润时，借方登记"本年利润"，贷方登记"利润分配——未分配利润"。

借方	利润分配	贷方
期初：年末从"本年利润"转来的净亏损	期初：年末从"本年利润"转来的净利润	
实际分配的利润： 　　提取法定盈余公积 　　提取任意盈余公积 　　应付现金股利 　　年末转入亏损	盈余公积转入 年末从"本年利润"转入的全年净利润	
各期期末：已经分配的利润额 期末余额：尚未弥补的亏损	期末余额：尚未分配的利润	

图 4-40　"利润分配"账户结构

（六）"盈余公积"账户

"盈余公积"账户属于所有者权益类账户，用来核算企业净利润中提取的盈余公积。借方登记盈余公积支出数额，包括弥补损失、转增资本、分配股利等，贷方登记盈余公积提取数额，账户余额在贷方，表示提取的盈余公积尚未分配的余额，如图 4-41 所示。

借方	盈余公积	贷方
支出的盈余公积数额（减少额）	提取的盈余公积数额（增加额）	
	期末余额：结余盈余公积数额	

图 4-41　"盈余公积"账户结构

"盈余公积"账户主要应对关系：提取盈余公积时，借方登记"利润分配——提取法定盈余公积"，贷方登记"盈余公积——法定盈余公积"；转增资本金时，借方登记"盈余公积"，贷方登记"实收资本"。

（七）"应付股利"账户

"应付股利"账户属于负债类账户，用来核算分配给投资者的股利利润。借方登记实际分配的利润或者股利，贷方登记应该分配的利润或者股利，账户余额在贷方，表示尚未分配的利润或者股利，如图 4-42 所示。

借方	应付股利	贷方
实际分配的利润或者股利	应该分配的利润或股利	
	期末余额：尚未分配的利润或者股利	

图 4-42　"应付股利"账户结构

"应付股利"账户主要应对关系：归集分配股利时，借方登记"利润分配——应付现金股利"，贷方登记"应付股利"；支付股利兑现时，借方登记"应付股利"，贷方登记"银行存款"。

课堂练习

1. 单项选择题

(1) 属于营业外收入的是( )。
　　A. 出售原材料收入　　　　　　B. 出售产品和服务收入
　　C. 固定资产盘盈　　　　　　　D. 接受捐赠

(2) 利润形成阶段的业务核算不可能出现的账户是( )。
　　A. 利润分配　　B. 盈余公积　　C. 股东分红　　D. 原材料

(3) 某公司年底营业利润为 210 000 元,所得税费用为 8 500 元,那么净利润为( )元。
　　A. 210 000　　B. 218 500　　C. 201 500　　D. 200 000

(4) 盈余公积和未分配利润称为( )。
　　A. 实收资本　　B. 留存收益　　C. 所有者权益　　D. 资本公积

(5) 企业上年亏损 1 000 000 元,今年净利润为 8 000 000 元,按 10% 提取盈余公积,向投资者分配利润 3 000 000 元,则未分配利润为( )元。
　　A. 5 000 000　　B. 4 200 000　　C. 4 000 200　　D. 3 200 000

2. 多项选择题

(1) 列入"管理费用"账户的有( )。
　　A. 董事会会费　　　　　　　　B. 捐赠款
　　C. 公司业务招待费　　　　　　D. 产品推介博览会费用

(2) 属于营业外收入的有( )。
　　A. 罚款收入　　　　　　　　　B. 盘盈所得
　　C. 产品销售收入　　　　　　　D. 无法支付的货款

(3) 企业利润的包括( )。
　　A. 营业利润　　B. 利润总额　　C. 净利润　　D. 本年利润

(4) 与"其他业务成本"账户性质相同的账户有( )。
　　A. 主营业务成本　　B. 营业外收入　　C. 营业外支出　　D. 本年利润

(5) 盈余公积包括( )。
　　A. 实收资本　　B. 未分配利润　　C. 法定盈余公积　　D. 任意盈余公积

3. 判断题

(1) 净利润不含所得税费用。　　　　　　　　　　　　　　　　　　　　( )
(2) 利润分配只有在扣除所得税费用后才能执行。　　　　　　　　　　　( )
(3) 利润主要核算的是一定会计期间的利润(或者亏损)。　　　　　　　　( )
(4) 收入反映企业的经营成果。　　　　　　　　　　　　　　　　　　　( )
(5) 营业利润就是收入减去成本费用,它与净利润是一回事。　　　　　　( )
(6) 在利润分配阶段,如果有上年亏损,应当先弥补上年亏损。　　　　　( )
(7) 股东分红时,不用管是否提取了盈余公积。　　　　　　　　　　　　( )
(8) 股东权益体现在股东对公司资产的控制和管理。　　　　　　　　　　( )

(9) 净利润应首先弥补上年亏损、偿还贷款、提取盈余公积,再给股东分红。（   ）
(10) 股东分红不是资金退出企业的唯一渠道。（   ）

4. 思考题

(1) 简述企业利润的形成和分配过程。

(2) 营业外收入包括哪些内容？

任务实施

(1) 大金公司收到国家行政部门的教育培训补贴 20 000 元。请编制相应会计分录。

提示：教育补贴费不是日常经营取得的收入,作为营业外收入处理。借方登记"银行存款",贷方登记"营业外收入"。

借：银行存款	20 000	
贷：营业外收入		20 000

(2) 大金公司向灾区捐款 50 万元。请编制相应会计分录。

提示：捐款不是日常经营业务,作为营业外支出处理。借方登记"营业外支出",贷方登记"银行存款"。

借：营业外支出	500 000	
贷：银行存款		500 000

(3) 大金公司 2024 年 10 月的损益账户信息如下。

主营业务收入 250 000 元,主营业务成本 150 000 元,税金及附加 5 000 元,其他业务收入 6 000 元,其他业务成本 2 000 元,销售费用 10 000 元,管理费用 8 000 元,财务费用 1 000 元,营业外收入 4 000 元,营业外支出 4 000 元。请将各项损益结转到"本年利润"账户。

提示：

① 结转 2023 年 10 月收入。

借：主营业务收入	250 000	
其他业务收入	6 000	
营业外收入	4 000	
贷：本年利润		260 000

② 结转 2020 年 10 月支出。

借：本年利润	180 000	
贷：主营业务成本		150 000
其他业务成本		2 000
税金及附加		5 000
营业外支出		4 000
销售费用		10 000
管理费用		8 000
财务费用		1 000

(4) 接上述,大金公司企业所得税为25%,请计算所得税并结转。

提示:收入类结算的本年利润减去支出类结转本年利润,所得差额乘以税率,得出企业所得税,然后进行结转。

$$大金公司利润总额 = 260\ 000 - 180\ 000 = 80\ 000(元)$$
$$应交所得税 = 80\ 000 \times 25\% = 20\ 000(元)$$

① 借:所得税费用　　　　　　　　　　　　20 000
　　贷:应交税费——应交所得税　　　　　　　　　20 000
② 借:本年利润　　　　　　　　　　　　　20 000
　　贷:所得税费用　　　　　　　　　　　　　　　20 000

(5) 2024年,大明公司实现本年净利润620 000元,提取10%法定盈余公积,5%任意盈余公积,分配股东利润300 000元。请编制相应会计分录。

提示:按照相关知识,做如下会计分录。

① 结转本年利润。

借:本年利润　　　　　　　　　　　　　620 000
　贷:利润分配——未分配利润　　　　　　　　　620 000

② 提取法定盈余公积、任意盈余公积。

借:利润分配——提取法定盈余公积金　　　62 000
　　　　　　——提取任意盈余公积金　　　31 000
　贷:盈余公积　　　　　　　　　　　　　　　　93 000

③ 分配股利。

借:利润分配——应付股利　　　　　　　300 000
　贷:应付股利　　　　　　　　　　　　　　　　300 000

④ 结转利润分配账户。

借:利润分配——未分配利润　　　　　　393 000
　贷:利润分配——提取法定盈余公积金　　　　　62 000
　　　　　　　——提取任意盈余公积金　　　　　31 000
　　　　　　　——应付股利　　　　　　　　　300 000

任务演练

(1) 2024年10月,大宏公司甲产品月初余额20 000元,乙产品月初余额15 000元。本月发生以下经济业务,请编制相应会计分录,并登记有关账户。

① 收到大华公司全新机械设备投资80 000元。
② 从顺顺通购买A材料1 000公斤,单价10元,增值税13%,银行存款支付。
③ 从顺顺发购入B材料10吨,单价400元,C材料20吨,单价300元,运杂费1 000元,增值税1 800元,货税暂欠。
④ 从银行提取现金100 000元,准备发放工资。
⑤ 以现金100 000元发放上月职工工资。
⑥ 以现金500元支付车间办公费200元,公司行政办公费300元。

⑦ 员工刘某出差预借旅费6 000元,出纳以现金付给。
⑧ 以银行存款3 000元支付业务招待费。
⑨ 销售给顺顺达公司售甲产品100件,单价350元,销售乙产品200件,单价250元,货款85 000元未到账。
⑩ 支票支付广告费4 000元。
⑪ 销售甲产品200件,单位售价500元,货款100 000元,增值税款13 000元。收到货款存入银行账户。
⑫ 以银行存款归还前欠顺顺发公司货款。
⑬ 员工王某出差回来报销差旅费600元,退回现金400元。
⑭ 出售长期积压的D材料100千克,单位售价20元,款项存入银行。
⑮ 收到宇通公司违约金3 000元,存入银行。
⑯ 以银行存款6 000元支付捐款。
⑰ 以现金1 000元支付困难职工补助。
⑱ 以银行存款购买汽车一辆,价款20 000元,增值税26 000元。
⑲ 收到国家补贴5 000元,存入银行。
⑳ 本月购入材料全部入库结转其实际成本。
㉑ 本月公司仓库发出材料70 000元,其中制造甲产品耗用材料40 000元,制造乙产品耗用材料20 000元,车间一般耗材8 000元,厂部一般性耗材2 000元。
㉒ 分配本月应付工资,包括甲产品工人工资30 000元,乙产品工人工资20 000元,车间管理人员工资4 000元,厂部管理人员工资6 000元。
㉓ 假设按上述工资比例的10%计提其他职工薪酬。
㉔ 摊销应由本月负担的财产保险费2 000元。
㉕ 预提应由本月负担的短期借款利息10 000元。
㉖ 计提本月固定资产折旧费50 000元,其中车间3 000元,厂部2 000元。
㉗ 计算本月制造费用总额,按工时比例分配并结转,其中甲产品工时10 000元,乙产品工时5 600元。
㉘ 本月甲产品投产500件,全部完工;乙产品投产500件,完工400件。结转完工产品的实际成本。
㉙ 结转本月产品销售成本,其中甲产品单位成本200元,乙产品单位成本100元。
㉚ 开出支票交纳本月应缴增值税20 000元。
㉛ 结转销售D材料的实际成本2 000元。
㉜ 将收入账户本期发生额结转到"本年利润"账户。
㉝ 将费用类账户本期发生额结转到"本年利润"账户。
㉞ 按本月实现利润总额的25%计算应交所得税并予以结转。
㉟ 按净利润的12%计提盈余公积金。
㊱ 董事会决定,向投资者分配股利4 000元。
㊲ 开出支票,向投资者支付股利4 000元。

(2) 大庄园绿色生态农业有限公司 2024 年账户发生额如表 4-5 所示。请按以下要求进行财务成果核算，编写相应会计分录。

① 损益类账户结转到"本年利润"账户。
② 无调整项目，按利润总额 25% 核算应缴所得税，并结转所得税费用和净利润。
③ 按净利润的 10% 提取法定盈余公积金。
④ 按净利润的 20% 提取任意盈余公积金。
⑤ 董事会决定按照净利润的 50% 发放现金股利。
⑥ 结转法定盈余公积金、任意盈余公积金及现金股利。
⑦ 核算出未分配利润数额。

表 4-5 大庄园绿色生态农业有限公司 2024 年账户发生额

2024 年 12 月 31 日

账 户 名 称	借方余额/元	贷方余额/元
主营业务收入		1 800 000
其他业务收入		100 000
公允价值变动损益		5 000
投资收益		90 000
营业外收入		5 000
主营业务成本	850 000	
其他业务成本	25 000	
营业税及附件	12 000	
销售费用	100 000	
管理费用	60 000	
财务费用	40 000	
资产减值损失	3 000	
营业外支出	10 000	

任务考核

项目名称	评 价 内 容	分值	评价分值	
			自评	教师评分
个人素养考核项目 (20%)	出勤情况	5 分		
	仪容仪表	5 分		
	课堂纪律和学习态度	10 分		
专业能力考核项目 (80%)	参与教学活动并正确理解任务要求	10 分		
	课堂练习和任务完成情况	70 分		
合计：综合分数_____	自评(30%)＋教师评分(70%)	100 分		
综合评语		教师(签名)	

任务总结

（1）财务成果是企业一定生产期间经营活动的最终利得，是企业在一定会计期间所实现的各种收入（收益）与相关费用（支出）的差额。

（2）企业在一定时期内从事全部生产、经营活动所取得利润或发生的亏损，综合反映企业生产、经营活动情况，是考核企业经营管理水平的重要指标。

（3）会计年度终了，企业应将本年收入和支出相抵后结出的本年实现的利润总额或亏损总额，全部转入"利润分配"账户，结转后"本年利润"账户应无余额。

（4）企业应核算缴纳企业所得税。企业所得税基本税率要参照财政部颁布的税率政策进行核算。

任务 4.7　掌握企业财产清查核算

★ 知识目标

了解企业财产清查的意义、作用、要求和方法。

★ 技能目标

能够正确进行企业财产清查与核算。

★ 素养目标

养成归纳整理、盘点习惯和高效管理企业财产价值的职业素养和道德风尚。

任务导入

智达科技公司财务经理陈某伙同业务经理章某，借在西部地区举办业务推介会的机会，多开具业务推介会发票5万元，但是合作方账务记账不反映此事，二人将5万元平分。年底进行现金盘存，钱经理发现资金多出5 000元，直接作为业务招待费处理，以"打白条"作为凭证，并指示部门出纳宗某作为当事人"打白条"，自己批准，至此将5 000元现金据为己有。请你指出不妥之处。

任务准备

一、财产清查

（一）财产清查的含义

财产清查是指企业对货币资金、实物资产和往来款项进行盘点与核对，以保证账账、账实相符的一种专门的会计检查方法。

（二）财产清查中存在问题的原因

财产清查中存在问题的原因主要有：①财产物资在运输或保管过程中发生自然损耗；②财产物资计量或检验不准，造成多收或少收的差错；③管理不善、制度不严造成的财产损坏、丢失、被盗等;④在账簿记录中发生的重记、漏记、错记;⑤在结算过程中,由于有关凭证未到,形成未达账项等,造成结算双方账实不符;⑥自然灾害造成的非常损失;⑦贬值、坏账等隐性原因导致账实不符等。

(三)财产清查的意义

确保财产安全完整,真实客观反映账务,提升财产使用效益,严肃企业财经纪律。

(四)财产清查的分类

财产清查的分类及相关内容如表 4-6 所示。

表 4-6 财产清查的分类

分类标准	分类名称	含 义	特 点	适 用 条 件
清查范围分类	全面清查	对全部财产物资,包括实物资产、货币以及各项债权债务全面彻底清查	范围广、人员多、工作量大、耗时长、成本高	年终编制报表前和企业改制资产评估时;企业合并、撤销、改制或改变经营方式时;企业主要负责人离职时
	局部清查	对部分实物资产和债务进行盘点核对	范围小、人员小、耗时短、成本低	现金日记账日结日清;银行存款和银行借款每月核对;材料、在产品、产成品,年度和每月核查
清查时间分类	定期清查	按照事先计划,对财务、债权债务会计期末清查	定时、规律、便捷、可控	月末、季末、半年末、年末选择适当时间,对应会计期间报表进行财产和债权债务核对
	不定期清查	事先未定时间的随机财产清查	时间、范围、内容随机	变更财产保管员和出纳和发生意外损失;企业合并、改制、迁移和改变隶属关系时;财经、税务、工商、银行、审计部门检查

二、财产清查的方法

财产清查需要编制财产清查申请,成立清查小组,确定清查技术,确定清查方案和人员执行清查程序。资产清查是通过一定的盘存方法确保账物相符,常用的方法有实地盘存制和永续盘存制。

(一)实地盘存制

实地盘存制也称定期盘存制,对企业各项财产物资不连续记录,平时只在账簿中登记购进或收入等增加数量,不登记销售或耗用等减少数量,期末根据实地盘点确定的结存数来倒推财产物资的减少数,并据以登记有关账簿的盘存制度。简单来说,就算平时不看账本,清查时实际盘点对账。相关计算公式如下:

期末结存金额=期末财产物资盘点数量×单价

期末减少金额=期初账面结存金额+本期增加金额−期末结存金额

实地盘存制简化日常盘点和记录,清查时一次性核查对账,中间过程控制不严,容易造成疏漏和浪费,账务失真。实地盘存制一般只适用于规模较小的企业或者价值很低、易于损耗、消耗频繁和计量确有困难的财产物资核算。

(二)永续盘存制

永续盘存制也称账面盘存制,日常财产物资账簿记录中财产物资收支逐笔登记,同时账簿和实践核对连续盘存。相关计算公式如下:

本期减少金额＝发出财产物资数量×单价

期末账面结存金额＝期初账面结存金额＋本期增加金额－本期减少金额

采用永续盘存制优点是账务清晰,逐笔明了,便于控制;缺点是核算麻烦,工作复杂。

三、实物资产清查会计处理程序

实物资产清查主要是指对有形物资财产的清查,如库存商品、现金、原材料、在产品、低值易耗品、固定资产等。实物资产清查的主要方法包括实际盘点法和技术推广法。

实际盘点法就是以点数、过磅、量尺等方法,检查财产物资账物是否匹配的方法。这种方法适用于易于操作的大型有形物资清查。

技术推广法是通过推算(量方)测定物资财产的数量方法,适用于大型、笨重、价值低廉的物资。

实物财产清查要有当事人在场,编制财产清查单和存货盘点报告单,记录清查结果,如表 4-7 和表 4-8 所示。

表 4-7 财产清查单

单位名称:　　　　　　　　　　　盘点时间:
财产类别:　　　　　　　　　　　存放地点:　　　　　　　编号:

序号	财产名称	规格型号	计量单位	实存数量	单价	金额	备注

盘点人(签章):　　　　　　　　　　　实物保管人(签章):

表 4-8 存货盘点报告单

单位名称:　　　　　　　　　　　盘点时间:
财产类别:　　　　　　　　　　　存放地点:　　　　　　　编号:

序号	名称	规格	计量单位	单价	实存		账存		盘盈		盘亏		备注
					数量	金额	数量	金额	数量	金额	数量	金额	

盘点人(签章):　　　　　　　　　　　实物保管人(签章):

清查资产的结果分为盘平、盘盈和盘亏三种情况,都要填制存货盘点报告单。

盘平时,填制存货盘点报告单即可。

盘盈时,填制存货盘点报告单,编制记账凭证与会计分录,借方登记"原材料""库存商品""固定资产"等账户,贷方登记"待处理财产损溢"账户。报领导批准,入账。借方登记"待处理财产损益"账户,贷方登记"管理费用"账户。

盘亏时,填制存货盘点报告单,编制记账凭证与会计分录,借方登记"待处理财产损益"账户,贷方登记"原材料""库存商品""固定资产"等账户。报领导查明原因,如果责任人承担,借方登记"其他应收款"账户,贷方登记"待处理财产损溢"账户;如果单位承担,借方登记"营业外支出"账户,贷方登记"待处理财产损益"账户。

四、货币资金清查

货币资金清查包括库存现金清查和银行存款清查。

(一)库存现金清查

库存现金清查采用实地盘点法,确认库存数额与账目数额是否相符。应将库存现金与现金日记账和总账核对。盘点前将现金收款凭证登记入账,并结余额。盘点结束编制现金盘点报告单,如表4-9所示。

表4-9 现金盘点报告单

年 月 日

实存金额	账面金额	盘点结果		备注
		盘盈	盘亏	

主管会计: 盘点员: 出纳:

盘点结果分为盘平、盘盈和盘亏三种情况,都要填制现金盘点报告单。

盘平时,填制现金盘点报告单即可。

盘盈时,填制现金盘点报告,编制记账凭证与会计分录,借方登记"库存现金"账户,贷方登记"待处理财产损益"账户。报领导批准,入账。借方登记"待处理财产损益"账户,贷方登记"营业外收入"账户。

盘亏时填制现金盘点报告,编制记账凭证与会计分录,借方登记"待处理财产损益"账户,贷方登记"库存现金"账户。报领导查明原因,如果责任人承担,借方登记"其他应收款"账户,贷方登记"待处理财产损益"账户;如果单位承担,借方登记"管理费用""财务费用"账户,贷方登记"待处理财产损益"账户。

(二)银行存款清查

银行存款清查是指将开户银行定期送来的对账单与本单位的银行存款日记账逐笔进行核对,以查明银行存款收、付及余额是否正确相符。

银行存款清查中,若企业银行存款日记账与银行对账单不一致,确认未达账项,并进行调整。未达账项是由于企业入账,而尚未到达企业银行账户的时间差所造成的,一般有四种情况：①企业已收款入账，银行尚未收款入账；②企业已付款入账，银行尚未收款入账；③银行已收款入账，企业尚未收款入账；④银行已付款入账，企业尚未付款入账。银行存款清查可以使企业清晰准确地掌握银行存款状态，促进银行存款使用效率。

进行银行存款清查，需要填制银行存款余额调节表，如表 4-10 所示。应对银行存款日记账与银行对账单未达账项进行会计处理。余额调节法是以企业银行存款日记账的余额和银行对账单的余额为基础进行调节，不能用来调整账面记录，有补记式余额调节法和还原式余额调节法两种。

补记式余额调节法计算公式为

  企业银行存款日记账余额＋银行已收企业未收款－银行已付企业未付款

  ＝银行对账单＋企业已收银行未收款－企业已付银行未付款

还原式余额调节法计算公式为

  企业银行存款日记账余额＝银行对账单余额＋企业已收银行未收款

    －企业已付银行未付款－银行已收企业未收款

    ＋银行已付企业未付款

信息化条件下，企业的电子银行平台可以实时清晰地反映企业账户与银行对账单匹配状态。

表 4-10   银行存款余额调节表

企业名称：   年 月 日

项　　目	金额/元	项　　目	金额/元
银行存款日记账余额		银行对账单余额	
加：银行已收企业未收款		加：企业已收银行未收款	
减：银行已付企业未付款		减：企业已付银行未付款	
调借后存款余额		调节后存款余额	

主管会计：   审核：   制表：

课堂练习

1. 单项选择题

（1）财产清查中，盘亏的认定标准是（   ）。

  A. 实存大于账存   B. 实存小于账存

  C. 实存不等于账存   D. 实存等于账存

（2）盘盈的存货，经批准入账，作为（   ）处理。

  A. 营业外收入   B. 其他业务收入

  C. 冲减管理费用   D. 冲减营业外支出

（3）散装铁矿石堆存清查一般选用（   ）。

  A. 实际盘点法   B. 重点抽查法

  C. 技术推广法   D. 函证核对法

（4）财产清查是用来检查（   ）的会计方法。

  A. 账实相符   B. 账账相符

  C. 账表相符   D. 账证相符

(5) 从财产清查的公允性看,(　　)公正性更高。
  A. 财务部门自我清查   B. 公司非财务部门清查
  C. 财务部门人员互查   D. 公司以外的第三方审查

(6) 财产清查的账务依据是(　　)。
  A. 会计分录   B. 会计报表
  C. 原始凭证   D. 试算平衡表

(7) 永续盘存制的最大优势是(　　)。
  A. 手续便捷   B. 管理严密
  C. 逐笔登记,功能工作量大   D. 依据会计凭证,无差错

(8) 对于重点财产和重点部位的清查,(　　)。
  A. 单列项目重点清查   B. 所有人盯防清查
  C. 新技术应用就万无一失   D. 评估检查和实践检查

(9) 盘查实务资产时需要(　　)。
  A. 占卜选择黄道吉日   B. 库管员清查报告
  C. 财务人员清查报告   D. 库管员、财务人员和其他无利益方参与

(10) 现金清查结果要填制(　　)。
  A. 现金盘点报告表   B. 对账单
  C. 盘存单   D. 实存账对比表

2. **多项选择题**

(1) 财产清查盘存制有(　　)。
  A. 实际盘存制   B. 岗位普查制
  C. 收付实现制   D. 永续盘存制

(2) 适宜采用发函询证清查的项目有(　　)。
  A. 应收账款   B. 银行存款
  C. 应付账款   D. 预付账款

(3) 进行不定期清查的有(　　)。
  A. 会计主体发生变更   B. 董事机构人员发生调整
  C. 发生意外损失   D. 出纳离职

(4) 定期清查一般有(　　)。
  A. 年末   B. 月末
  C. 季末   D. 召开董事会前夕

(5) 财产清查要(　　)。
  A. 弄清资金的来龙去脉   B. 抓住每一分钱不放手
  C. 将清查费用列为管理费用   D. 以账实是否相符为主线和核心

(6) 盘盈的固定资产,首先要记账处理,(　　)。
  A. 借方登记"固定资产"账户   B. 贷方登记"待处理财产损益"账户
  C. 借方登记"待处理财产损益"账户   D. 贷方登记"固定资产"账户

(7) 未达账项的原因有( )。
 A. 银行已经收款入账,企业尚未收到银行的收款通知因而未收款入账
 B. 银行已经付款入账,企业尚未收到银行的付款通知因而未付款入账
 C. 企业已经收款入账,银行尚未办理完转账手续因而未收款入账
 D. 企业已经付款入账,银行尚未办理完转账手续因而未付款入账

(8) 银行存款余额调节表是( )。
 A. 银行存款的清查方法   B. 盘存表的表现形式
 C. 原始凭证   D. 只起到对账的作用

(9) 盘存的结果有( )。
 A. 盘亏   B. 盘盈
 C. 盘错   D. 盘平

3. 判断题

(1) 往来账项清查一年至少清查一次。 ( )
(2) 财产清查是一种会计检查方法。 ( )
(3) 技术推广法适用于清查存量大、难以用丈量衡量的物品。 ( )
(4) 财产清查的目的在于确保会计主体财产安全和提高财产使用效益。 ( )
(5) 对于少量货币盘盈的情况,可以截留,不再入账。 ( )
(6) 非常损失的财产由责任人承担赔偿。 ( )
(7) 企业合并重组时一定要全面清查财产。 ( )
(8) 运用新技术加强过程控制,可以不用盘存。 ( )
(9) 支付宝内余额账单所列明细反映了财产变动情况,若对此有异议,可以通过平台对电子凭证提出质疑。 ( )
(10) 未达账项是由于企业或银行登记账簿漏记造成的。 ( )

4. 思考题

(1) 简述财产清查的意义。
(2) 简述财产清查中发现问题的原因。
(3) 什么是实地盘存制?有什么要求?
(4) 简述永续盘存制的含义。

任务实施

(1) 大元公司清查实物资产,发现盘亏库存商品价值 6 800 元,在产品 3 000 元。经调查,认定仓库管理员承担 2 000 元,其余作为非常损失。请编制相应会计分录。

提示:本业务属于实物资产盘亏,除了填制存货清查报告(略)外,做账务处理。
盘亏时,编制会计分录如下。
借:待处理财产损益   9 800
　　贷:生产成本   3 000
　　　　库存商品   6 800
报批后,编制会计分录如下。

借:营业外支出 6 800
　　其他应收款 2 000
　贷:待处理财产损益 9 800

(2) 大通公司清查实物资产,发现盘盈库存商品价值 10 800 元,原材料 2 000 元。经批准,登记入账,作为管理费用。

提示:本业务属于实物资产盘盈。

盘盈时,编制会计分录如下。

借:原材料 2 000
　　库存商品 10 800
　贷:待处理财产损益 12 800

报批后,编制会计分录如下。

借:待处理财产损益 12 800
　贷:管理费用 12 800

(3) 大鲜冷链物流公司 2024 年 6 月 23 日库存现金盘盈 462 元,经批准作为财务费用入账处理。请填制现金盘点报告单,并编制相应会计分录。

提示:本业务是现金盘盈,填制现金盘点报告单,如表 4-11 所示,再做账务处理。

表 4-11　现金盘点报告单

2024 年 6 月 23 日

实存金额	账面金额	盘点结果		备注
		盘盈	盘亏	
6 246	5 784	462		库存现金盘盈

主管会计:钱锦　　　　　　　盘点员:钱官　　　　　　　出纳:钱淑

盘盈时,编制会计分录如下。

借:库存商品 462
　贷:待处理财产损益 462

报批后,编制会计分录如下。

借:待处理财产损益 12 800
　贷:财务费用 12 800

(4) 零点物流公司 2024 年 8 月 4 日库存现金盘亏 1 026 元。经查明,200 元责令出纳孙萌萌赔偿,其余部分公司财务承担。请填制现金盘点报告单,并编制相应会计分录。

提示:本业务是现金盘亏,填制现金盘点报告单,如表 4-12 所示,再做账务处理。

表 4-12　现金盘点报告单

2024 年 8 月 4 日

实存金额	账面金额	盘点结果		备注
		盘盈	盘亏	
8 021	9 047		1 026	出纳赔偿 200 元

主管会计:金香香　　　　　　盘点员:任真真　　　　　　出纳:隋薇薇

盘亏时,编制会计分录如下。

借:待处理财产损益　　　　　　　　　　　　1 026
　　贷:库存商品　　　　　　　　　　　　　　　　1 026

报批后,编制会计分录如下。

借:财务费用　　　　　　　　　　　　　　　　826
　　其他应收款——孙萌萌　　　　　　　　　　200
　　贷:待处理财产损益　　　　　　　　　　　　1 026

(5) 灵灵公司 2024 年 4 月 30 日银行存款日记账余额为 540 000 元,银行转来对账单的余额为 830 000 元。经核查,发现下列未达账项。请填制银行存款余额调节表。

① 企业收到购货款转账支票 600 000 元,登记入账,银行未登记入账。
② 企业开出转账支票 450 000 元,企业记账,银行未入账。
③ 银行收到委托购货款 480 000 元,银行登记入账,企业未收到银行通知未入账。
④ 银行代扣暖气费 40 000 元,银行登记入账,企业未收到银行通知未入账。

提示:填制银行存款余额调节表,如表 4-13 所示。

表 4-13　银行存款余额调节表

开户银行:　　　　账号:　　　　单位:　　　　2024 年 4 月 30 日止

项　　目	金额/元	项　　目	金额/元
银行存款日记账余额	540 000	银行对账单余额	830 000
加:银行已收企业未收款	480 000	加:企业已收银行未收款	600 000
减:银行已付企业未付款	40 000	减:企业已付银行未付款	450 000
调整后存款余额	880 000	调整后存款余额	880 000

主管:颜正　　　　　　　　审核:管管　　　　　　　　制表:帅帅

任务演练

(1) 根据下列业务,编制银行存款余额调节表。

日日新蔬菜有限公司 2024 年 8 月 31 日银行存款日记账余额为 360 000 元,银行对账单余额为 490 000 元。经核实,有下列几笔未达账项。

① 月末企业开出转账支票 16 000 元支付水电费,企业入账,银行尚未入账。
② 银行收到外单位购货款 190 000 元,银行入账,企业尚未入账。
③ 本月末企业收到日华公司销售货款的转账支票一张,价值 36 000 元,企业入账,银行未入账。
④ 银行代扣罚款 40 000 元,银行入账,企业未收到银行扣款通知而未入账。

(2) 依据经济业务编制会计分录。

① 公司进行现金盘存,发现盘亏 826 元。经报领导同意,出纳嘉华赔偿 200 元,其余作财务费用处理。
② 公司进行固定资产盘存,发现盘盈 10 027 元。报领导批准,作管理费用处理。

任务考核

项目名称	评价内容	分值	评价分值	
			自评	教师评分
个人素养考核项目（20%）	出勤情况	5分		
	仪容仪表	5分		
	课堂纪律和学习态度	10分		
专业能力考核项目（80%）	参与教学活动并正确理解任务要求	10分		
	课堂练习和任务完成情况	70分		
合计:综合分数_____	自评(30%)+教师评分(70%)	100分		
综合评语		教师(签名)		

任务总结

（1）熟悉财产盘查的内涵、方法和作用。

（2）按照国家财经制度进行财产盘点。

课堂练习答案

项目 5

填制与审核会计凭证

项目导学

填制与审核会计凭证是会计核算的专门方法之一,也是会计核算工作的起点和基础。企业发生的任何一项经济业务,都必须由执行和完成该项经济业务的有关人员从外单位取得或自行填制有关凭证,以书面的形式记录或证明经济业务的发生和完成情况,并由有关人员在凭证上签名或盖章,以明确当事人的责任。

本项目主要介绍会计书写规范,原始凭证和记账凭证的种类、基本内容、填制和审核要求,以及会计凭证的装订和保管等。

案例导航

案例 1:这是会计凭证吗?

公司审计账务时,发现一笔开销附有手工白条作为原始凭证,标明公司举行新闻发布会邀请战略合作伙伴参会时,给来宾司机的餐费补贴。白条只列明了日期和经办人,没有领款人签字,也没有审批人签字。对此,经办人说没有问题,报账时已由领导审批并签字确认,而且业务是真实发生的。但是审计员说,白条没有领款人签字不能作为原始凭证,存在伪造的可能。

案例导航解析

【思考】 这张白条是会计凭证吗?如何认定?

案例 2:这样填制会计凭证对吗?

会计员邱丽莎在编制凭证时,填写凭证日期为"2024 年 2 月 8 日"。

【思考】 这种写法对吗?为什么?

会计管理活动就是商务活动管理和记录。会计核算的是会计主体的经济交易事项,必须依据能证明经济交易事项的事实证明。因此,必须取得经济交易事项的事实证明才能进行会计核算。经济交易事项的事实证明应载明事项的内容摘要、时间、数量、单价、金额、经手人及单位等相关信息。

会计凭证是指具有一定格式,用以记录经济业务发生和完成情况,明确经济责任的书面证明(或者电子证明)。会计凭证是登记账簿的依据,所有会计凭证都必须按要求填制,同时还要经过财会部门严格审核。只有审核无误的会计凭证才能作为经济业务发生或完成的证明,才能作为登记账簿的依据。

填制与审核会计凭证是会计核算方法之一,也是会计核算工作的基础。填制与审核会计凭证对于保证会计资料的真实性、完整性,明确经济责任等具有重要意义。会计凭证在会计核算中具有重要的地位和作用,主要作用表现在业务原始资料记录、会计核算依据、会计监督依据、界定责任依据。

业务原始资料:会计凭证完整如实记录经济业务,反映经济业务的发生、执行和完成情况,载明了详细的会计信息。

会计核算依据:用会计方法,依据原始资料编制记账凭证,就是对原始经济业务进行会计加工与处理,是会计记账、编制分录和报表的可靠依据,没有会计凭证,会计核算工作便无从谈起。

会计监督依据:会计监督保证会计核算的正确性、合法合规性,依据凭证的填制和执行情况就能实现定性或定量监督。

界定责任依据:会计凭证载明的会计信息包含相关单位、业务人员、主管人员、稽核人员等信息,相关责任人是否正确执行会计准则的相关要求,可依靠会计凭证清晰地反映。

会计凭证多种多样,实际核算中主要以填制的程序和用途分类,主要分为原始凭证和记账凭证,如表5-1所示。

表5-1 会计凭证的分类

总分类名称	分类标准	分类名称	详细描述
原始凭证	按照来源不同分类	外来原始凭证	如发票(增值税、普通)、对外支付收到的收据、银行收款通知、火车票、汽车票、分机票、船票等
		自制原始凭证	如入库单、领料单等(购货合同、材料请购单不是原始凭证)
	按照用途分类	通知凭证	如罚款知书、付款通知书等
		执行凭证	如销货发票、材料验收单、领料单等
		计算凭证	如产品成本计算单、制造费用分配表、应付职工薪酬计算表
	按填制程序内容分类	一次性原始凭证	如收据、发货票、借款单、收料单、领料单等
		累计原始凭证	如限额领料单(典型累计凭证)、费用限额卡等多次记录同一内容
		汇总原始凭证	如发料凭证汇总表、收料凭证汇总表、现金收入汇总表、工资结算表、差旅费汇总表
	按格式不同分类	通用凭证(外来)	如某省(市)印刷的发货票、收据等,在该区域通用;中国人民银行结算凭证,全国通用
		专用凭证(自制)	如本单位用或者本系统通用的领料单、差旅费报销单、业务联系单、工资分配表;增值税发票等

续表

总分类名称	分类标准	分类名称	详细描述
记账凭证	按经济业务内容分类	收款凭证	记录现金和银行存款的收款业务记账凭证。收款凭证又分为现金收款凭证和银行存款收款凭证,是登记现金日记账、银行存款日记账以及有关明细账和总账的依据
		付款凭证	记录现金和银行存款付款业务的记账凭证。为避免凭证重复,对于两类货币资金之间的划转业务,一般只编制付款凭证,不编制收款凭证
		转账凭证	用于记录不涉及现金和银行存款业务的会计凭证(根据有关转账业务的原始凭证改编制)
	按照填制方式分类	单式凭证	每一张记账凭证只填列经济业务设计的一个会计科目以及金额的记账凭证。反映内容单一,便于汇总计算每一个会计科目的发生额,便于分工记账;缺点是工作量大,一张凭证反映一个经济业务,不全面,不利于检查
		复式凭证	每一经济业务的内容的全部会计科目在一张记账凭证中反映。如记账(收款、付款、转账)凭证。优点是全面反映经济业务,便于了解经济业务资金的来龙去脉,分录是否正确,减少凭证数。缺点是不便于汇总计算科目的发生额和不便于会计分工记账
	按照用途分类	分录凭证	根据原始凭证编制,载明会计科目、记账方向和金额,如收款凭证、付款凭证、转账凭证
		汇总凭证	对分录凭证进行汇总的记账凭证,如记账(收款、付款、转账)凭证的汇总凭证
		联合凭证	有原始凭证的内容和记账凭证的内容

原始凭证又称单据,是指在经济业务发生或完成时取得或填制的,用以记录或证明经济业务的发生或完成情况的原始凭据。原始凭证是一项经济业务发生后的最重要的纸质证明,它记载了经济业务发生的过程及具体内容,对后续会计工作的影响非常大,因此原始凭证必须真实、合法。常见的原始凭证有发票、车票等。凡是不能证明经济业务已经发生或完成的凭证,如计划、合同等,都不属于原始凭证。

记账凭证又称记账凭单,是指会计人员根据审核无误的原始凭证,按照经济业务的内容加以归类,并据以确定会计分录后所填制的会计凭证,是登记账簿的直接依据。记账凭证是将原始凭证中的重要信息提取出来,转化为会计专业术语加以整理记录,以便登记账簿。填制记账凭证是将经济信息转化为会计专门记录的中间环节。

任务 5.1 掌握会计文字和数字的书写规范

★ **知识目标**

掌握会计文字和数字的书写规范。

★ **技能目标**

根据会计业务和会计准则要求,熟练书写会计文字和数字。

★ **素养目标**

规范会计书写习惯,培养财务自信。

任务导入

智达科技公司会计希某认为,实现会计电算化后,基本不再手工记账,对于会计文字和会计数据的书写可以不必较真。同事范某认为,有时需要手工书写或者辨识校正账务票据信息,掌握正确的会计文字和会计数字书写规范非常有必要。你认为呢?会计文字和数字该如何书写?

任务准备

现行会计准则规定,会计书写规范包括会计文字和数字书写规范,它是会计工作的基础评价标准,对于会计工作质量和会计信息的优劣、准确、及时、完整具有重要的影响。

一、会计文字书写规范

会计文字书写要求格式正确,摘要简明,字体规范、端正、清晰、流利、美观。

(一)会计常用文字

会计常用文字如表 5-2 所示。

表 5-2 会计常用文字

0	1	2	3	4	5	6	7	8	9	十	百	千	万	元	角	分	正
零	壹	贰	叁	肆	伍	陆	柒	捌	玖	拾	佰	仟	万	圆	角	分	整

(二)中文大写金额要求

会计信息披露时,应规范填制票据账务的时间和金额,阿拉伯数字与中文大写数字一一对应,准确、清晰、工整、美观,不得涂改。填制错误、单据"作废"(保留全联,不得随意丢弃)时要标明"作废",重新填制单据。

1. 中文大写数字写法

中文大写分为数字(壹、贰、叁、肆、伍、陆、柒、捌、玖)和数位(拾、佰、仟、万、亿、元、角、分、零、整/正)两个部分。中文书写通常采用正楷、行书两种。会计人员在书写中文大写数字时,不能用 0(另)、一、二、三、四、五、六、七、八、九、十等文字代替中文大写数字。

2. 中文大写数字书写规则

(1) 大写金额要紧靠"人民币"字样书写,不留空白。

(2) 中文大写金额数字到"元"为止,在"元"之后,应写"整"或"正"字,在"角"之后可以写也可以不写"整"或"正"字。例如,"¥186 000.00"应写为"人民币壹拾捌万陆仟元整";"¥627 432.50"可写为"人民币陆佰贰拾柒万肆仟肆佰叁拾贰元伍角(整)"。

(3) 大写金额数字有"分"的,"分"后面不写"整"或"正"字。例如"¥48 605.62"应写为"人民币肆万捌仟陆佰零伍元陆角贰分"。

(4) 分位是"0"可不写"零分"字样,阿拉伯金额数字中间有一个或者连续几个"0"的,汉字大写金额要写"零"字,且只能写一个。例如,"¥1 409.50"应写为"人民币壹仟肆佰零玖元伍角(整)";"¥26.80"应写为"人民币贰拾陆元捌角(整)"。

(5) 阿拉伯金额数字万位或元位是"0",或者数字中间连续有几个"0",万位、元位也是"0",但千位、角位不是"0"时,中文大写金额中可以只写一个零字,也可以不写"零"字。例如"¥2 450.84"应写为"人民币贰仟肆佰伍拾元零捌角肆分",或者写为"人民币贰仟肆佰伍拾元捌角肆分";"¥860 000.21"可写为"人民币捌拾陆万零贰角壹分",或写为"人民币捌拾陆万贰角壹分"。

(6) 阿拉伯金额数字角位是"0",而分位不是"0"时,汉字大写金额"元"后面应写"零"字。例如,"¥72 105.08"应写为"人民币柒万贰仟壹佰零伍元零捌分"。

(7) 阿拉伯金额数字最高位是"1"的,汉字大写金额加写"壹"字,如"¥16.90"应写为"人民币壹拾陆元玖角整",又如"¥177 000.00"应写为"人民币壹拾柒万柒仟元整","¥102 000"应写为"人民币壹拾万贰仟元整"。

(8) 在印有大写金额万、仟、佰、拾、元、角、分位置的凭证上书写大写金额时,金额前面如有空位,可划"区"注销,阿拉伯数字中间有几个"0"(含分位),汉字大写金额就可以写几个零。例如,"¥200.20"应写为"人民币零仟贰佰零拾零元贰角零分"。

(9) 中文大写数字不能用中文小写数字代替,更不能与中文小写数字混合使用。

(10) 中文大写数字不能乱用简化字,不能写错别字,如"零"不能用"另"代替,"角"不能用"毛"代替等。此外,阿拉伯小写金额数字前面,均应填写人民币符号"¥"。阿拉伯小写金额数字要认真填写,不得连写使数字分辨不清。所有以"元"为单位的阿拉伯数字,除表示单价等情况外,一律填写到角、分;无角、分的,角位和分位可以填写"00",或者填写符号"—";有角无分的,分位应当填写"0",不得用符号"—"代替。

(三) 特别提醒

(1) 大写是由数字和数位两部分组成,两者缺一不可。数字和数位一定要规范用字,切不可自造字。

(2) 大写金额前须加结算货币币种名称,如"人民币"等字样,有固定格式的重要单证,大写金额栏一般都印有"人民币"等货币币种字样。

(3) 摘要简明,文字描述不能超过各书写栏。书写会计科目规范全称,子科目前后一致、准确规范。

(4) 字迹清晰、工整、大小一致、间距适当。

二、会计数字书写规范

会计数字采用的数字是阿拉伯数字。

(1) 数字独立,大小匀称,笔画流畅。

① "0"字紧贴底线,圆要闭合,否则容易改成"9""6"。

② "1"要斜直,不能比其他数字短,且要合乎斜度要求,否则易改成"4""6""7""9"等。

③ "2"不能写为"Z",要紧贴底线,收笔时笔锋上绕,否则易被改成"3"。

④ "3"拐弯处光滑流畅,起笔处至拐弯处距离稍长,不宜过短,否则易被改成"5""8"。

⑤ "4"中的"∠"角要死折,即竖要斜写,横要平直且长,折角不能圆滑,否则易被改成"6"字。

⑥ "5"横、钩必须明显,否则易被改成或混淆成"8"字。

⑦ "6"起笔处在上半格的1/4处,下圆明显,否则易被改成"8"。

⑧ "7"横要平直(即稍长),落笔到底线,否则易与"1""9"相混。

⑨ "8"起笔于右上角,结束于右上角,上边稍小,下边稍大,以防止将"3"改为"8"。

⑩ "9"上部闭合,不留间隙,下落底线,否则易与"4"混淆。

(2) 数字要紧贴底线书写,上端不顶格,高度占全格的1/2~2/3位置,为更正错误数字留有余地。除数字"6""7""9"外,其他数字高低要一致。书写数字"6"时,上端比其他数字高出1/4,书写数字"7"和"9"时,下端比其他数字伸出1/4。

(3) 数字排列有序,从左至右,笔画顺序是自上而下,先左后右,并且每个数字大小一致,笔迹前后一致,防止模仿或篡改。

(4) 阿拉伯数字的整数部分,小数点向左按照"三位一节"用分位点","分开或加1/4空分开,如"5,320,509"或"5 320 509"。

(5) 阿拉伯数字表示的金额为小写金额,书写时,应采用人民币符号"¥"。

三、会计符号

会计业务中填写记账凭证、登记账簿、编制报表时的常用符号如下。

(1) "—"表示已记账或已核对,填在凭证金额右边或账页金额右边的格内。

(2) "¥"表示人民币,已在金额前写此符号的,金额后边就不用写"元"字。

(3) "♯"表示编号的号码。

(4) "@"表示单价。

(5) "△"表示复原。将原来书写的数字画红线更正或文字更改后,发现更改错误,即原写的是对的,仍应恢复原来记载,便在被画线的数字或被更改的文字下边,用红墨水写此符号,每个数字或文字下边写一个,并在这笔数字或文字加符号处盖章。

(6) "∑"表示多笔数目的合计,即总和。

(7) "※"表示对某笔数字、文字另附说明。

课堂练习

1. 单项选择题

(1) 会计数字大小写(　　)。
　　A. 以大写为准　　　　　　　　B. 以小写为准
　　C. 必须一致　　　　　　　　　D. 以大写为准或者以小写为准

(2) 会计数字书写错误应(　　)。
　　A. 撕毁重写　　　　　　　　　B. 直接涂改
　　C. 保留错误凭证,重写填制　　　D. 报告总经理

2. 多项选择题

(1) 会计数字书写的要求(　　)。
　　A. 规范清楚　　　　　　　　　B. 大小写一致
　　C. 数字大写中间几个零只写一个零　D. "0"可以写成"另"

(2) 会计数字填写错误(　　)。
　　A. 保留单据,重新填制　　　　　B. 按照规范可以更改
　　C. 不能更改　　　　　　　　　D. 董事长说了算

3. 判断题

(1) 填制会计数字时必须选用一种记账本位币。　　　　　　　　　　　　(　　)
(2) 会计数值小写时可以不必标明记账货币符号。　　　　　　　　　　　(　　)
(3) 金额大写完成后,后缀"正"字。　　　　　　　　　　　　　　　　　(　　)
(4) 原始凭证上的会计数字可以随意更改。　　　　　　　　　　　　　　(　　)
(5) 只要填制的会计数字大小写不一致,就必须重新填制。　　　　　　　(　　)

4. 会计数字书写训练

(1) 写出会计数字的大写:￥4 200 403 521.06。
大写:_____

(2) 转化为人民币小写:人民币陆佰万零壹拾贰元叁角捌分整。
小写:_____

任务实施

(1) ￥8 600,写出相应大写数字。
正确写法:人民币捌仟陆佰元整。

(2) ￥8 760.20,写出相应大写数字。
正确写法:人民币捌仟柒佰陆拾元零贰角整。

(3) ￥108 000.00,写出相应大写数字。
正确写法:人民币壹拾万零捌仟元整。

(4) ￥20 013 000.00,写出相应大写数字。
正确写法:人民币贰仟零壹万叁仟元整。

(5) ￥28 000.87,写出相应大写数字。

正确写法:人民币贰万捌仟元零捌角柒分。

(6) ￥290 006.00,写出相应大写数字。

正确写法:人民币贰拾玖万零陆元整。

任务演练

(1) 按照会计数字书写要求,在图 5-1 账格中用练习书写阿拉伯数字。

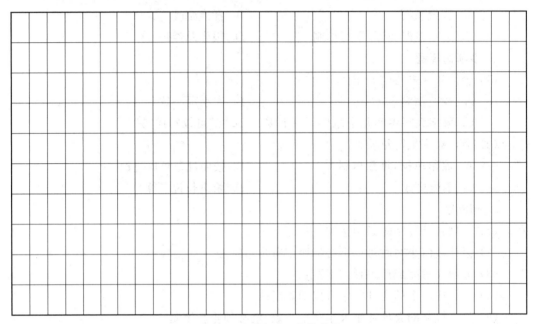

图 5-1　练字书写阿拉伯数字

(2) 在图 5-2 中,练习书写会计数字。

￥874 26	￥27 602.08	￥30 002 284.10	￥10 020.89

图 5-2　练习书写会计数字

(3) 按照标准把 0~9 阿拉伯数字反复书写 30 遍。财会专业学生应达到三级标准,非财会专业学生应达到四级标准。

注:一级标准 2.5 分钟完成;二级标准 3 分钟内完成;三级标准 3.5 分钟内完成;四级标准 4 分钟内完成。

(4) 按照下列大写数字写出对应的阿拉伯小写数字。

① 人民币壹拾贰元叁角壹分。
② 人民币陆佰贰拾柒万零捌元伍角整。
③ 人民币贰佰元零壹分。
④ 人民币壹亿叁仟肆佰万零壹拾伍元贰角陆分。
⑤ 人民币壹佰万元整。

任务考核

项目名称	评 价 内 容	分值	评价分值	
			自评	教师评分
个人素养考核项目（20%）	出勤情况	5分		
	仪容仪表	5分		
	课堂纪律和学习态度	10分		
专业能力考核项目（80%）	参与教学活动并正确理解任务要求	10分		
	课堂练习和任务完成情况	70分		
合计：综合分数_____	自评(30%)＋教师评分(70%)	100分		
综合评语		教师(签名)		

任务总结

（1）掌握会计文字与数字的书写规范和要求，特别是会计数字大小写要正确对应。
（2）会计人员要具有将会计数字书写规范、正确、清楚、流畅的职业素养。

任务 5.2 掌握原始凭证的填制与审核

★ 知识目标
了解原始凭证的基本内容、种类及填制与审核方法。
★ 技能目标
能正确填制会计原始凭证，并能按照要求完成原始凭证的审核。
★ 素养目标
用会计业务记录的原始凭证证明业务事项，养成遵纪守法的素养。

任务导入

智达科技公司采购信息系统一套，价值 200 000 元，货款已支付，已验收入库。应用什么单据来证明这项业务呢？

任务准备

一、原始凭证的基本内容

原始凭证的格式和内容因经济业务和经营管理的不同而有所差异，但应当具备以下基本内容(也称为原始凭证要素):①凭证的名称;②填制凭证的日期;③填制凭证的单位名称或者填制人姓名;④经办人员的签名或者盖章;⑤接收凭证的单位名称;⑥经济业务内容;⑦数量、单价和金额。

二、原始凭证的种类

原始凭证的格式繁多,有不同的分类标准。常见的原始凭证有领料单(见图5-3)、转账支票(见图5-4)、银行进账单(见图5-5)等。

领料单是仓库管理材料发出材料的单据。

领料单

领料部门:　　　　　　　　　　　　　　　　　　凭证号:
用　途:　　　　　　　　年　　月　　日　　　　收料仓库:

编号	名称	规格	单位	数量		价格	
				申请数量	实领数量	单价	金额/元
					合计		

记账:　　　　　　发料:　　　　　　审批:　　　　　　领料:

图 5-3　领料单

转账支票是由单位签发的,通知银行从其账户上支取款项的凭证。转账支票只能用于转账,不能提取现金。它适用于各单位之间的商品交易、劳务供应和其他经济往来的款项结算。转账支票由付款单位签发后交收款单位,不准委托收款单位代签,不准签发空头支票和远期支票;不准出租出借支票。使用转账支票必须遵守银行的有关规定。

交通银行转账支票　　　　　　VI HH046821006

付款行名称:
出票人账号:

附加信息:

| 千 | 百 | 十 | 万 | 千 | 百 | 十 | 元 | 角 | 分 |

出票日期:　　　　　人民币(大写)

收款人:
金　额:
用　途:

单位主管　会计　　　　　　　　　　复核　　　　　　记账

图 5-4　转账支票

银行进账单是持票人或收款人将票据款项存入其开户银行账户的凭证,也是开户银行将票据款项记入持票人或收款人账户的凭证。

中国农业银行　　进账单(收账通知) 3
年　　月　　日

付款人	全　称		收款人	全　称									
	账　号			账　号									
	开　户			开　户									
金额	人民币				千	百	十	万	千	百	十	元	角	分
票据种类			票据		开户行盖章								
票据号码													
单位主管:　　　会计:　　　复核:　　　记账:													

图 5-5　银行进账单

原始凭证载明经济业务的最初发生和完成情况,是经济业务发生或者完成的最原始、最直接的有力证明,是非常重要的法律文书。因此,原始凭证在会计核算业务中具有十分重要的地位和作用。

三、原始凭证的填制

原始凭证的填制,要由填制人员将各项原始凭证要素按规定方法填写齐全,办妥签章手续,明确经济责任。一般来说,自制原始凭证通常有三种形式:一是根据经济业务的执行和完成的实际情况直接填列,如根据实际领用的材料品名和数量填制领料单等;二是根据账簿记录对某项经济业务进行加工整理填列,如月末计算产品成本时,先要根据"制造费用"账户本月借方发生额填制制造费用分配表,将本月发生的制造费用按照一定的分配标准分配到有关产品成本中,然后计算出某种产品的生产成本;三是根据若干张反映同类业务的原始凭证定期汇总填列,如发出材料汇总表。外来原始凭证是由其他单位或个人填制的,它同自制原始凭证一样,也要具备能证明经济业务完成情况和明确经济责任所必需的内容。

原始凭证是具有法律效力的证明文件,填制要求如下。

(1)记录要真实。原始凭证上填制的日期、经济业务内容和数字必须是经济业务发生或完成的实际情况,不得弄虚作假,不得以匡算数或估计数填入。

(2)内容要完整。原始凭证中应该填写的项目要逐项填写,不可缺漏;名称要写全,不要简化;品名和用途要填写明确,不能含糊不清;有关部门和人员的签名和盖章必须齐全。

(3)手续要完备。单位自制的原始凭证必须有经办业务的部门和人员签名盖章;对外开出的凭证必须加盖本单位的公章或财务专用章;从外部取得的原始凭证必须有填制单位公章或财务专用章。总之,取得的原始凭证必须手续完备,以明确经济责任,确保凭证的合法性、真实性。

(4) 书写要规范。原始凭证中文字、数字的书写都要清晰、工整、规范,做到字迹端正、易于辨认,不草、不乱、不造字。大小写金额要一致。复写的凭证要不串行、不串格、不模糊,一式几联的原始凭证应当注明各联的用途。

四、原始凭证的审核

为了正确反映和监督各项经济业务,财务部门必须对取得的原始凭证进行严格审核和核对,保证核算资料的真实、合法、完整。只有经过审查无误的凭证,方可作为编制记账凭证和登记账簿的依据。原始凭证的审核包括以下内容。

(1) 审核原始凭证的真实性:包括日期是否真实,业务内容是否真实,数据是否真实等。

(2) 审核原始凭证的合法性:经济业务是否符合国家有关政策、法规、制度的规定,是否有违法乱纪等行为。

(3) 审核原始凭证的合理性:原始凭证所记录经济业务是否符合企业生产经营活动的需要,是否符合有关的计划和预算等。

(4) 审核原始凭证的完整性:原始凭证的内容是否齐全,有无漏记项目日期是否完整、有关签章是否齐全等。

(5) 审核原始凭证的正确性:包括数字是否清晰,文字是否工整,书写是否规范,凭证联次是否正确,有无刮擦、涂改和挖补等。

(6) 审核原始凭证的及时性:原始凭证的及时性是保证会计信息质量的基础。为此,要求在经济业务发生或完成时及时填制有关原始凭证,及时进行凭证的传递。审核时应注意审查凭证的填制日期,尤其是支票、银行汇票、银行本票等时效性较强的原始凭证,更应仔细验证其签发日期。

原始凭证经过审核后,对于符合要求的原始凭证,及时编制记账凭证并登记账簿;并对于手续不完备、内容记载不全或数字计算不正确的原始凭证,应退回有关经办部门或人员补办手续或更正;对于伪造、涂改或经济业务不合法的凭证,应拒绝受理,并向本单位领导汇报,提出拒绝执行的意见;对于弄虚作假、营私舞弊、伪造涂改凭证等违法乱纪行为,必须及时揭露并严肃处理。

课堂练习

1. 单项选择题

(1) 属于原始凭证的是( )。
  A. 收款凭证　　　　　　　　B. 购物发票
  C. 账本　　　　　　　　　　D. 整理归集后的日记账

(2) 属于累计凭证的是( )。
  A. 领料单　　B. 入库单　　C. 转账支票　　D. 耗材汇总表

(3) 填制错误的原始凭证,正确处理方式是( )。
  A. 退回填制人　　　　　　　B. 代为更改
  C. 由出具单位更改　　　　　D. 报告给单位领导

(4) 与原始凭证的审核原则相违背的是( )。

　　A. 真实性　　　　B. 合法性　　　　C. 合理性　　　　D. 美观性

2. 判断题

(1) 原始凭证就是经济业务的证明。　　　　　　　　　　　　　　　　(　)

(2) 凡是与经济业务联系不紧密的业务凭证,都不能作为会计凭证。　　(　)

(3) 原始凭证的填制者只能是会计人员。　　　　　　　　　　　　　　(　)

(4) 会计凭证由注册会计师审核。　　　　　　　　　　　　　　　　　(　)

(5) 原始凭证中金额大小写不一致的,以大写为准。　　　　　　　　　(　)

3. 思考题

(1) 阐述原始凭证的含义与作用。

(2) 如何理解原始凭证的填制和审核要求?

任务实施

(1) 请指出图 5-6 中支票填写的缺陷。

图 5-6　支票填写示例

提示:没有单位的财务章或者法人公章。

(2) 2024 年 5 月 20 日,智达科技公司收到星欣智能科技公司供货智能扫地机 10 台,型号为 ABC♯,单价 3 000 元,已经验收入库。请填制入库单。

提示:填制入库单如图 5-7 所示。

入库单

单位:星欣智能科技公司　　　　　2023 年 5 月 20 日　　　　　证编号:000808

产品名称	规格	单位	数量	检验结果		实收数	单价	金额
				合格数	不合格数			
智能扫地机	ABC♯	台	10	10	0	10	3 000	30 000
备注:							合计	30 000

制单:　　　　　　　　　保管:　　　　　　　　　负责人:

图 5-7　入库单

任务演练

(1) 2024 年 6 月 8 日,收到大发公司交通银行转账支票 1 张,支付智达科技公司健康蔬菜货款 6 000 元,请以图 5-8 为基础制作收据。

入库单

2024 年 6 月 8 日

今收到	
交来	
人民币(大写)	
收款单位(公章):	收款人(签章)

图 5-8　入库单

(2) 2024 年 7 月 5 日,职工王红代预借工资 4 000 元,请以图 5-9 为基础制作借款单。

借款单

2024 年 7 月 5 日

借款人:		部门:	
借款事由:			
申请金额(大写):			小写:
经办人:	财务审核:		总经理:
支付方式: ○支票	支票号		○现金
支付单据:	○支付任务	○开支审批单	○备注

图 5-9　借款单

任务考核

项目名称	评价内容	分值	评价分值	
			自评	教师评分
个人素养考核项目(20%)	出勤情况	5 分		
	仪容仪表	5 分		
	课堂纪律和学习态度	10 分		
专业能力考核项目(80%)	参与教学活动并正确理解任务要求	10 分		
	课堂练习和任务完成情况	70 分		
合计:综合分数_____	自评(30%)+教师评分(70%)	100 分		
综合评语		教师(签名)		

任务总结

(1) 学习原始凭证填制方法,理解经济业务发生或完成时应取得或填制原始凭证。

(2) 认识和熟悉原始凭证的分类及表现形态，其载体包括纸质和电子介质。

(3) 原始凭证的填制要求包括事件真实、编制及时、内容完整、手续完备、书写规范、连续编号、不得编造伪造。

(4) 原始凭证的审核应包括真实性、合法性、合理性、完整性、正确性和及时性。

任务 5.3　掌握记账凭证的填制与审核

★ 知识目标

了解记账凭证的基本内容及种类，掌握记账凭证的填制及审核要点。

★ 技能目标

能正确填制记账凭证，并能按照要求完成凭证的审核。

★ 素养目标

以记账凭证索源跟踪资金运动的基本规律。

任务导入

智达科技公司从美家居公司购买幸福牌木雕茶桌 5 套，单价 6 000 元。货款已支付，材料已验收入库。这笔经济业务的原始凭证已填制完毕，应如何根据原始凭证填制记账凭证呢？

任务准备

一、记账凭证的基本内容

运用会计方法对原始凭证整理归类，确定会计分录，登记会计账簿，核算形成记账凭证。

记账凭证的要素与原始凭证有相同的地方，也有显著的不同，主要要素包括：①记账凭证名称；②编制时间；③记账凭证编号；④内容摘要；⑤会计科目及记账方向；⑥经济业务事项金额信息；⑦记账标记；⑧附加原始凭证份数；⑨编制凭证人员（会计主管、记账、审核、出纳、制单等）。

收款和付款记账凭证还应当由出纳人员签名或者盖章。以自制的原始凭证或者原始凭证汇总表代替记账凭证的，也必须具备记账凭证应有的项目。

二、记账凭证的种类

记账凭证可按不同的标准进行分类，按用途可分为通用记账凭证和专用记账凭证；按填列方式可分为单式记账凭证和复式记账凭证。

（一）按照用途分类

1. 通用记账凭证

通用记账凭证是适合任何经济业务的记账凭证，如图 5-10 所示。

通用记账凭证

年　月　日　　　　　　　　　　　　　　　　记账第　　号

	总账科目	明细科目	千	百	十	万	千	百	十	元	角	分	千	百	十	万	千	百	十	元	角	分
	合计																					

会计主管：　　　　记账：　　　　复核：　　　　出纳：　　　　制单：

图 5-10　通用记账凭证

2. 专用记账凭证

专用记账凭证是一种按照经济业务的特定属性定向使用的凭证，通常按照是否反映货币资金收付业务，分为收款凭证、付款凭证和转账凭证。

收款凭证是用来记录现金或者银行存款收入业务的记账凭证。根据借方科目不同分为库存现金收款凭证和银行存款收款凭证，格式如图 5-11 所示。

收款凭证

借方科目：　　　　　　　　年　月　日　　　　　　　　收字第　　号

摘　要	贷方科目		金额										记账符号
	总账科目	明细科目	千	百	十	万	千	百	十	元	角	分	
合　计													

附原始凭证　张

会计主管：　　　　记账：　　　　复核：　　　　出纳：　　　　制单：

图 5-11　收款凭证

付款凭证是用来记录现金或者银行存款支付业务的记账凭证。根据贷方科目不同分为库存现金付款凭证和银行存款付款凭证，格式如图 5-12 所示。

付款凭证

贷方科目：　　　　　　　　年　月　日　　　　　　　　付字第　　号

摘　要	借方科目		金额										记账符号
	总账科目	明细科目	千	百	十	万	千	百	十	元	角	分	
合　计													

附原始凭证　张

会计主管：　　　　记账：　　　　复核：　　　　出纳：　　　　制单：

图 5-12　付款凭证

转账凭证是用来记录非货币资金收付业务的记账凭证。具体来说,凡是不涉及现金和银行存款收付业务的经济业务,都是转账业务,转账凭证格式如图 5-13 所示。

图 5-13 转账凭证

(二)按填制方式分类

1. 单式记账凭证

单式记账凭证也称单项记账凭证,简称单式凭证,是将一项经济业务涉及的各个会计科目分别填制凭证,即一张凭证中只填列经济业务事项所涉及的一个会计科目及其金额的记账凭证,如图 5-14 所示。

借(贷)项记账凭证

		对应科目			
		年　月　日		记字第　号	
摘要	总账科目	明细科目	金额	账页	

会计主管:　　　记账:　　　复核:　　　出纳:　　　制单:

图 5-14 借(贷)项记账凭证

2. 复式记账凭证

复式记账凭证也称多科目记账凭证,是对企业任何一笔经济业务,都必须以相等的金额在两个或两个以上的有关账户中相互联系地进行登记,并将涉及应借、应贷的各个会计科目都集中填列的记账凭证。在实际工作中,企业普遍使用复式记账凭证。

三、编制记账凭证

(一)记账凭证编制要求

1. 凭证分类编号

无论是专用记账凭证还是通用记账凭证,都应该按照记账凭证种类顺序编号。编号规则应统一,从月度会计期间起始顺序编号,直到月末,不得跳号、空号、插号。

2. 准确编制分录

记账凭证应载明会计科目,准确使用会计分录,按照"有借必有贷,借贷必相等"的规则填制,确保借贷平衡。

3. 信息简明准确

摘要一栏的信息应简明、清晰、准确,反映业务的特点和面貌。作为附加的原始凭证保持完整、准确。凭证空白栏目一般用斜线拉封。

4. 职责明确

编制记账凭证,相关岗位人员职责设置保持既协同,又独立,相互制衡,以符合会计准则要求。

5. 附件匹配合理

除结账和更正外,记账凭证都要附有原始凭证,在记账凭证中明确标注附件份数,保持原始凭证与记账凭证匹配。

如果记账凭证编制完成,在审核时发现错误,可以选用适当方法进行更正。

(二)记账凭证审核内容

记账凭证填制完成后,必须由有关稽核人员对记账凭证进行严格的审核,只有审核无误的记账凭证才能据以登记账簿。审核的内容主要包括以下方面。

1. 内容是否真实

记账凭证是否附有原始凭证;记账凭证记录的内容与所附原始凭证是否一致,金额是否相等;记账凭证所列附件张数与所附原始凭证的张数是否相符。

2. 项目是否齐全

记账凭证摘要是否填写清楚,日期、凭证编号、附件张数及有关人员签章等各个项目填写是否齐全。

3. 科目是否正确

记账凭证上应借、应贷的会计科目对应关系是否清晰,所使用的会计科目是否符合国家会计制度的规定。

4. 金额是否正确

记账凭证记录的金额与原始凭证的有关金额是否一致;借贷双方的金额合计是否相等;明细科目金额之和与相应的总账科目的金额是否相等。

5. 书写是否正确

记账凭证中记录的文字是否工整,数字是否清晰,大写金额是否符合规定的书写格式等。

6. 手续是否完备

出纳人员在办理收款或付款业务后,是否在原始凭证上加盖"收"或"付"的戳记。

> **小知识**
>
> 正确填制和审核会计凭证是会计人员的一项基础性工作,会计人员在实际工作中,应当以相关会计准则作为自己的行动指南,并按要求进行会计核算,实施会计监督,把好会计信息大门的"第一大关"。在发生冲突时,应坚持准则,维护国家利益、社会公众利益和正常的经济秩序,做一名"有底线"的会计人员。

（三）记账凭证编制方法

1. 编制专用记账凭证

（1）编制收款凭证。涉及现金和银行存款收入的经济业务,编制现金收款凭证或银行存款收款凭证。

例如,2024 年 6 月 8 日,大丰公司收到投资 200 052 元,存入银行。

该业务借方科目为"银行存款";贷方科目为"实收资本",二级科目为"大丰公司"。编制收款凭证如图 5-15 所示。

收款凭证

借方科目:银行存款　　　　2024 年 6 月 8 日　　　　银收第 008 号

对方单位（或交款人）	摘要	贷方科目		金额									记账符号
		总账科目	明细科目	千	百	十	万	千	百	十	元	角	分	
大丰公司	投入资金	实收资本	大丰公司				2	0	0	0	5	2	0	0	√
合　　计:贰拾万零伍拾贰元整				￥			2	0	0	0	5	2	0	0	√

会计主管:郑直　　记账:任真　　复核:严正　　出纳:钱细　　制单:凌厉

附原始凭证 2 张

图 5-15　收款凭证

编制收款凭证时,对事实认真核对。记账符号标注"√"表示已经入账。根据实际情况填写附原始凭证份数,一般至少 2 张,包括交易凭证（发票）、银行进账单。编制现金收款凭证方法与此相同。

（2）编制付款凭证。涉及现金和银行存款支付的经济业务,编制现金付款凭证或银行存款付款凭证。

例如,2024 年 6 月 10 日,大丰公司以现金支付大顺公司原材料（HG-252 型钢材）货款 7 108.05 元。

该业务借方科目为"原材料",二级科目为"HG-252 型钢材";贷方科目为"库存现金"。编制付款凭证如图 5-16 所示。

付款凭证

贷方科目:库存现金　　　　2024 年 6 月 10 日　　　　现收第 012 号

对方单位（或交款人）	摘要	借方科目		金额									记账符号
		总账科目	明细科目	千	百	十	万	千	百	十	元	角	分	
大顺公司	材料款	原材料	HG-252 型钢材					7	1	0	8	0	5	√
合　　计:柒仟壹佰零捌元零伍分							￥	7	1	0	8	0	5	√

会计主管:郑直　　记账:任真　　复核:严正　　出纳:钱细　　制单:凌厉

附原始凭证 2 张

图 5-16　付款凭证

编制付款凭证时,对事实认真核对。记账符号标注"√"表示已经入账。根据实际情况填写附原始凭证份数,一般至少 2 张,包括交易凭证(购货发票)、银行出账单。编制银行存款付款凭证方法与此相同。

(3) 编制转账凭证。经济业务不直接涉及现金和银行存款的,根据会计准则和原理要求,编制转账凭证。转账凭证涉及对应关系,需要对借方科目(或者账户)和贷方科目(或者账户)分别填制总账(一级)科目和明细(二级)科目。

例如,2024 年 8 月 12 日,大丰公司计提固定资产折旧 8 600 元,一车间承担 6 200 元,行政总部承担 2 400 元。

本业务不涉及现金和银行存款,因此编制转账凭证。借方科目为"制造费用"和"管理费用";贷方科目为"累计折旧"。编制转账凭证如图 5-17 所示。

转账凭证

2024 年 8 月 12 日　　　　　　　　　　　　　　　　转字第 002 号

摘要	会计科目		借方金额	贷方金额	记账符号
	总账科目	明细科目	千百十万千百十元角分	千百十万千百十元角分	
计提折旧	制造费用	一车间	6 2 0 0 0 0		√
	管理费用	行政总部	2 4 0 0 0 0		√
	累计折旧			8 6 0 0 0 0	√
合计:捌仟陆佰元整			¥ 8 6 0 0 0 0	¥ 8 6 0 0 0 0	

附原始凭证 1 张

会计主管:郑直　　　记账:任真　　　复核:严正　　　出纳:钱细　　　制单:凌厉

图 5-17　转账凭证

2. 编制通用记账凭证

通用记账凭证是将收款凭证、付款凭证和转账凭证融于一体的凭证,适用于业务少的小微公司。

例如,2024 年 8 月 16 日,大丰公司预算 7 月职工工资 85 640 元,其中车间职工工资 62 100 元,车间管理人员工资 11 020 元,行政总部人员工资 12 520 元。编制通用记账凭证,如图 5-18 所示。

通用记账凭证

2024 年 8 月 16 日　　　　　　　　　　　　　　　　会字第 007 号

摘要	会计科目		借方金额	贷方金额	记账符号
	总账科目	明细科目	千百十万千百十元角分	千百十万千百十元角分	
工资分配	生产成本	车间职工	6 2 1 0 0 0 0		√
	制造费用	车间管理	1 1 0 2 0 0 0		√
	管理费用	行政人员	1 2 5 2 0 0 0		√
	应付职工薪酬			8 5 6 4 0 0 0	√
合计:捌万伍仟陆佰肆拾元整			¥ 8 5 6 4 0 0 0	¥ 8 5 6 4 0 0 0	

附原始凭证 1 张

会计主管:郑直　　　记账:任真　　　复核:严正　　　出纳:钱细　　　制单:凌厉

图 5-18　通用记账凭证

课堂练习

1. 单项选择题

(1) 审核转账凭证务必( )。
  A. 专人每天审查　　　　　　　　B. 盘查银行对账单
  C. 认真、仔细、及时　　　　　　D. 由领导完成

(2) 收款凭证左上角的"借方科目"应填制( )。
  A. 原材料　　B. 财务费用　　C. 应收账款　　D. 银行存款

(3) 不能作为记账依据的是( )。
  A. 借款单　　B. 交易记录　　C. 合同　　D. 入库单

2. 多项选择题

(1) 记账凭证的审核内容包括( )。
  A. 内容的真实性　　　　　　　　B. 入账的及时性
  C. 金额的准确性　　　　　　　　D. 凭证的规范性

(2) 预借差旅费 100 000 元,报销 80 000 元,退回 20 000 元,编制记账凭证有( )。
  A. 付款凭证　　B. 收款凭证　　C. 转账凭证　　D. 原始凭证

3. 判断题

(1) 转账凭证用于不涉及现金和银行存款收付业务的其他转账业务。　　( )
(2) 记账凭证分为收款凭证、付款凭证和转账凭证的根据是填制的程序和用途。
　　　　　　　　　　　　　　　　　　　　　　　　　　　　　　( )
(3) 会计凭证经单位主管批准可以销毁。　　( )
(4) 原始凭证不得外借。　　( )
(5) 会计凭证必须是书面凭证。　　( )
(6) 企业发生的任何一笔经济业务,都必须编制相应会计凭证。　　( )
(7) 取得发票如果发现有错误,直接涂改就可以。　　( )
(8) 火车票是原始凭证。　　( )
(9) 凡是经过归纳核算的都不是原始凭证。　　( )
(10) 专项审计的最原始、最直接的会计证据是原始凭证。　　( )
(11) 只要是财务系统的人员,就随便可以借阅会计凭证。　　( )
(12) 记账凭证编制和出纳可以由同一人兼任。　　( )
(13) "人民币 300 027 元"大写是"叁拾万零零贰拾柒元整"。　　( )
(14) 记账凭证应该分类顺次编号。　　( )
(15) 支付宝月底的交易账单属于记账凭证。　　( )

4. 思考题

(1) 会计凭证的作用体现在哪些方面?
(2) 阐述记账凭证的填制要求与审核要点。

任务实施

（1）2024年6月12日，智达科技公司收到利发公司欠货款108 000元，存入银行。请编制收款凭证。

提示：借方科目为"银行存款"；贷方科目为"应收账款"，二级科目为"利发公司"。编制收款凭证如图5-19所示。

收款凭证

借方科目：银行存款　　　　2024年6月12日　　　　银收第012号

对方单位（或交款人）	摘要	贷方科目		金额									记账符号	附原始凭证2张
		总账科目	明细科目	千	百	十	万	千	百	十	元	角	分	
利发公司	收到货款	银行存款	利发公司			1	0	8	0	0	0	0	0	√
合　　计：壹拾万八仟元整				¥		1	0	8	0	0	0	0	0	√

会计主管：郑直　　记账：任真　　复核：严正　　出纳：钱细　　制单：凌厉

图5-19　收款凭证

（2）2024年6月13日，智达科技公司现金支付顺顺公司原材料（HY-250型木材）货款8 048元。请编制付款凭证。

提示：借方科目为"原材料"，二级科目为"HY-250型木材"；贷方科目为"库存现金"。编制付款凭证如图5-20所示。

付款凭证

贷方科目：库存现金　　　　2024年6月13日　　　　现收第013号

对方单位（或收款人）	摘要	借方科目		金额									记账符号	附原始凭证2张
		总账科目	明细科目	千	百	十	万	千	百	十	元	角	分	
顺顺公司	材料款	原材料	HY-250型木材					8	0	4	8	0	0	√
合　　计：捌仟零肆拾捌元整							¥	8	0	4	8	0	0	√

会计主管：郑直　　记账：任真　　复核：严正　　出纳：钱细　　制单：凌厉

图5-20　付款凭证

（3）2024年8月12日，智达科技公司收到股东刘先生投入设备一台，价值980 000元。请编制会计记账凭证。

提示：本业务不涉及现金和银行存款，因此编制转账凭证。借方科目为"固定资产"；贷方科目为"实收资本"。编制转账凭证如图5-21所示。

项目 5　填制与审核会计凭证

转账凭证

2024 年 8 月 12 日　　　　　　　转字第 005 号

摘要	会计科目		借方金额										贷方金额										记账符号
	总账科目	明细科目	千	百	十	万	千	百	十	元	角	分	千	百	十	万	千	百	十	元	角	分	
收到股东投资	固定资产	刘先生			9	8	0	0	0	0	0	0											√
	实收资本														9	8	0	0	0	0	0	0	√
合计:玖拾捌万元整			￥		9	8	0	0	0	0	0	0	￥		9	8	0	0	0	0	0	0	

附原始凭证 1 张

会计主管:郑直　　　记账:任真　　　复核:严正　　　出纳:钱细　　　制单:单单

图 5-21　转账凭证

任务演练

自述案例,编制相应记账凭证。

任务考核

项目名称	评价内容	分值	评价分值	
			自评	教师评分
个人素养考核项目(20%)	出勤情况	5 分		
	仪容仪表	5 分		
	课堂纪律和学习态度	10 分		
专业能力考核项目(80%)	参与教学活动并正确理解任务要求	10 分		
	课堂练习和任务完成情况	70 分		
合计:综合分数_____	自评(30%)+教师评分(70%)	100 分		
综合评语		教师(签名)		

任务总结

(1) 掌握会计记账凭证的分类、编制方法和审核要求。

(2) 会计记账凭证在会计核算中具有重要的实践意义和作用。

(3) 除结账和更正错误的记账凭证可以不附原始凭证外,其他记账凭证必须附有原始凭证。

任务5.4　领会会计凭证的传递与保管

★ **知识目标**
明确会计凭证传递的要求和程序；掌握会计凭证保管的要求。

★ **技能目标**
能够完成会计凭证传递与保管，提升会计凭证的管控能力。

★ **素养目标**
理解会计凭证的重要意义，遵守财经制度与会计准则。

任务导入

智达科技公司的会计资料非常多，希某认为这些资料保留5年就可以，廖某认为这些资料应保留8年，戴某认为这些资料应保留10年，孙某认为这些资料到期直接销毁或者当废品卖掉即可。你认为呢？

任务准备

一、会计凭证的传递

会计凭证是重要的会计资料，它的运用与管理遵循国家财经制度和会计准则，其传递与保管务必做到全程无缝衔接和保密。

广义的会计凭证传递是会计凭证从开始编制到法定销毁的流转管理过程。狭义的会计凭证传递仅指会计凭证从取得或编制起到入库保管止，在相关部门和人员之间的传送流程。会计凭证的传递是会计管理制度的重要组成部分。

会计主体应遵循国家会计制度，根据自己单位业务特点，建立会计凭证管理制度和实施细则，设计合理流转程序，明确会计凭证使用流程，落实流程环节主体责任，从凭证相关责任人和传递节点做出明确规定。以促进会计制度规范治理，提升使用效率，保障会计信息安全、准确、完整为核心，服务会计全过程管理，服务于会计主体信息使用者。

二、会计凭证的保管

广义的会计凭证保管包含会计凭证传递。狭义的会计凭证保管仅指会计凭证登记入账后的整理、装订、归档、存和法定销毁的全过程。会计凭证是重要的会计资料，一旦启用，终生有效，须妥善保管，不得丢失和任意销毁。会计凭证保管的具体要求如下。

（一）形式完整

形式完整是指会计凭证定期汇总，按照顺序编号，用专门封皮装订成册。封皮信息完整，明确责任。加盖印章，不得随意拆装。各会计期间的凭证装订成册，成册凭证按照一定规则顺序编号，前后贯通，不得随意更改，便于查阅、调取。会计凭证封皮如图5-22所示。

会计凭证封皮

封底	年月份第 册	单位名称： 日期：自　年　月　日起自　年　月　日止 凭证号数：自　号至　号　　凭证类别： 册数：　本月共　　册　本册是第　　册 原始凭证、汇总凭证张数：共　　张 全宗号：　　目录号：　　案宗号： 会计主管：　复核：　装订：　保管：

图 5-22　会计凭证封皮

（二）保管期限

会计主体应严格执行会计凭证保管规定，对主体责任岗位变更和凭证查阅建立审批登记制度，及时变更，做好备查。会计凭证保管期满后根据会计准则，实行申报销毁制度，销毁应做好记录。销毁记录包括单位主体、会计凭证信息、审批人、销毁方式和地点、销毁执行人员等，相关人员签字盖章。销毁记录书由单位主管签字并加盖财务章和法人章、单位公章，记录永久保存。会计档案保管期限如表5-3所示。

表 5-3　企业会计档案保管期限表

序号	档 案 名 称	保管年限	备　注
一	会计凭证		
1	原始凭证	30年	
2	记账凭证	30年	
二	会计账簿		
3	总账	30年	
4	明细账	30年	
5	日记账	30年	
6	固定资产卡片	30年	固定资产报废清理后保管5年
7	其他辅助性账簿	30年	
三	财务会计报告		
8	月度、季度、半年度财务会计报告	10年	
9	年度财务会计报告	永久	
四	其他会计资料		
10	银行存款余额调节表	10年	
11	银行对账单	10年	
12	纳税申报表	10年	
13	会计档案移交清册	30年	
14	会计档案保管清册	永久	
15	会计档案销毁清册	永久	
16	会计档案鉴定意见书	永久	

课堂练习

1. 单项选择题

(1) 关于会计凭证的保管说法正确的是(　　)。

　　A. 会计机构应妥善保管会计凭证

　　B. 内部人员可以随意借阅会计凭证

　　C. 到期的会计凭证直接销毁

　　D. 支付货款不用保留凭证

(2) 会计凭证的传递(　　)。

　　A. 并非指代物理意义上的位移

　　B. 不受关联人员的制约

　　C. 就是指凭证沿既定轨迹的流转

　　D. 财务总监说了算

(3) 关于自制会计凭证的表述正确的是(　　)。

　　A. 不能用来核算业务

　　B. 具有会计凭证的一般属性

　　C. 可以随时变更

　　D. 不受国家财经法律部门监管

2. 判断题

(1) 小微企业可以不必设立会计档案销毁清册。　　　　　　　　　　　　　　(　　)

(2) 银行对账单存放3年就可以销毁。　　　　　　　　　　　　　　　　　　(　　)

任务实施

装订整理会计凭证。

提示：装订会计凭证首先要完成装订准备。会计凭证装订前的准备是指对会计凭证进行排序、粘贴和折叠。因为原始凭证的纸张面积与记账凭证的纸张面积不可能全部一样，有时前者大于后者，有时前者小于后者，这就需要会计人员在制作会计凭证时对原始凭证加以适当整理，以便下一步装订成册。对于纸张面积大于记账凭证的原始凭证，可按记账凭证的尺寸，将右侧、下侧超出部分纸张向后折叠。注意应把凭证的左上角或左侧部分留出来，以便装订后还可以展开查阅。对于纸张面积过小的原始凭证，一般不能直接装订，可先按一定次序和类别排列，再粘在一张与记账凭证大小相同的白纸上，粘贴时宜用胶水。证票应分张排列，同类、同金额的单据尽量粘在一起，同时在一旁注明张数和合计金额。如果是板状票证，可以将票面与票底轻轻撕开，厚纸板弃之不用。对于纸张面积略小于记账凭证的原始凭证，可先用回形针或大头针别在记账凭证后面，待装订时再抽去回形针或大头针。有的原始凭证不仅面积大，而且数量多，可以单独装订，如工资单、耗料单等，但在记账凭证上应注明保管地点。原始凭证附在记账凭证后面的顺序应与记账凭证所记载的内容顺序一致，不能按原始凭证的面积大小来排序。会计凭证经过上述的加工整理之后,就可以装订了。

会计凭证的装订是指把定期整理完毕的会计凭证按照编号顺序,外加封面、封底,装订成册,并在装订线上加贴封签。在封面上,应写明单位名称、年度、月份、记账凭证的种类、起讫日期、起讫号数,以及记账凭证和原始凭证的张数,并在封签处加盖会计主管的骑缝图章。如果采用单式记账凭证,在整理装订凭证时,必须保持会计分录的完整,按凭证号码顺序装订成册,不得按科目归类装订。对各种重要的原始单据,以及各种需要随时查阅和退回的单据,应另编目录,单独登记保管,并在有关的记账凭证和原始凭证上相互注明日期和编号。

任务演练

学会装订会计凭证,教师进行课堂指导。

任务考核

项目名称	评价内容	分值	评价分值	
			自评	教师评分
个人素养考核项目(20%)	出勤情况	5分		
	仪容仪表	5分		
	课堂纪律和学习态度	10分		
专业能力考核项目(80%)	参与教学活动并正确理解任务要求	10分		
	课堂练习和任务完成情况	70分		
合计:综合分数_____	自评(30%)+教师评分(70%)	100分		
综合评语		教师(签名)		

任务总结

(1) 会计凭证的传递是指会计凭证从取得或填制时起至归档保管过程中,在单位内部各有关部门和人员之间的传送程序。

(2) 会计凭证的保管是指会计凭证登账后的整理、装订、归档和存查。

课堂练习答案

设置与登记会计账簿

 项目导学

会计账簿是会计管理活动资料的主要载体之一,对于充分发挥会计在经济管理中的作用具有重要意义。设置与登记会计账簿是编制财务报表的基础,是连接会计凭证与财务报表的中间环节。设置与登记会计账簿也是会计工作者的重要技能。

本项目主要介绍会计账簿的概念与基本内容,会计账簿的种类,会计账簿的登记要求,会计账簿的格式与登记方法,对账、结转和更正错账等。

 案例导航

案例 1:理解记账方式的变化。

大地公司致力于工业机器人的开发与生产。近年来工业自动化、人工智能快速发展,公司的产品种类不断增多,业务量暴涨,职工人数达到
1 500 人,年销售额超过 2 亿元,资产规模也不断扩大。会计管理工作量不断增加,为此,大地公司决定改变原来的记账凭证工作流程,选用科目汇总会计工作流程。

案例导航解析

【思考】 试分析这种变化的原因。

案例 2:撕掉错误账页的做法正确吗?

冬夏登记账簿时,不小心登记错误,于是他直接把登记错误的账簿页次撕掉,重新登记一张。

【思考】 这种做法对吗?为什么?

任务 6.1 启用与登记会计账簿

★ **知识目标**

了解会计账簿的特点与登记方法。

★ **技能目标**

根据业务实际选用正确的账页格式启动账簿。

★ **素养目标**

领会会计账簿的作用和重要性,培养严谨细致的工作作风。

项目6 设置与登记会计账簿

任务导入

智达科技公司工程技术部购入振发润滑油公司高精度设备机械液压油20吨,单价1 000元,支付货款,验收入库。应如何登记会计账簿?

任务准备

一、会计账簿概述

(一)会计账簿含义与作用

会计账簿是以一定格式账页组成,以经过审核的会计凭证为依据,全面、系统、连续地记录各项经济业务的簿籍。设置和登记会计账簿是编制会计报表的基础,是会计核算的重要组成部分。会计账簿样本如图6-1所示。会计信息按照一定的程序流转,流转程序如图6-2所示。

图6-1 会计账簿样本

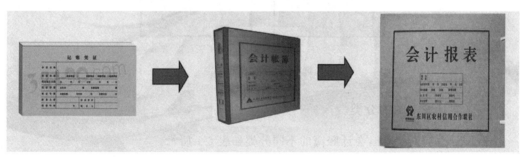

填制与审核会计凭证　　　　设置与登记会计账簿　　　　编制财务报表

图6-2 会计账簿流转程序

会计账簿的作用主要有:①记载和储存会计信息;②分类和汇总会计信息;③检查和校正会计信息;④编报和输出会计信息。

161

(二)会计账簿的内容

(1)封面。封面标明账簿的名称,如总分类账、现金日记账、银行存款日记账等。

(2)扉页。扉页标明会计账簿使用信息,如科目索引、账簿启用和经管人员一览表等。

(3)账页。账页是账簿用来记录经济业务事项的载体,其格式因反映经济业务内容不同有所差异。账页的内容主要包括账户的名称(一级会计科目、二级或明细科目);登记账簿的日期栏;凭证的种类和号数栏;摘要栏(所记录经济业务内容的简要说明);金额栏(记录经济业务的增减变动和余额);总页次和分户页次栏。

会计账簿的内容如图6-3所示。

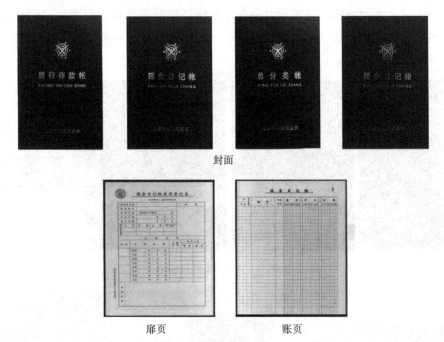

图6-3　会计账簿的内容

(三)会计账簿的的分类

根据不同的分类标准,会计账簿的不同分类如表6-1所示。

二、会计账簿的启用与登记

(一)会计账簿的启用

启用新账簿时,应在账簿封面上写明单位名称和账簿名称,在账簿的扉页上填写账簿启用表和账户目录,如图6-4和图6-5所示。在账簿启用表中详细填写单位名称、账簿名称、启用日期、账簿册数、账簿编号、账簿页数、记账人员和会计机构负责人或会计主管人

项目6 设置与登记会计账簿

员姓名,并加盖名章和单位公章,粘贴印花税票,并在印花税票中间画两条出头的横线以示注销。记账人员或会计机构负责人(或会计主管人员)如有变动,应办理交接手续,注明交接日期、接替人员和监交人员姓名,并由交接双方人员签名盖章。

表 6-1 会计账簿的分类

分类标准	一级分类		二级分类名称		三级分类名称		备注
	名称	含义	名称	含义	名称	含义	
按用途分类	序时账簿	按照时间先后、逐笔登记的日记账簿	普通日记账	根据凭证逐笔登记单位全部经济业务发生完成的日记账	—	—	必须设置
			特种日记账	专门登记某一特定项目经济业务的日记账	库存现金日记账	特定业务现金日记账	
					银行存款日记账	特定业务银行存款日记账	
	分类账簿	对全部经济业务分类登记的账簿	总分类账簿	根据总分类科目设置,记录全部经济业务	—	—	
			明细分类账簿	根据总分类科目所属明细分类科目设置,详细记录某一类经济业务的账簿	—	—	
	备查账簿	又称辅助账簿,对某些在序时账簿和分类账簿中未能登记或者登记不详的事项进行补充登记的账簿					实际设置
按账页格式分类	两栏式账簿	只有借方和贷方两个基本栏目的账簿,适用于普通日记账和转账日记账					有固定格式
	三栏式账簿	有借方、贷方和余额三个基本栏目的账簿,适用于各种日记账、总账、明细账					
	多栏式账簿	根据实际需要,对借方、贷方两个栏目分设若干专栏的账簿,适用于收入类、费用类账目					遵照要求自设明细
	数量金额式账簿	借方、贷方和余额栏目中分设数量、单价、金额栏目的账簿,适用于原材料、库存商品、产成品明细账目					
按外形分类	订本式账簿	启用前将若干账页装订成册,对账页进行连续编号的账簿					灵活性不强
	活页式账簿	登记完成后无须装订,装在活页账夹中的账簿					便于登记,不好管理
	卡片式账簿	有专门格式,以分散卡片为账页的账簿					

账簿启用表

单位名称									单位盖章
账簿名称									
账簿编号			年	总	册	第	册		
账簿页数									
启用日期									
经管人员	负责人			主管会计			记账		
	职别	姓名	盖章	职别	姓名	盖章	职别	姓名	盖章
交接记录	职别	姓名		接管			移交		印花税票粘贴处
			年	月	日	盖章	年	月	日	盖章	

图 6-4 账簿启用表

账户目录

科目代码	总账科目	明细科目	账页起止	科目代码	总账科目	明细科目	账页起止

图 6-5 账户目录

(二) 会计账簿的登记要求

(1) 准确完整记账。账簿登记应当将会计凭证日期、编号、业务内容摘要、金额和其他有关资料逐项记入账内,做到数字准确、摘要清楚、登记及时、字迹工整。账簿记录中的日期,应该填写记账凭证上的日期。以自制原始凭证,如收料单、领料单等作为记账依据的,账簿记录中的日期应按有关自制凭证上的日期填列。

(2) 注明记账符号。账簿登记完毕,应在记账凭证上签名或者盖章,并在记账凭证的"过账"栏内注明账簿页数或画对勾,表示记账完毕,避免重记、漏记。

(3) 注意书写留空。账簿中书写的文字和数字上面要留有适当的空格,不要写满格,一般应占格距的 1/2,以方便发生登记错误时进行更正,方便查账。

(4) 黑色墨水记账。为了账本数据不受侵蚀,登记账簿必须使用黑色墨水或碳素墨水书写,不得使用圆珠笔(银行的复写账簿除外)或者铅笔书写。

(5) 正确使用红色墨水。可以使用红色墨水的情况包括按照红字冲账的记账凭证,冲销错误记录;在不设借方、贷方等栏目的多栏式账簿中,登记减少数;在三栏式账簿的余额栏前,如未印明余额方向的,在余额栏内登记负数余额;根据国家统一的会计制度规定的可以用红字登记的其他会计记录。会计中的红字表示负数,因此,除上述情况外,不得用红色墨水登记账簿。

（6）顺序连续登记。按账户页次逐页逐行登记,不隔页、跳行。如果发生隔页、跳行现象,应在空页、空行处用红色墨水画对角线注销,或者注明"此页空白"或"此行空白"字样,并由记账人员和会计机构负责人(会计主管人员)签名或者盖章。

（7）结出余额处理。凡需要结出余额的账户,结出余额后,应当在"借或贷"栏目内注明"借"或"贷"字样,以示余额的方向;对于没有余额的账户,应在"借或贷"栏内写"平"字,并在"余额"栏用"0"表示。库存现金日记账和银行存款日记账必须逐日结出余额。

（8）过次承前衔接。每一账页登记完毕结转下页,应当结出本页发生额合计数及余额,在该账页最末行"摘要"栏注明"转次页"或"过次页",并将这一金额记入下一页第一行有关金额栏内,在该行"摘要"栏注明"承前页",以保持账簿记录的连续性,便于对账和结账。

（9）不得刮擦涂改。如发生账簿记录错误,不得刮擦涂改字迹,而应采用规定的方法更正。

课堂练习

1. 单项选择题

（1）关于会计账簿的描述正确的是（　　）。
　　A. 可以随时更改　　　　　　　B. 过5年就可以销毁
　　C. 专门设置要符合国家财经规定　D. 只要保管员同意就可以借阅

（2）可以跨年度连续使用的账本是（　　）。
　　A. 总账　　　B. 日记账　　　C. 备查账　　　D. 多数明细账

（3）三栏式银行存款日记账属于（　　）。
　　A. 序时账簿　　B. 明细账簿　　C. 总分类账簿　　D. 备查账

（4）登记账簿时,每一账页最后一行及下一页第一行都要办理转页手续,其目的是（　　）。
　　A. 防止隔页　　　　　　　　　B. 便于查账
　　C. 保持记录的连续性　　　　　D. 防止遗漏

2. 判断题

（1）原始凭证是登记明细分类账的依据,记账凭证是登记总分类账的依据。（　　）
（2）更换账簿时,如有余额,则在新账簿中的第一行摘要内注明"上年结转"。（　　）
（3）总分类账、日记账和所有明细分类账都采用三栏式账簿。（　　）
（4）账簿的形式可以随意更改。（　　）

3. 思考题

（1）简述会计账簿的含义与作用。
（2）简述会计账簿的登记要求。

任务实施

2024年6月20日,智达科技公司支付本月业务推介费100 000元。经济业务的记账凭证已填制完毕,根据记账凭证涉及的销售费用和银行存款选择合适的账页格式进行明细账簿登记。

提示:根据账簿的分类及特点,在登记账簿时银行存款应选择三栏式账簿进行登记,销售费用应选择多栏式账簿进行登记。

■ 任务演练

根据下列业务涉及的账户选择合适的账页格式进行登记,并指出按用途分类,各账簿属于什么类型?按外形分类,各账簿属于什么类型?

(1) 2024年6月4日,智达科技公司收到果欣公司偿还所欠货款50 000元,存入银行。

(2) 2024年6月12日,智达科技公司以现金支付业务人员华美预借差旅费6 000元。

(3) 2024年6月28日,智达科技公司收到合伙人的熊代投入机器设备一台,价值180 000元。

■ 任务考核

项目名称	评价内容	分值	评价分值	
			自评	教师评分
个人素养考核项目(20%)	出勤情况	5分		
	仪容仪表	5分		
	课堂纪律和学习态度	10分		
专业能力考核项目(80%)	参与教学活动并正确理解任务要求	10分		
	课堂练习和任务完成情况	70分		
合计:综合分数	自评(30%)+教师评分(70%)	100分		
综合评语		教师(签名)		

■ 任务总结

理解会计账簿的含义与作用,根据需要选择合适的账簿类型,按登记要求填写账簿。

任务6.2 设置与登记序时账簿

★ 知识目标

熟悉日记账的格式和登记方法。

★ 技能目标

能够正确登记库存现金日记账和银行存款日记账。

★ 素养目标

养成精细认真地核算与管理账务的素养。

任务导入

智达科技公司齐某每天序时登记银行存款日记账和库存现金日记账,年度末结出余额。请问这种处理方法正确吗?

任务准备

序时账簿又称日记账,是指按照经济业务发生或完成时间的先后时间顺序逐日逐笔进行登记的账簿。设置序时账簿是为了使经济业务按时间顺序清晰地反映在账簿记录中。序时账簿按其所核算和监督经济业务的范围,可分为特种日记账和普通日记账。大多数企业一般只设库存现金日记账和银行存款日记账。

一、普通日记账

普通日记账是逐日序时登记特种日记账以外的经济业务的账簿。在不设特种日记账的企业,要序时地逐笔登记企业的全部经济业务,因此普通日记账也称分录簿。普通日记账一般分为"借方金额"和"贷方金额"两栏,登记每一分录的借方账户和贷方账户及金额,这种账簿不结余额,如图6-6所示。

普通日记账

年		摘要	会计科目	借方金额	贷方金额	过账
月	日					

图 6-6　普通日记账

二、特种日记账

常用的特种日记账是库存现金日记账和银行存款日记账。

为了加强对货币资金的管理,各单位都应当设置库存现金日记账和银行存款日记账,用以逐日核算和监督库存现金与银行存款的收入、支出和结存情况。库存现金日记账是用来核算和监督库存现金每天的收入、支出和结存情况的账簿,其格式有三栏式和多栏式两种。银行存款日记账是用来核算和监督银行存款每日的收入、支出和结余情况的账簿,应按企业在银行开立的账户和币种分别设置,每个银行账户设置一本日记账。银行存款日记账的格式与库存现金日记账相同,可以采用三栏式或者多栏式,必须使用订本账,并为每一张账页顺序编号。

三栏式库存现金日记账和银行存款日记账设借方、贷方和余额三个基本的金额栏目,一般将其分别称为"收入""支出"和"结余"三个基本栏目。为了方便记账时标明现金和银行存款收入的来源科目以及支出的用途科目,在金额栏和摘要栏之间常常插入"对方科目"栏。此外,银行存款日记账应在适当位置增加"结算凭证"栏,记账时标明每笔业务的结算凭证及编号,便于与银行核对账目。

三栏式库存现金日记账和银行存款日记账的格式如图6-7和图6-8所示。

库存现金日记账

年		凭证号数	摘要	借方	贷方	借或贷	余额
月	日			千百十万千百十元角分	千百十万千百十元角分		千百十万千百十元角分

图 6-7　库存现金日记账

银行存款日记账

年		凭证号数	结算凭证		摘要	对方科目	借方	贷方	借或贷	余额
月	日		种类	号数			千百十万千百十元角分	千百十万千百十元角分		千百十万千百十元角分

图 6-8　银行存款日记账

库存现金日记账(三栏式日记账)的登记方法如下。

日期栏:登记记账凭证的日期,应与库存现金实际收付日期一致。

凭证栏:登记入账的收付款凭证的种类和编号。

摘要栏:登记入账的经济业务的内容,文字需简练,但要能说明问题。

对方科目栏:登记库存现金收入的来源科目或支出的用途科目。

借方、贷方栏:登记库存现金实际收付的金额。每日终了,应分别计算库存现金收入和支出的合计数,结出余额,同时将余额与出纳人员的库存现金数核对,即通常说的"日清"。如账款不符,应查明原因,并记录备案。月终同样要计算现金收入、支出和结存的合计数,通常称为"月结"。

银行存款日记账的格式和登记方法与库存现金日记账基本相同。银行存款日记账是由出纳人员根据审核后的银行存款收付款凭证,按照经济业务发生的先后顺序逐日逐笔进行登记。

现金存入银行,只填制现金付款凭证。出纳人员根据银行存款收款凭证和有关的现金付款凭证(库存现金存入银行的业务)登记行存款收入栏,根据银行存款付款凭证登记支出栏,每日结出银行存款余额。本日余额计算方法与库存现金结余的计算方法相同。

课堂练习

1. 单项选择题

(1) 从银行提取现金,登记库存现金日记账的依据是(　　)。
　　A. 银行存款收款凭证　　　　B. 库存现金收款凭证
　　C. 银行存款付款凭证　　　　D. 库存现金付款凭证

(2) 三栏式银行存款日记账属于(　　)。
　　A. 序时账簿　　B. 明细账簿　　C. 总分类账簿　　D. 备查账簿

(3) 银行存款日记账登记的依据是(　　)。
　　A. 银行对账单　　　　　　　B. 进账单
　　C. 审核无误的库存现金收款凭证　　D. 审核无误的银行存款收付款凭证

(4) 库存现金日记账的(　　)是指记账凭证的日期,应与现金实际收付日期一致。
　　A. 摘要栏　　B. 凭证栏　　C. 日期栏　　D. 对方科目栏

2. 多项选择题

(1) 特种日记账包括(　　)。
　　A. 库存现金日记账　　　　B. 银行存款日记账
　　C. 应收账款日记账　　　　D. 预付账款日记账

(2) 库存现金日记账的记账依据(　　)。
　　A. 现金收款凭证　　　　　B. 现金付款凭证
　　C. 银行收款凭证　　　　　D. 银行付款凭证

(3) 银行存款日记账的记账依据是(　　)。
　　A. 银行收款凭证　　　　　B. 银行付款凭证
　　C. 现金收款凭证　　　　　D. 现金付款凭证

(4) 登记日记账的必备要素是(　　)。
　　A. 日期　　B. 摘要　　C. 金额　　D. 借方贷方

3. 判断题

(1) 库存现金日记账和银行存款日记账可以混合登记。(　　)
(2) 日记账的登记不需要天天累计总账金额,只需要月底一次性合计金额。(　　)

4. 思考题

(1) 什么是日记账?常用的日记账有哪几类?
(2) 阐述日记账的登记要领。

任务实施

智达科技公司 2024 年 9 月 1 日库存现金日记账余额为 4 000 元,9 月发生下列现金业务。请填制凭证及明细分类账。

(1) 9 月 2 日,出租给大华公司包装物,收到押金 2 000 元。
(2) 9 月 7 日,财务购买办公用品,支出现金 800 元。
(3) 9 月 18 日,收到大力公司预付货款 6 000 元。
(4) 9 月 22 日,填制现金进账单 5 000 元,存入银行。

提示:具体核算与登记凭证处理如图 6-9～图 6-13 所示。

收款凭证

借方科目:库存现金　　　　2024 年 9 月 2 日　　　　现收第 001 号

对方单位(或交款人)	摘要	贷方科目		金额	记账符号
		总账科目	明细科目	千百十万千百十元角分	
大华公司	出租包装物	其他应收款	大华公司	2 0 0 0 0 0	√
合　计:贰仟元整				¥ 2 0 0 0 0 0	√

会计主管:郑直　　记账:任真　　复核:严正　　出纳:钱细　　制单:单单

附原始凭证 2 张

图 6-9　收款凭证

付款凭证

贷方科目:库存现金　　　　2024 年 9 月 7 日　　　　现付第 001 号

对方单位(或交款人)	摘要	贷方科目		金额	记账符号
		总账科目	明细科目	千百十万千百十元角分	
	购买办公用品	财务费用	财务部	8 0 0 0 0	√
合　计:捌佰元整				¥ 　8 0 0 0 0	√

会计主管:郑直　　记账:任真　　复核:严正　　出纳:钱细　　制单:单单

附原始凭证 2 张

图 6-10　付款凭证

收款凭证

借方科目:库存现金　　　　2024 年 9 月 18 日　　　　现收第 002 号

对方单位(或交款人)	摘要	贷方科目		金额	记账符号
		总账科目	明细科目	千百十万千百十元角分	
大力公司	预购商品款	预收账款	大力公司	6 0 0 0 0 0	√
合　计:陆仟元整				¥ 6 0 0 0 0 0	√

会计主管:郑直　　记账:任真　　复核:严正　　出纳:钱细　　制单:单单

附原始凭证 2 张

图 6-11　收款凭证

付款凭证

贷方科目:库存现金　　　　2024 年 9 月 22 日　　　　付收第 002 号

对方单位(或交款人)	摘要	借方科目		金额	记账符号
		总账科目	明细科目	千百十万千百十元角分	
智达科技公司存款人	存入现金	银行存款		5 0 0 0 0 0	√
合　计:伍仟元整				¥ 5 0 0 0 0 0	√

会计主管:郑直　　记账:任真　　复核:严正　　出纳:钱细　　制单:单单

附原始凭证 2 张

图 6-12　付款凭证

库存现金日记账

第×页

2023年		凭证		摘要	对应科目	过账	借方（收入）	贷方（支出）	结余
月	日	种类	号数						
9	1			期初余额					4 000
9	2	现收	001	出租包装物	其他应收款		2 000		6 000
9	7	现付	001	购买办公用品	财务费用			800	5 200
9	18	现收	002	预收大华公司货款	预收账款		6 000		11 200
9	22	现付	002	现金存入银行	银行存款			5 000	6 200
				本月合计			8 000	5 800	

图6-13 库存现金日记账

任务演练

智达科技公司2024年9月1日银行存款日记账余额为80 000元，9月发生下列银行存款收支业务。请填制凭证并登记银行存款日记账。

(1) 9月1日，开出转账支票，支付办公用品费1 500元。

(2) 9月3日，收到分公司转账支票支付货款42 000元，已送交银行。

(3) 9月20日，支付购入原材料的货款32 000元，材料已验收入库。

(4) 9月28日，从银行提取备用金3 000元。

任务考核

项目名称	评价内容	分值	评价分值	
			自评	教师评分
个人素养考核项目（20%）	出勤情况	5分		
	仪容仪表	5分		
	课堂纪律和学习态度	10分		
专业能力考核项目（80%）	参与教学活动并正确理解任务要求	10分		
	课堂练习和任务完成情况	70分		
合计：综合分数_____	自评(30%)＋教师评分(70%)	100分		
综合评语		教师(签名)		

任务总结

(1) 库存现金日记账是用来核算和监督库存现金每日的收入、支出和结存情况的账簿。库存现金日记账的格式主要有三栏式和多栏式两种，库存现金日记账必须使用订本账。库存现金日记账由出纳人员根据现金收款凭证、现金付款凭证和银行付款凭证(提现)按业务发生的先后顺序逐日逐笔登记。

(2) 银行存款日记账是用来核算和监督银行存款每日的收入、支出和结存情况的账簿。银行存款日记账应按企业在银行开立的账户和币种分别设置，每个银行账户设置一本日记账。银行存款日记账是出纳人员根据银行收款凭证、银行付款凭证和现金付款凭证(存现)按业务发生的先后顺序逐日逐笔登记。

(3) 日记账要逐笔登记,累计求和,要注意认真登记,保证及时、准确、清楚。

任务 6.3　设置与登记分类账簿

★ 知识目标

认知不同种类分类账;熟悉总分类账户与明细分类账户平行登记的要点和方法;掌握明细分类账簿的登记方法。

★ 技能目标

具备正确登记不同种类的明细分类账和总分类账的技巧和能力。

★ 素养目标

养成缜密的思维习惯和行为模式。

任务导入

智达科技公司商务专员路某认为会计希某没必要同时登记总分类账和明细分类账,只需要登记一种就可以了。你认为呢?

任务准备

分类账簿是对全部经济业务事项按照分类账户进行登记的账簿,账簿按其反映经济业务的详略程度,可分为总分类账簿和明细分类账簿。按照总分类账户分类登记经济业务事项的是总分类账簿,简称总账;按照明细分类账户分类登记经济业务事项的是明细分类账簿,简称明细账。分类账簿提供的核算信息是编制会计报表的主要依据。

一、总分类账户和明细分类账户的关系

总分类账户和其所属的明细分类账户的核算内容相同,只不过反映内容的详细程度有所不同。总分类账户对明细分类账户具有统驭控制作用;明细分类账户对总分类账户具有补充说明作用。总分类账户与其所属明细分类账户在总金额上应当相等,两者相互补充、相互制约,从而可以相互核对。

二、总分类账户和明细分类账户的平行登记

为了保证总分类账户和其所属的明细分类账户记录的一致性,使两者能够相互核对,确保会计核算数据的正确、完整,总分类账户和其所属的明细分类账户必须进行平行登记。

平行登记是指对所发生的每项经济业务,都要以会计凭证为依据,一方面记入有关总分类账户,另一方面记入有关总分类账户所属明细分类账户的方法。平行登记既可以满足管理上对总会计信息和详细会计信息的需求,又可以检验账户记录的完整性和准确性。平行登记的要点主要包括以下四个方面。

(一)登记依据相同

记入总分类账户和明细分类账户的业务,都必须以相关的会计凭证为依据,既要登记

项目 6　设置与登记会计账簿

有关总分类账户,又要登记其所属明细分类账户。

(二)登记方向相同

登记总分类账户和明细分类账户,记账方向必须相同,即总分类账户记入借方,明细分类账户也记入借方;总分类账户记入贷方,明细分类账户也记入贷方。

(三)登记期间相同

记入总分类账户和明细分类账户的每类经济业务在同一会计期间。

(四)登记金额相等

记入总分类账户和其所属明细分类账户的金额合计数相等。对应关系如下:

总分类账户的期初余额＝所属明细账户期初余额合计
总分类账户的本期发生额＝所属明细账户本期发生额合计
总分类账户的期末余额＝所属明细账户期末余额合计

三、登记明细分类账簿

(一)明细分类账簿的内容和格式

明细分类账簿是根据二级账户或者明细账户开设账页,分类、连续地登记经济业务以提供明细核算资料的账簿。明细分类账簿主要格式有三栏式、多栏式、数量金额式和横线登记式(或平行式)等。

(二)明细分类账簿的登记

1. 三栏式明细分类账簿

三栏式明细分类账如图 6-14 所示。

三栏式明细分类账有"借方""贷方""余额"三个栏目,适用于只按照金额核算的业务,如"应收账款""应付账款""实收资本""待摊费用"等账户。

三栏式明细分类账

本账页数	
本账户数	

年		凭证号	摘要	借方	贷方	借或贷	余额
月	日			千百十万千百十元角分	千百十万千百十元角分		千百十万千百十元角分

图 6-14　三栏式明细分类账

2. 多栏式明细分类账

多栏式明细分类账是将属于同一个总账科目的每个明细科目合并在一张账页上进行

173

登记,适用于成本费用类科目的明细核算,如"生产成本""管理费用""营业外收入""利润分配"等账户。多栏式明细分类账如图6-15所示。

多栏式明细分类账

科目名称:							
年	凭证号	摘要	借方	贷方	借或贷	余额	借
月 日			千百十万千百十元角分	千百十万千百十元角分		千百十万千百十元角分	千百十万千百十元角分

图 6-15 多栏式明细分类账

3. 数量金额式明细分类账

数量金额式明细分类账设有"借方""贷方""余额"三个栏目,并在三个栏目下含有相应的单价和数量信息,适用于"库存商品""原材料"等账户的核算。数量金额式明细分类账如图6-16所示。

数量金额式明细分类账

类别:		名称:	规格:			计量单位:			编号:		
年	凭证号	摘要	借方			贷方			余额		
			数量	单价	金额	数量	单价	金额	数量	单价	金额
月 日					千百十万千百十元角分			千百十万千百十元角分			千百十万千百十元角分

图 6-16 数量金额式明细分类账

4. 横线登记式明细分类账

横线登记式明细分类账把密切相关的业务在同一行中登记,依据每一行各个栏目的登记是否齐全来判断该项业务的进展情况,适用于采购业务、应收票据和一次性备用金业务。横线登记式明细分类账如图6-17所示。

横线登记式明细分类账

年	凭证	摘要	借方			年	凭证	摘要	贷方			余额
			原借	补付	合计				报销	退款	合计	
月 日	字号		万千百十元角分	万千百十元角分	万千百十元角分				万千百十元角分	万千百十元角分	万千百十元角分	万千百十元角分

图 6-17 横线登记式明细分类账

四、登记总分类账簿

(一) 总分类账簿的内容和格式

总分类账簿是指按照总分类账户分类登记以提供总括会计信息的账簿。总分类账簿中的账页按照总账科目(一级科目)开设总分类账户。每一个单位都要设置总分类账簿,以全面、连续、系统、综合地反映本单位的经济业务活动。总分类账簿最常用的格式为三栏式,必须采用订本式账簿,按照会计科目顺序编码,为各账户预留账页。

(二) 总分类账簿的登记方法

总分类账簿的记账依据和登记方法取决于企业账务处理程序,既可以直接根据记账凭证逐笔登记,也可以编制科目汇总表后再登记。月末,结算出各账户本期发生额和期末余额。常见的三种账务处理程序如表 6-2 所示。

表 6-2 常见的三种账务处理程序

比对项目		记账凭证账务处理程序	汇总记账凭证账务处理程序	科目汇总账务处理程序
相同点		三者都是依据会计凭证的会计核算处理程序		
差异	依据	记账凭证逐笔登记	汇总记账凭证登记	科目汇总表登记
	特点	简单明了,能够详细反映经济业务的实况	工作量小,账户之间对应关系清晰	简化总分类账,可试算平衡
	不足	登记总分类账工作量大	不利日常核算,汇编汇总工作量大	账户对应关系不便核账、对账
	适用范围	小微企业,业务量少	规模大,业务量多的企业	经济业务量较多的企业

课堂练习

1. 单项选择题

(1) "应交税费——应交增值税"明细账应采用(　　)。
　　A. 借贷方多栏式　　　　　　　B. 随喜好而定的栏目
　　C. 借方多栏　　　　　　　　　D. 贷方多栏

(2) 账簿登记的依据(　　)。
　　A. 经济事务　　B. 合同　　C. 洽谈纪要　　D. 记账凭证

(3) 将账簿划分为序时账簿、分类账簿、备查账簿的依据是(　　)。
　　A. 账簿登记内容　　　　　　　B. 账簿的登记形式
　　C. 账簿的材质　　　　　　　　D. 账簿的用途

(4) 电子账簿(　　)。
　　A. 只能用来阅读　　　　　　　B. 与纸质账簿功能相同
　　C. 权限指令可以共享　　　　　D. 格式随意选用

(5) 总分类账簿多采用(　　)。
　　A. 多栏式　　B. 订本式　　C. 活页式　　D. 数量金额式

2. 多项选择题

(1) 总分类账户与明细分类账户平行登记的要点是( )。

  A. 方向相同   B. 详细程度相同

  C. 期间相同   D. 金额相等

(2) 明细账的格式可分为( )。

  A. 数量金额式明细账   B. 横线登记式明细分类账

  C. 三栏式明细账   D. 多栏式明细账

(3) 明细分类账登记的依据是( )。

  A. 记账凭证   B. 汇总记账凭证

  C. 原始凭证   D. 科目或总表

3. 判断题

(1) 明细账和总账平行登记是指金额平行登记。（ ）

(2) 原始凭证是登记明细分类账的依据,记账凭证是登记总分类账的依据。（ ）

(3) 账簿的形式可以随意更改。（ ）

(4) 企业账簿前后可以采用不同的格式。（ ）

(5) 更换账簿时,如有余额,则在新账簿中的第一行摘要内注明"上年结转"。（ ）

4. 思考题

(1) 简述总分类账户与明细分类账户之间的关系。

(2) 如何进行总分类账户与明细分类账户平行登记?

任务实施

智达科技公司2024年7月1日应收账款总账余额为42 000元,7月发生下列应收账款相关业务,请填制凭证及总分类账。

(1) 7月3日,向大宇公司赊销货物28 000元(不考虑增值税)。

(2) 7月23日,收回大力公司货款62 000元。

提示:账务处理如图6-18～图6-20所示。

记账凭证

2024年7月3日   记7

摘要	会计科目		借方									贷方								
	总账科目	明细科目	千	百	十	万	千	百	十	元	角	分	千	百	十	万	千	百	十	元	角	分
向大宇公司赊销货物	应收账款	大宇公司				2	8	0	0	0	0	0										
	主营业务收入															2	8	0	0	0	0	0
合计(大写):贰万捌仟元整					¥	2	8	0	0	0	0	0			¥	2	8	0	0	0	0	0

会计主管:郑直 记账:任真 复核:严正 出纳:钱细 制单:凌厉

图6-18 记账凭证

项目6 设置与登记会计账簿

记账凭证

2024 年 7 月 23 日   记 12

摘要	会计科目		借方	贷方
	总账科目	明细科目	千百十万千百十元角分	千百十万千百十元角分
收回大力公司货款	银行存款		6 2 0 0 0 0 0	
	应收账款	大力公司		6 2 0 0 0 0 0
合计(大写):陆万贰仟元整			¥ 6 2 0 0 0 0 0	¥ 6 2 0 0 0 0 0

会计主管:郑直　　记账:任真　　复核:严正　　出纳:钱细　　制单:凌厉

图 6-19　记账凭证

总分类账

科目名称:应收账款　　　　　　　　　　　　　　　　　　　　　　　　第 1 页

2023 年		凭证号数	凭证号	摘要	借方	贷方	借或贷	余额
月	日				千百十万千百十元角分	千百十万千百十元角分		千百十万千百十元角分
7	1			期初余额			借	4 2 0 0 0 0 0
7	3		记 7	向大宇公司赊销货物	2 8 0 0 0 0 0			7 0 0 0 0 0 0
7	23		记 12	收回大力公司货款		6 2 0 0 0 0 0		8 0 0 0 0 0
7	31			本月合计	2 8 0 0 0 0 0	6 2 0 0 0 0 0		8 0 0 0 0 0

图 6-20　总分类账

任务演练

智达科技公司 2024 年 10 月 1 日应收账款总账余额为借方 22 000 元。10 月发生下列应收账款相关业务。

(1) 2024 年 10 月 19 日,向大多公司出售甲产品 100 件,每件不含增值税的售价为 2 000 元,计货款 200 000 元,增值税为 13 000 元,产品已发出,货款尚未收到。财务管理部记账编制会计分录如下。

借:应收账款——大多公司　　　　　　　　　　213 000
　　贷:主营业务收入　　　　　　　　　　　　　　　200 000
　　　　应交税费——应交增值税(销项税额)　　　　13 000

(2) 2024 年 10 月 22 日,大多公司以银行转账方式支付上述货款,银行通知已经到账。财务编制会计分录如下。

借:银行存款　　　　　　　　　　　　　　　213 000
　　贷:应收账款——大多公司　　　　　　　　　　213 000

要求：请根据以上业务填制记账凭证及应收账款、主营业务收入明细分类账及总分类账。

任务考核

项目名称	评价内容	分值	评价分值	
			自评	教师评分
个人素养考核项目(20%)	出勤情况	5分		
	仪容仪表	5分		
	课堂纪律和学习态度	10分		
专业能力考核项目(80%)	参与教学活动并正确理解任务要求	10分		
	课堂练习和任务完成情况	70分		
合计：综合分数	自评(30%)+教师评分(70%)	100分		
综合评语		教师(签名)		

任务总结

（1）总分类账是指按照总分类账户分类登记以提供总括会计信息的账簿。总分类账最常用的格式为三栏式，设有借方、贷方和余额三个金额栏目。总分类账的登记方法因登记的依据不同而有所不同。经济业务少的小型单位的总分类账可以根据记账凭证逐笔登记；经济业务多的大中型单位的总分类账可以根据科目汇总表（又称记账凭证汇总表）或汇总记账凭证等定期登记。

（2）明细分类账是根据有关明细分类账户设置并登记的账簿。它能提供比较详细、具体的交易或事项核算资料，以补充总账所提供核算资料的不足。因此，各单位在设置总账的同时，还应设置必要的明细分类账。明细分类账一般采用活页式账簿、卡片式账簿。明细分类账一般根据记账凭证和相应的原始凭证来登记。

（3）掌握会计账簿的登记方法，即总分类账和明细分类账平行登记。平行登记的是指对所发生的每项经济业务，都要以会计凭证为依据，一方面记入有关总分类账户，另一方面记入有关总分类账户所属明细分类账户的方法。平行登记既可以满足管理上对总括会计信息和详细会计信息的需求，又可以检验账户记录的完整性和准确性。

任务 6.4　掌握错账更正程序

★ **知识目标**

掌握错账的查找和更正方法。

★ **技能目标**

正确使用错账更正方法进行错账更正。

★ **素养目标**

培养精准求实的扎实工作作风。

项目 6 设置与登记会计账簿

任务导入

智达科技公司会计希某编制记账凭证时,误将金额 9 065 元记为 99 056 元,记账凭证会计科目无误。应该如何更正呢?

任务准备

一、错账的查找方法

会计核算记账时会发生错误,需要及时稽核查找错误并进行更正,以保证账务的精准性和可靠性。常用的错账查找方法如下。

(一)差数法

差数法是指按照错账的差数查找错账的方法。这种方法隐蔽性比较强,如果无法精准知道哪笔账有误,查找起来就非常耗时。

(二)尾数法

尾数法是指对于发生的差错只查找末位数,以提高查找效率的方法。这种方法适用于借贷方金额其他位数都一致,而只有末位数出现差错的情况。

(三)除 2 法

除 2 法是指以差数除以 2 来查找错账的方法。当某个借方金额错记入贷方(或相反)时,出现错账的差数表现为错误的 2 倍,将此差数除以 2,得出的商即是反向的金额。

(四)除 9 法

除 9 法是指以差数除以 9 来查找错账的方法,适用于以下三种情况:①将数字写小;②将数字写大;③邻数颠倒。

> **小知识**
>
> 邻数颠倒的两个数为什么可以用除 9 法查找错账?
>
> 以一个两位数为例,假如这个数的十位是 X,个位是 Y,那么这个数是 $10X+Y$,颠倒后变为 $10Y+X$,其差数是 $9(X-Y)$;以此类推,可查验三位数、四位数等。因此,邻数颠倒的两个数的差是 9 的倍数。运用到会计上,即可采用除 9 法查找错账。
>
> 邻数颠倒的两个数的差除以 9 后的商如果是 1 位数,表明发生数字颠倒在个位与十位之间;如果是 2 位数,表明发生数字颠倒在十位与百位之间;如果是 3 位数,表明发生数字颠倒在百位与千位之间;以此类推。

二、错账的更正方法

(一) 划线更正法

适用环境:结账时,发现账簿登记错误,记账凭证无误。

具体方法:错误的文字和数据单红线划去(整体划去),表示注销;红线上方用黑色笔写正确文字和数字,加盖记账员印章,并签字,写明日期。

(二) 红字更正法

适用环境:记账凭证错误致使账簿登记错误,结账时,用红字编写相同凭证冲销错误凭证。

具体方法:用红色笔填写一张与错误凭证一样内容的凭证,摘要栏写"冲销错账";然后用黑色笔写一张正确的记账凭证,摘要栏写"更正错账"。其原理与信息系统发票作废后重开相同。

(三) 补充登记法

适用环境:账簿填写金额有误,由记账凭证少填数额引起,记账方向和科目都正确无误。

具体方法:按照少记的金额,用黑色笔填写一张凭证,摘要注明"补充少记金额,××号凭证"。

课堂练习

1. **单项选择题**

(1) 错账的正确处理方法是( )。
　　A. 先查找再更正　　　　　　　B. 直接把错账销毁
　　C. 领导说怎么办就怎么办　　　D. 直接在账簿上涂改

(2) 记账凭证无误,登记账簿时误将890元写成980元,错账更正方法为( )。
　　A. 转账更正法　　　　　　　　B. 划线更正法
　　C. 补充登记法　　　　　　　　D. 红字更正法

2. **多项选择题**

(1) 会计错账查找方法有( )。
　　A. 差数法　　　B. 尾数法　　　C. 除2法　　　D. 除9法

(2) 会计允许的错账更正方法有( )。
　　A. 划线更正法　　　　　　　　B. 红字更正法
　　C. 补充登记法　　　　　　　　D. 涂改修正法

3. **判断题**

(1) 错账的更正方法可根据喜好选择。　　　　　　　　　　　　　( )
(2) 记账中发现大小写金额不一致的,一律以大写金额为准。　　( )

(3) 无论任何单位,只要进行会计工作,务必设立账簿。　　　　　　　(　)
(4) 错账底根无须保留。　　　　　　　　　　　　　　　　　　　　(　)

4. 思考题

(1) 简述错账发生的原因及查找方法。
(2) 简述错账更正的方法及适用环境。

任务实施

(1) 核账时,发现账簿中把"应付账款"写成"应收账款",金额 560 元写成 650 元。

提示：运用划线更正法。用红笔在"应付账款"上画一条线,右上方用黑色笔写"应收账款";用红笔在金额"560 元"上画一条线,右上方用黑色笔写"650 元";后面签字盖章,写明日期。

(2) 萌萌公司用 20 000 元购买原材料,错误记账成固定资产。

借：固定资产　　　　　　　　　　　　　　　20 000
　　贷：银行存款　　　　　　　　　　　　　　　20 000

提示：用红字更正法,更改错账。

① 发现错误,红字编写相同的凭证,摘要"冲销错账,××号凭证"。

借：固定资产　　　　　　　　　　　　　　　20 000
　　贷：银行存款　　　　　　　　　　　　　　　20 000

② 用黑色笔填制一张正确的凭证,摘要"更正错账,××号凭证"。

借：原材料　　　　　　　　　　　　　　　　20 000
　　贷：银行存款　　　　　　　　　　　　　　　20 000

(3) 风达公司会计误将金额 987 000 元,写成 978 000 元。

借：营业外支出　　　　　　　　　　　　　　978 000
　　贷：银行存款　　　　　　　　　　　　　　　978 000

提示：用补充登记法,更改错账。用黑色笔填写一张凭证,摘要注明"补充少记金额,××号凭证"。

借：营业外支出　　　　　　　　　　　　　　　9 000
　　贷：银行存款　　　　　　　　　　　　　　　　9 000

任务演练

宏发公司 2023 年 4 月 4 日赊购原材料,价款 50 000 元。会计人员在登记账簿发生以下错误。

(1) 记账凭证中将"原材料"科目写成"库存商品"科目；
(2) 记账凭证中误将金额写为 500 000 元；
(3) 记账凭证没有错误,登记入账时误记为 5 000 元。

要求：请你针对不同的错误,分别指出应采用的更正方法,并进行更正。

任务考核

项目名称	评价内容	分值	评价分值	
			自评	教师评分
个人素养考核项目（20%）	出勤情况	5分		
	仪容仪表	5分		
	课堂纪律和学习态度	10分		
专业能力考核项目（80%）	参与教学活动并正确理解任务要求	10分		
	课堂练习和任务完成情况	70分		
合计：综合分数____	自评(30%)+教师评分(70%)	100分		
综合评语		教师(签名)		

任务总结

（1）掌握错账的查找方法：差数法、尾数法、除2法、除9法。
（2）明确错账的更正方法和适用环境，一般有划线更正法、红字更正法、补充登记法。

任务6.5　掌握对账与结账的方法

★ 知识目标
掌握对账与结账的原理和方法。

★ 技能目标
能够正确、及时地对账与结账。

★ 素养目标
谨慎认真对待全流程工作。

任务导入

智达科技公司财务戴某与邵某就对账发表看法。戴某认为应收货款核对属于账账核对，邵某认为属于是账实核对。月底结账的，戴某认为月末合计数下画通栏单红线，而邵某认为应该画通栏双红线。你的看法是什么？

任务准备

登记账簿时需要按照会计期间进行对账和结账。

一、对账

（一）对账的含义和目的

对账是会计核算的重要步骤和方法，是对账簿记录进行核对的工作。
对账的目的是确保账簿登记的会计资料真实、正确、可靠，要求核算完入账的账务账证相符、账账相符和账实相符。通过对账可以及时发现记账过程中的错误,为期末编制会计报表提供可靠的依据。对账工作至少每年进行一次。

(二)对账的方法

1. 账证核对

账证核对是将账簿记录与有关会计凭证进行核对。核对账簿记录与原始凭证、记账凭证的关键要素(时间、凭证字号、摘要、金额等)是否一致,记账方向是否相符,做到账证相符。如果不符,用倒推法查明原因,执行相关更正措施。

2. 账账核对

账账核对是将账簿之间的有关数字进行核对。会计账簿相互分工、统筹协调,全面、系统、综合地反映企事业单位的经济活动与财务收支情况。账簿之间有依存关系,实时相互核对,以到做到账账相符。具体核对内容如下。

(1)核对总分类账簿记录。运用"资产=负值+所有者权益"会计等式和会计分录借贷双发关系"有借必有贷、借贷必相等",完成对总分类账簿各账户的期初余额、本期发生额和期末余额之间平衡关系的核对,得出账务正确与否。

(2)总分类账簿与所属明细分类账簿核对。依照平行登记的原则,总分类账各账户的期末余额应与其所属的各明细分类账的期末余额之和相符。

(3)总分类账簿与序时账簿核对。库存现金日记账每天账实核对,银行存款日记账定期与银行对账。应检查库存现金总账和银行存款总账的期末余额与库存现金日记账和银行存款日记账的期末余额是否相符。

(4)明细分类账簿之间的核对。财务实物资产明细账与物资保管或使用部门明细账定期核对,保证相符。

3. 账实核对

账实核对的核心任务是完成各项财产物资、债权债务等账面余额与实有数额之间的核对,主要内容包括库存现金日记账账面余额与库存现金数额是否相符;银行存款日记账账面余额与银行对账单余额是否相符;各项财产物资明细账账面余额与财产物资的实有数是否相符;有关债权债务明细账账面余额与对方单位的账面记录是否相符。

二、结账

(一)结账的含义与目的

结账是在一定期间(月份、季度、年度)内所发生的经济业务全部登记入账的基础上,结算出各种账簿的本期发生额和期末余额。总结会计期间经济活动,考核财务成果,编制会计报表等,需要在会计期末(如月末、季末、半年末、年末)结账。

(二)结账的程序

(1)将本期发生的经济业务全部登记入账,并保证其正确性。

(2)根据权责发生制的要求,调整有关账项,合理确定本期应计的收入和费用。

(3)将损益类科目转入"本年利润"科目,结平所有损益类科目。

(4) 结算出资产、负债、所有者权益类科目的本期发生额和余额,结转到下一会计期间。

(三) 结账的方法

结账标志是画红线,表示本期的会计记录已经截止或者结束,并将本期与下期的记录明显分开。

(1) 不需要按月结计本期发生额的账户,如各项应收应付明细账和各项财产账等,在每次记账后,都要随时结出余额,每月最后一笔余额即为月末余额。

(2) 库存现金日记账、银行存款日记账需要按月结计收入、费用等明细账。月末结账时,要结出本月发生额和余额,在摘要栏内注明"本月合计"字样,并在下面通栏画红线。

(3) 需要结计本年发生额的某些明细账户,每月结账时,应在"本月合计"行下栏画单红线。自年初起至本月末止的累计发生额登记在月份发生额下面,在摘要栏内注明"本年第×"字样,并在下面通栏画单红线。12月月末的"本年合计"就是指全年累计发生额,在全年发生额下通栏画双红线。

(4) 总账账户平时只需结出月末余额。年终结账时,将所有总账账户结出全年发生额和年末余额,在摘要栏内注明"本年合计"字样,并在合计数下通栏画双红线。

(5) 在年度终了结账时,有余额的账户要将其余额结转下年,并在摘要栏内注"结转下年"字样。在下一会计年度新建有关会计账户的第一行余额栏内填写上年结转余额,并在摘要栏注明"上年结转"字样。即将有余额的账户的余额直接记入新账余额内,无须编制记账凭证,不必将余额再记入本年账户的借方或贷方,使本年有余额账户的余额变为零。

课堂练习

1. 单项选择题

(1) 关于对账就论述正确的是( )。
　　A. 检验登记方法是否有误　　　　B. 编制报表无须对账
　　C. 只要登记正确无须对账　　　　D. 对账是编制会计报表的重要依据

(2) 结账时,应当画通栏双红线的是( )。
　　A. 12月月末结出全年累计发生额后
　　B. 各月末结出全年累计发生额后
　　C. 结出本季累计发生额后
　　D. 结出当月发生额后

2. 多项选择题

(1) 对账的内容包括( )。
　　A. 账账核对　　B. 账实核对　　C. 账证核对　　D. 金额核对

(2) 结账时,应当画通栏双红线的是( )。
　　A. 周结　　　　B. 月结　　　　C. 季结　　　　D. 年结

3. 判断题

(1) 年终账务结束,形成账簿后,最迟一年转交入库。　　　　　　　　　( )
(2) 账簿是编制财务报表的基础,是连接会计凭证与财务报表的中间环节。( )

(3) 对账工作每年至少进行一次。　　　　　　　　　　　　　　　　　(　　)
(4) 最小的对账周期是周。　　　　　　　　　　　　　　　　　　　　(　　)

4. 思考题

(1) 什么是对账？阐述其要领。

(2) 什么是结账？阐述其要领。

任务实施

(1) 智达科技公司要进行对账业务，请讨论其内容与要点。

提示：记账后要将账簿记录与会计凭证核对，这种核对一般是在日常编制凭证和记账过程中进行，以检查所记账目是否正确。会计期末如果发现账实不符，应当重新进行账证核对，这种核对是通过试算平衡发现记账错误之后再按一定的线索进行。

(2) 智达科技有限公司本月结账，请讨论结账的方法。

提示：阐述结账的方法。

任务演练

核对课堂所编制的原始凭证、记账凭证以及各种账簿，并结账。

任务考核

项目名称	评价内容	分值	评价分值	
			自评	教师评分
个人素养考核项目 (20%)	出勤情况	5分		
	仪容仪表	5分		
	课堂纪律和学习态度	10分		
专业能力考核项目 (80%)	参与教学活动并正确理解任务要求	10分		
	课堂练习和任务完成情况	70分		
合计：综合分数＿＿＿＿	自评(30%)＋教师评分(70%)	100分		
综合评语		教师(签名)		

任务总结

(1) 理解对账和结账的功能及方法。

(2) 对账包括账证核对、账账核对和账实核对。结账的种类按照时间可分为月结、季结和年结。实际结算业务中，可能还有日清日结。

课堂练习答案

编制与分析财务报表

项目导学

财务报表是企业根据审核无误的会计账簿记录和有关资料编制的会计信息文件,是企业会计核算的最终成果,也是会计核算工作的总结。财务报表对于企业管理来说非常重要,是编制财务报告的重要资料和前提。

本项目主要介绍财务报表的概念和种类,财务报表编制的基本要求,资产负债表、利润表的结构和编制方法等。

案例导航

案例1:企业为什么不强大?

建飞公司2024年利润报表显示:年销售额同比增长15.03%,净利润增长26.087%,股票收益每股0.16元,市盈率不高;现金流量表表明,2024年净利润为70 240 521元,经营活动现金流量为305 280元;2022年净利润为84 586 500元,经营活动现金流量为－520 873元。上述表明建飞公司几乎无利润变现能力,主要原因是现金入不敷出,应收账款和存货不增长。因此,利润仅表现为"账面数字",账户为"无钱可用"。经查明,2024年,企业投资机构纷纷撤资,抛售公司股票,公司上市筹资的资金不知道去哪里了。

案例导航解析

【思考】 建飞公司财务报表很好,但公司为什么不强大? 原因何在?

案例2:财务报告是财务报表吗?

财务报告和财务报表是一回事,只是呈现形式不一样。

【思考】 大家认为这种说法正确吗?

会计核算工作的最后环节是编制财务报表,形成财务报告。财务报告是企业对外提供的反映企业某一特定日期的财务状况和某一会计期间的财务状况、经营成果、现金流量等会计信息的文件。财务报告包括财务报表和其他应当在财务报告中披露的相关信息和资料。财务报告可反映企业管理层受托责任履行情况,有助于财务报告使用者做出经济决策。财务报告使用者通常包括投资者、债权人、政府及其有关部门、社会公众等。

任务 7.1　认识财务处理程序

★ **知识目标**

理解财务处理的基础工作和程序。

★ **技能目标**

掌握账务处理程序。

★ **素养目标**

建立财务系统观念,养成一丝不苟的工作作风。

任务导入

智达科技公司会计希某需要对本月的财务工作进行汇总,可是面对已完成的记账凭证和账簿,竟然束手无策。他应该怎么处理?

任务准备

一、账务处理程序的含义

账务处理程序也称会计核算组织程序,是规定凭证、账簿的种类、格式和登记方法及各种凭证之间、账簿之间,各种报表之间,各种账簿与报表之间的相互联系及编制的程序,即从原始凭证的整理、汇总,记账凭证的填制、汇总,日记账、明细分类账的登记,到会计报表的编制的步骤和方法。账务处理程序的基本模式可以概括为原始凭证—记账凭证—会计账簿—会计报表。

二、账务处理程序的种类

账务处理程序可以分为记账凭证账务处理程序、汇总记账凭证账务处理程序、科目汇总表账务处理程序。三种账务处理程序的不同之处在于登记总账的依据和方法不同。

(一) 记账凭证账务处理程序

记账凭证账务处理程序是指对发生的经济业务事项,都要根据原始凭证或汇总原始凭证编制记账凭证,然后直接根据记账凭证逐笔登记总分类账的一种账务处理程序。它是基本的账务处理程序,其一般程序是:①根据原始凭证编制汇总原始凭证;②根据原始凭证或汇总原始凭证,编制记账凭证;③根据收款凭证、付款凭证逐笔登记库存现金日记账和银行存款日记账;④根据原始凭证、汇总原始凭证和记账凭证,登记各种明细分类账;⑤根据记账凭证逐笔登记总分类账;⑥期末,根据总分类账和明细分类账的记录,编制会计报表;⑦根据会计报表资料进行会计分析。

记账凭证账务处理程序的特点是直接根据记账凭证逐笔登记总分类账。其优点是记

会计学原理与实务

账凭证账务处理程序简单明了,易于理解,总分类账可以较详细地反映经济业务的发生情况。其缺点是登记总分类账的工作量较大。记账凭证财务处理程序适用于规模较小、经济业务量较少的单位。

(二)汇总记账凭证账务处理程序

汇总记账凭证账务处理程序是根据原始凭证或汇总原始凭证编制记账凭证,定期根据记账凭证分类编制汇总收款凭证、汇总付款凭证和汇总转账凭证,再根据汇总记账凭证登记总分类账的一种账务处理程序。其一般程序是:①根据原始凭证编制汇总原始凭证;②根据原始凭证或汇总原始凭证,编制记账凭证;③根据收款凭证、付款凭证逐笔登记库存现金日记账和银行存款日记账;④根据原始凭证、汇总原始凭证和记账凭证,登记各种明细分类账;⑤根据各种记账凭证编制有关汇总记账凭证;⑥根据各种汇总记账凭证登记总分类账;⑦期末,根据总分类账和明细分类账的记录,编制会计报表;⑧根据会计报表资料进行会计分析。

汇总记账凭证账务处理程序减轻了登记总分类账的工作量,便于了解账户之间的对应关系。其缺点是按每一贷方科目编制汇总转账凭证,不利于会计核算的日常分工,当转账凭证较多时,编制汇总转账凭证的工作量较大。汇总记账凭证财务处理程序适用于规模较大、经济业务较多的单位。

(三)科目汇总表账务处理程序

科目汇总表账务处理程序又称记账凭证汇总表账务处理程序,它是根据记账凭证定期编制科目汇总表,再根据科目汇总表登记总分类账的一种账务处理程序。其一般程序是:①根据原始凭证编制汇总原始凭证;②根据原始凭证或汇总原始凭证编制记账凭证;③根据收款凭证、付款凭证逐笔登记库存现金日记账和银行存款日记账;④根据原始凭证、汇总原始凭证和记账凭证登记各种明细分类账;⑤根据各种记账凭证编制科目汇总表;⑥根据科目汇总表登记总分类账;⑦期末,库存现金日记账、银行存款日记账和明细分类账的余额同有关总分类账的余额核对相符;⑧期末,根据总分类账和明细分类账的记录,编制会计报表;⑨根据会计报表资料进行会计分析。

科目汇总表账务处理程序减轻了登记总分类账的工作量,并可做到试算平衡,简明易懂,方便易学。其缺点是科目汇总表不能反映账户对应关系,不便于查对账目。科目汇总表账务处理程序适用于各种类型的单位,尤其适用于经济业务较多的单位。

三、财务报告

财务人员运用会计方法,在会计主体日常经济活动取得的原始凭证基础上,编制记账凭证,登记账簿,进一步清晰系统地编制资产负债表、利润表、现金流量表等会计报表,以此进行会计分析论证,以便清晰、系统、明了地反映企业的财务状况和经营成果。会计报表是企业财务工作的灵魂。

财务报告也叫企业财务工作报告,是反映企业某一特定日期财务状况和反映会计主体一定会计期间经营成果、现金流量等会计信息文件的总称。

财务报告包括财务报表和其他与之匹配的应该披露的会计信息资料。

四、会计报表

（一）会计报表的内容和分类

会计报表也叫财务报表，是对企业财务状况、经营成果和现金流量的结构性表述。所谓结构性表述，是指会计报表按照会计准则要求的结构编制，反映会计主体财务信息。会计报表包括资产负债表、利润表、现金流量表、所有者权益变动表（也叫股东权益表）和附注等内容。定期编制会计报表，向外界报告财务信息，是会计工作的重要内容之一。它是外界了解与监管企业的重要手段，也是企业进行决策的依据。财务报表的使用者有投资人、债权人、政府、公众、本企业人员等。

会计报表可以按不同的标准进行分类，如表 7-1 所示。

表 7-1 财务报表的分类

分类标准	分类名称	描 述 说 明
反映的经济内容	资产负债表	反映会计主体某一特定日期时点的财务状况
	利润表	反映会计主体在一定会计期间的经营成果
	现金流量表	反映会计主体一定会计期间现金和现金等价物流入和流出的报表
	所有者权益变动表	反映构成所有者权益的各组成部分当期的增减变动情况的报表
反映资金的状况	静态报表	反映单位期末财务状况，如资产负债表
	动态报表	反映一定会计期间经营成果，如利润表、现金流流量表、所有者权益变动表
呈报对象	对外报表	向投资者、政府公众展示的报表，如利润表、现金流流量表、所有者权益变动表
	对内报表	满足企业内部管理运营的报表，如成本表
编制期间	中期报表	小于一年的会计期间的报表，如月报、季报和半年报
	年度报表	完整会计期间的报表，如年报
编制主体	个别报表	反映企业自身状况、经营成果、现金流量的会计报表
	合并报表	反映母公司和子公司集团公司的财务状况、经营成果和现金流量的会计报表

（二）会计报表的编制要求

1. 格式要求

（1）应该严格按照会计准则要求格式编制会计报表。

（2）对外提供会计报表，按照国家财政规定格式装订成册，签字盖章。

（3）会计报表右上角有"企会 01 表"等字样，其中"01 表"表示资产负债表，"02 表"表示利润表，"03 表"表示现金流量表，"04 表"表示所有者权益变动表。

2. 时间要求

(1) 月度报告要求月度终了6个工作日内完成。

(2) 季度报告要求季度终了15天内完成。

(3) 半年报告要求半年终了2个月内完成。

(4) 年度报告要求年度终了4个月内完成。

3. 质量要求

(1) 编制会计报表应以持续经营为基础,这也是会计主体发生或完成经济交易事项的必要前提。

(2) 列报一致,即保证会计期间所列项目与报表一致,报表中所列的各项目顺序一致。

(3) 真实可靠,即报表所列举的会计信息依据经济事件获取的凭证和账簿,建立在真实、规范的基础上,符合会计核算方法。

(4) 可比性,即报表的信息贯通,便于实现"三对比"(与会计期间相比、与同期相比、与同行相比)。

(5) 全面完整,即报表所纰漏的信息完整反映企业的经营情况,无遗漏、无缺项。

(6) 编报及时,会计信息具有时效性要求,报表应按照会计准则规定的时间及时编制报告。

(7) 便于理解,即报表的使用者能够简明、清晰、准确把握会计报表的信息,不产生歧义。

(三) 会计报表的编制程序

1. 期末账项调整

以权责发生制为基础,正确归集各会计期间的收入和费用,以求精准核算结转本期经营成果并获得相关会计资料。

2. 清查资产与核实债务

对会计期间全面清查资产、核实债务。主要明确:①结算款项真实性;②债权与债务一致、准确(数额);③存货账实是否一致;④投资与否及确认计量;⑤固定资产账实是否一致;⑥编制会计报表需要的其他相关资料。

3. 对账

对完成登记入账的经济业务进行账簿记录核对,确保账务准确,以保证账证一致、账账相符、账实互证。

4. 结账

完成会计期末核算并结转账户本期发生额和期末余额。

5. 试编会计报表及工作底表

编制会计报表前,必须做好充分的准备工作,包括核实资产、清理债务、复核成本、内部调账、试算平衡及结账。这是提升会计报表编制质量的要求和前提。根据汇总的各种会计资料,初步完成报表试编工作,形成报表和会计资料。对工作底表要反复审核,形成正确整齐的会计报表。

(四)财务报表编制的基本要求

1. 以持续经营为基础编制

企业应当以持续经营为基础,根据实际发生的交易和事项,按照规定进行确认和计量,编制会计报表。以持续经营为基础编制会计报表不合理时,企业应当采用其他基础编制会计报表,并在附注中声明会计报表未以持续经营为基础编制的事实,披露未以持续经营为基础编制的原因和会计报表的编制基础。

2. 按正确的会计基础编制

除现金流量表按照收付实现制编制外,企业应当按照权责发生制编制其他会计报表。

3. 至少按年编制会计报表

企业应当至少按年编制会计报表。会计报表涵盖的期间短于一年的,应当披露会计报表的涵盖期间、短于一年的原因及报表数据不具可比性的事实。

4. 项目列报遵守重要性原则

重要性是指在合理预期下,会计报表某项目的省略或错报会影响使用者据此做出经济决策,则该项目具有重要性。重要性应当根据企业所处的具体环境,从项目的性质和金额两方面予以判断,对各项目重要性的判断标准一经确定,不得随意变更。

判断项目性质的重要性,应当考虑该项目在性质上是否属于企业日常活动,是否显著影响企业的财务状况、经营成果和现金流量等;判断项目金额大小的重要性,应当考虑该项目金额占资产总额、负债总额、所有者权益总额、营业收入总额、营业成本总额、净利润总额、综合收益总额等直接相关项目金额的比重或所属报表单列项目金额的比重。

(1)性质或功能不同的项目,一般应当在会计报表中单独列报,但不具有重要性的项目除外。

(2)性质或功能类似的项目,其所属类别具有重要性的,应当按其类别在会计报表中单独列报。例如原材料、在产品等项目性质类似,均通过生产过程形成企业的产品存货,因此可以汇总列报,汇总之后的类别统称为"存货",在资产负债表上列报。

(3)某些项目的重要性程度不足以在资产负债表、利润表、现金流量表或所有者权益变动表中单独列报,但对附注而言可能具有重要性,在这种情况下应当在附注中单独披露。

(4)无论是会计报表列报准则规定单独列报的项目,还是其他具体会计准则规定单独列报的项目,企业都应当予以单独列报。

5. 保持项目列报的一致性

会计报表项目的列报应当在各个会计期间保持一致,不得随意变更。这一要求不仅包括会计报表中的项目名称,还包括会计报表项目的分类、排列顺序等方面。在以下规定的特殊情况下,会计报表项目的列报可以改变。

(1)会计准则要求改变。

(2)企业经营业务的性质发生重大变化或对企业经营影响较大的经济业务发生后,变更会计报表项目的列报能够提供更可靠、更相关的会计信息。

6. 各项目之间的金额不得相互抵销

会计报表项目应当以总额列报,资产和负债、收入和费用、直接计入当期利润的利得和损失的项目金额不得相互抵销,即不得以净额列报,但企业会计准则另有规定的除外。下列三种情况不属于抵销,可以净额列报。

(1) 资产或负债项目按扣除备抵项目后的净额列示,不属于抵销。

(2) 非日常活动产生的利得和损失,以同一交易形成的收益扣减相关费用后的净额列示更能反映交易实质的,不属于抵销。

(3) 一组类似交易形成的利得和损失以净额列示的,不属于抵销。但是,如果相关利得和损失具有重要性,则应当单独列报。

7. 至少应当提供一个比较数据

当期会计报表的列报至少应当提供所有列报项目上一个可比会计期间的比较数据,以及与理解当期会计报表相关的说明。会计报表的列报项目发生变更的,应当至少对可比期间的数据按照当期的列报要求进行调整,并在附注中披露调整的原因和性质,以及调整的各项目金额。对可比数据进行调整不切实可行的,应当在附注中披露不能调整的原因。

8. 在显著位置披露重要信息

企业应当在会计报表的显著位置(如表首)至少披露下列信息。

(1) 编报企业的名称。

(2) 资产负债表或会计报表涵盖的会计期间。

(3) 人民币金额单位。

(4) 会计报表是合并会计报表的,应当予以标明。

课堂练习

1. 单项选择题

(1) 账务处理程序正确的是(　　)。

  A. 处理程序越精细越好　　　　B. 遵守会计准则,并结合企业实际

  C. 处理程序越简单越好　　　　D. 可以任意更改

(2) 常见的三种账务处理程序中,会计报表是根据(　　)资料编制的。

  A. 日记账和明细分类账　　　　B. 日记账、总账和明细账

  C. 日记账和总分类账　　　　　D. 明细账和总分类账

(3) 科目汇总表账务处理程序的缺点有(　　)。

  A. 增加了会计核算的账务处理程序

  B. 增加了登记总分类账的工作量

  C. 便于进行试算平衡

  D. 不便于检查核对账目

(4) 不能作为登记总账依据的是(　　)。

  A. 记账凭证　　　　　　　　　B. 汇总记账凭证

  C. 汇总原始凭证　　　　　　　D. 科目汇总表

2. 多项选择题

(1) 会计报表包括( )。
　　A. 资产负债表　　　　　　　　B. 利润表
　　C. 现金流量表　　　　　　　　D. 所有者权益变动表

(2) 账务处理程序的基本依据包括( )。
　　A. 原始凭证　　　　　　　　　B. 会计账簿
　　C. 记账凭证　　　　　　　　　D. 会计报表

(3) 会计报表的编制程序有( )。
　　A. 期末账项调整　　　　　　　B. 对账与结账
　　C. 清查资产与核实债务　　　　D. 试编报表及工作底表

3. 判断题

(1) 记账凭证账务处理程序直接根据记账凭证逐笔登记总分类账。　　( )
(2) 科目汇总表具有试算平衡的作用,可反映账户之间的对应关系。　　( )
(3) 汇总记账凭证账务处理保持账户的对应关系,减轻登记总分类账的工作量。
　　　　　　　　　　　　　　　　　　　　　　　　　　　　　　　　( )
(4) 汇总记账凭证账务处理程序的缺点在于保持账户之间的对应关系。 ( )

4. 思考题

(1) 什么是财务处理程序?
(2) 财务处理程序的一般原则是什么?

任务实施

根据本期发生的原始凭证编制记账凭证,编制汇总记账凭证。

(1) 借:库存现金　　　　　　　　　　　　　　　　30 000
　　　贷:银行存款　　　　　　　　　　　　　　　　　　30 000
(2) 借:原材料——甲材料　　　　　　　　　　　　40 000
　　　　　　——乙材料　　　　　　　　　　　　10 000
　　　应交税费——应交增值税(进项税额)　　　　6 800
　　　贷:应付账款——大光公司　　　　　　　　　　　56 800
(3) 借:其他应收款——潘润　　　　　　　　　　　2 000
　　　贷:库存现金　　　　　　　　　　　　　　　　　　2 000
(4) 借:应付职工薪酬——工资　　　　　　　　　　80 000
　　　贷:银行存款　　　　　　　　　　　　　　　　　　80 000
(5) 借:应交税费——应交所得税(进项税额)　　　16 000
　　　贷:银行存款　　　　　　　　　　　　　　　　　　16 000
(6) 借:管理费用——水电费　　　　　　　　　　　1 200
　　　贷:其他应收款——莉莉　　　　　　　　　　　　　1 200
(7) 借:库存现金　　　　　　　　　　　　　　　　800
　　　贷:其他应收款——贝贝　　　　　　　　　　　　　800

(8) 借：预付账款　　　　　　　　　　　　　　　　10 000
　　　贷：银行存款　　　　　　　　　　　　　　　　　　10 000

提示：

(1) 根据"库存现金"和"银行存款"账户的借方编制汇总收款凭证，如表7-2所示。

表7-2　汇总收款凭证

借方科目：库存现金

对方科目	金　额
银行存款	30 000
应收账款	800
合计	30 800

(2) 根据"库存现金"和"银行存款"账户的贷方编制汇总付款凭证，如表7-3和表7-4所示。

表7-3　汇总付款凭证（库存现金）

贷方科目：库存现金

对方科目	金　额
其他应收款	2 000
合计	2 000

表7-4　汇总付款凭证（银行存款）

贷方科目：银行存款

对方科目	金　额
库存现金	30 000
应付职工薪酬	80 000
应交税费	16 000
预付账款	10 000
合计	136 000

(3) 根据"库存现金"和"银行存款"账户之外的每一贷方科目汇总转账凭证，如表7-5所示。

表7-5　汇总转账凭证

贷方科目：应付账款

对方科目	金　额
原材料	50 000
应交税费	6 800
合计	56 800

任务演练

根据本期发生的原始凭证编制表 7-6 所示的发生额科目汇总表。

(1) 借:库存现金　　　　　　　　　　　　　　3 000
　　　贷:银行存款　　　　　　　　　　　　　　　　3 000
(2) 借:原材料——甲材料　　　　　　　　　　60 000
　　　　　　——乙材料　　　　　　　　　　40 000
　　　应交税费——应交增值税(进项税额)　　13 000
　　　贷:应付账款——信达公司　　　　　　　　113 000
(3) 借:其他应收款——湛湛　　　　　　　　　2 000
　　　贷:库存现金　　　　　　　　　　　　　　　　2 000
(4) 借:应付职工薪酬——工资　　　　　　　　60 000
　　　贷:银行存款　　　　　　　　　　　　　　　60 000
(5) 借:应交税费——应交所得税(进项税额)　　20 000
　　　贷:银行存款　　　　　　　　　　　　　　　20 000

表 7-6　发生额科目汇总表

会 计 科 目	借 方 金 额	贷 方 金 额
库存现金		
银行存款		
原材料		
应交税费		
应付账款		
其他应收款		
应付职工薪酬		
合计		

任务考核

项目名称	评 价 内 容	分值	评价分值 自评	评价分值 教师评分
个人素养考核项目 (20%)	出勤情况	5分		
	仪容仪表	5分		
	课堂纪律和学习态度	10分		
专业能力考核项目 (80%)	参与教学活动并正确理解任务要求	10分		
	课堂练习和任务完成情况	70分		
合计:综合分数_____	自评(30%)+教师评分(70%)	100分		
综合评语		教师(签名)		

任务总结

（1）理解三种财务处理程序，深刻理解财务报告的内涵，学会处理业务。

（2）企业财务报告包括会计报表、会计报表附注和财务情况说明书。会计报表包括资产负债表、利润表、现金流量表、所有者权益变动表。

任务 7.2　编制资产负债表

★ **知识目标**

掌握资产负债表的概念、内容及结构，掌握资产负债表的编制方法。

★ **技能目标**

能够编制资产负债表，并且进行必要的分析。

★ **素养目标**

坚守诚实守信的理念，领悟会计报表对企业运营管理的重要作用。

任务导入

智达科技公司2024年会计核算业务全部完成，会计希某检查资产负债表，发现有关项目和科目汇总表项目不同，由此推测资产负债表造假。你认为呢？

任务准备

一、资产负债表概述

（一）资产负债表的概念

资产负债表是反映企业在某一特定日期（月末、季末、半年末和年末）财务状况的报表。资产负债表用资产、负债和所有者权益的相互关系反映企业资金运动变化和在某一特定时点的相对静止状态。

（二）资产负债表的编制依据

资产负债表的编制依据包括理论依据和事实依据。理论依据是会计的第一恒等式，即会计静态恒等式"资产＝负债＋所有者权益"。事实依据是会计经济交易事项和与之对应的会计凭证（原始凭证、记账凭证）、会计账簿（总账、明细账）等资料。

（三）资产负债表的作用

1. 反映企业资产构成与分布状况

资产负债表能够反映会计主体在一定时点上，拥有各种资产的额度和来源，可表明会计主体的"家底"，判断企业规模大小、业务状况和运营特点。

2. 反映企业负债结构和水平

报表中关于负债类会计科目的阐述,能清楚地表现出企业负债结构和额度,通过负债的数据,还能看出企业偿债能力,从而得出企业运营状况。

3. 反映企业权益状态

报表中所有者权益类项目反映企业资产的来源,反映企业本身权益的构成和所有持有权益的分布状况,可借此判断企业所有者对本企业的掌控能力。

4. 预测企业未来发展趋势

通过对报表上的指标和数据进行对比,能够分析、预测本企业未来发展趋势,帮助企业决策。

二、资产负债表内容与结构

(一) 资产负债表的内容

资产负债表的主要内容包括资产、负债和所有者权益及其明细科目。这是由国家会计准则所规定的。

1. 资产

资产负债表中的资产应当按照流动资产和非流动资产两大类别列示,在流动资产和非流动资产类别下进一步按性质分项列示。

流动资产项目通常包括货币资金、交易性金融资产、应收票据、应收账款、预付款项、应收利息、应收股利、其他应收款、存货和一年内到期的非流动资产等。

非流动资产项目通常包括长期股权投资、固定资产、在建工程、工程物资、固定资产清理、无形资产、开发支出、长期待摊费用以及其他非流动资产等。

2. 负债

资产负债表中的负债应当按照流动负债和非流动负债两大类别列示,在流动负债和非流动负债类别下进一步按性质分项列示。

流动负债项目主要有短期借款、应付账款、应付票据、预收账款、应付职工薪酬、应交税费、应付利息、应付股利、其他应付款、一年内到期的非流动负债等。

流动负债项目主要有长期借款、应付债券和其他流动负债等。

3. 所有者权益

资产负债表中的所有者权益按照留存企业的永久程度排序,时间越长排在前面,以此递减。所有者权益项目主要有一般实收资本、资本公积、盈余公积和未分配利润。

(二) 资产负债表的结构

资产负债表的结构分为账户式和报告式两种,我国统一采用账户式。依据会计基本等式"资产=负债+所有者权益"设计资产负债表结构格式,分左右两栏。左边是资产,右边是负债及所有者权益,资产、负债及所有者权益类别的项目分别归集编制到相应栏目。资产负债表如表7-7所示。

表 7-7 资产负债表

编制单位： 　　　　　　　　　　年　月　日　　　　　　　　　　企会 01 表
　　　　　　　　　　　　　　　　　　　　　　　　　　　　　　　单位：元

资　　产	期末余额	年初余额	负债及所有者权益（股东权益）	期末余额	年初余额
流动资产：			流动负债：		
货币资金			短期借款		
交易性金融资产			交易性金融资产		
应收票据			应付票据		
应收账款			应付账款		
预付款项			预收款项		
应收利息			应付职工薪酬		
其他应收款			应交税费		
存货			应付利息		
一年内到期的非流动资产			应付股利		
其他流动资产			其他应付款		
流动资产合计			一年内到期的非流动负债		
非流动资产：			其他流动负债		
可供出售金融资产			流动负债合计		
持有至到期投资			非流动负债：		
长期应收款			长期借款		
长期股权投资			应付债券		
投资性房地产			长期应付款		
固定资产			专项应付款		
在建工程			预计负债		
固定资产清理			递延所得税负债		
生产性生物资产			其他非流动负债		
油气资产			负债合计		
无形资产			所有者权益（或股东权益）：		
开发支出			实收资本（或股东）		
商誉			资本公积		
长期待摊费用			减：库存股		
递延所得税资产			盈余公积		
其他非流动资产			未分配利润		
非流动资产合计			所有者权益（或股东权益）合计		
资产合计			负债和所有者权益（或股东权益）合计		

三、资产负债表的编制方法

（一）年初余额填列

资产负债表"年初余额"应该按照上年年末资产负债表的"期末余额"栏内所列数字填列。

（二）期末余额填列

（1）总账余额直接填列，如"货币资金"项目要根据"库存现金""银行存款"和"其他货币资金"等科目期末余额填列；"存货"项目根据"原材料""在途物资""材料采购""材料采购""库存商品""发出商品""周转材料""委托加工物资""生产成本"等科目期末余额合计，再减"存货跌价准备"科目余额填列。

（2）根据有关明细科目的余额计算填列，如"应付账款"项目应当根据"应付账款"和"预付账款"等科目所属明细科目期末贷方余额合计填列。如果上述科目所属明细科目，期末是借方余额，则编制报表时应将其填入"预付账款"项目。

（3）根据总账科目和所属明细科目的余额分析计算填列。长期资产和长期负债会随时间转化为流动资产和流动负债，编制时应调整为流动资产和流动负债。例如"长期借款"项目应调整到"一年内到期的非流动资产"项目中；"应付债券""长期应付款""长期应收款"等项目均属于此类。

（4）根据总账科目与其备抵科目抵销后的净额填列。备抵账户的资产项目均按其净值填列，如"固定资产"项目应当根据"固定资产"科目期末余额减去"累计折旧"和"固定资产减值准备"科目期末余额后的金额填列；"无形资产"项目应根据"无形资产"科目期末余额，减去"累计摊销"和"无形资产减值准备"备抵科目期末余额后的净额填列。

（5）根据总账科目的余额填列。"交易性金融资产""递延所得税资产""短期借款""应付票据""应付职工薪酬""应交税费""应付利息""其他应付款""递延所得税负债""实收资本""资本公积""盈余公积"等项目，根据总账科目的期末余额直接填列。

四、资产项目填列方法

（1）"货币资金"项目反映企业库存现金、银行账户存款、外埠存款、银行汇票存款、银行本票存款、信用卡存款、信用证保证金存款等的合计数。该项目应根据"库存现金""银行存款""其他货币资金"科目期末余额的合计数填列。

（2）"交易性金融资产"项目反映企业持有的以公允价值计量且其变动计入当期损益的为交易目的所持有的债券投资、股票投资、基金投资、权证投资等金额资产。该项目应当根据"交易性金融资产"科目的期末余额填列。

（3）"应收票据"和"应收账款"项目，其中"应收票据"项目应根据"应收票据"科目的期末余额减去"坏账准备"科目中有关应收票据计提的坏账准备期末余额；"应收账款"项目应根据"应收账款"和"预收账款"科目所属各明细科目的期末借方余额合计数减去"坏账准备"科目中有关应收账款计提的坏账准备期末余额。如"应收账款"科目所属明细科目期末有贷方余额的，应在资产负债表"预收款项"项目内填列。

（4）"预付款项"项目反映企业按照购货合同规定预付给供应单位的款项等。该项目应根据"预付账款"和"应付账款"科目所属各明细科目的期末借方余额合计数，减去"坏账准备"科目中有关预付账款计提的坏账准备期末余额后的净额填列。如"预付账款"科目所属明细科目期末有贷方余额的，应在资产负债表"应付账款"项目内填列。

（5）"存货"项目反映企业期末在库、在途和在加工中的各种存货的可变现净值。存货包括各种材料、商品、在产品、包装物、低值易耗品、委托代销商品等。该项目应根据"材料采购""原材料""低值易耗品""库存商品""周转材料""委托加工物资""委托代销商品""生产成本"等科目的期末余额合计数,减去"代销商品款""存货跌价准备"科目期末余额后的净额填列。材料采用计划成本核算,以及库存商品采用计划成本核算或售价核算的企业,还应按加减材料成本差异、商品进销差价后的金额填列。

(6)"一年内到期的非流动资产"项目反映企业将于一年内到期的非流动资产项目金额。该项目应根据有关科目的期末余额填列。

(7)"长期股权投资"项目反映企业持有的对子公司、联营企业和合营企业的长期股权投资。该项目应根据"长期股权投资"科目的期末余额减去"长期股权投资减值准备"科目的期末余额后的净额填列。

(8)"固定资产"项目应根据"固定资产"科目的期末余额减去"累计折旧"和"固定资产减值准备"科目期末余额,以及"固定资产清理"科目余额计算填列。

(9)"在建工程"项目反映企业期末各项未完工程的实际支出,包括交付安装的设备价值、未完建筑安装工程已经耗用的材料、工资和费用支出等项目的可收回金额。该项目应根据"在建工程"科目的期末余额减去"在建工程减值准备"科目期末余额后的净额填列。

(10)"无形资产"项目反映企业持有的专利权、非专利技术、商标权、著作权、土地使用权等无形资产的成本减去累计摊销和减值准备后的净值。该项目应根据"无形资产"科目的期末余额减去"累计摊销"和"无形资产减值准备"科目期末余额后的净额填列。

(11)"开发支出"项目反映企业开发无形资产过程中能够资本化形成无形资产成本的支出部分。该项目应根据"研发支出"科目中所属的"资本化支出"明细科目期末余额填列。

(12)"长期待摊费用"项目反映企业已经发生但应在本期和以后各期负担的分摊期限在一年以上的各项费用。长期待摊费用中在一年内(含一年)摊销的部分,在资产负债表"一年内到期的非流动资产"项目填列。该项目应根据"长期待摊费用"科目的期末余额减去将于一年内(含一年)摊销的数额后的金额填列。

(13)"应收利息"项目反映企业应收取的债券投资等的利息。该项目应根据"应收利息"科目的期末余额减去"坏账准备"科目中有关应收利息计提的坏账准备期末余额后的净额填列。

(14)"应收股利"项目反映企业应收取的现金股利和应收取其他单位分配的利润。该项目应根据"应收股利"科目的期末余额减去"坏账准备"科目中有关应收股利计提的坏账准备期末余额后的净额填列。

(15)"其他应收款"项目反映企业除应收票据、应收账款、预付账款、应收股利、应收利息等经营活动以外的其他各种应收、暂付的款项。该项目应根据"其他应收款"科目的期末余额减去"坏账准备"科目中有关其他应收款计提的坏账准备期末余额后的净额填列。

(16)"固定资产清理"项目反映企业因出售、毁损、报废等原因转入清理但尚未清理完毕的固定资产的净值,以及固定资产清理过程中所发生的清理费用和变价收入等各项金额的差额。该项目应根据"固定资产清理"科目的期末借方余额填列,如"固定资产清理"科目期末余额为贷方余额,以"—"号填列。

五、负债项目的填列说明

(1)"短期借款"项目反映企业向银行或其他金融机构等借入的期限在一年以下(含

一年)的各种借款。该项目应根据"短期借款"科目的期末余额填列。

(2)"应付票据"和"应付账款"项目,其中"应付票据"项目应根据"应付票据"科目的期末余额计算;"应付账款"项目应根据"应付账款"和"预付账款"科目所属各明细科目的期末贷方余额合计计算。两个部分的合计数填入"应付票据及应付账款"项目。

(3)"预收款项"项目反映企业按照销售合同规定预收供应单位的款项。该项目应根据"预收账款"和"应收账款"科目所属各明细科目的期末贷方余额合计数填列。如"预收账款"科目所属明细科目期末有借方余额的,应在资产负债表"应收账款"项目内填列。

(4)"应付职工薪酬"项目反映企业根据有关规定应付给职工的工资、职工福利、社会保险费、住房公积金、工会经费、职工教育经费、非货币性福利、辞退福利等各种薪酬。外商投资企业按规定从净利润中提取的职工奖励及福利基金,也在该项目列示。

(5)"应交税费"项目反映企业按照税法规定计算应交纳的各种税费,包括增值税、消费税、所得税、资源税、土地增值税、城市维护建设税、房产税、土地使用税、车船税、教育费附加、矿产资源补偿费等。企业代扣代交的个人所得税,也通过该项目列示。企业所交纳的税金不需要预计应交数的,如印花税、耕地占用税等,不在该项目列示。该项目应根据"应交税费"科目的期末贷方余额填列,如"应交税费"科目期末为借方余额,应以"一"号填列。

(6)"其他应付款"项目应根据"应付利息"科目的期末余额、"应付股利"科目的期末余额、"其他应付款"科目的期末余额填列三个部分的合计数填列。

(7)"一年内到期的非流动负债"项目反映企业非流动负债中将于资产负债表日后一年内到期部分的金额,如将于一年内偿还的长期借款。该项目应根据有关科目的期末余额填列。

(8)"长期借款"项目反映企业向银行或其他金融机构借入的期限在一年以上(不含一年)的各项借款。该项目应根据"长期借款"科目的期末余额填列。

(9)"应付债券"项目反映企业为筹集长期资金而发行的债券本金和利息。该项目应根据"应付债券"科目的期末余额填列。

(10)"其他非流动负债"项目反映企业除长期借款、应付债券等项目以外的其他非流动负债。该项目应根据有关科目的期末余额填列。其他非流动负债项目应根据有关科目期末余额减去将于一年内(含一年)到期偿还数后的余额填列。非流动负债各项目中将于一年内(含一年)到期的非流动负债,应在"一年内到期的非流动负债"项目内单独反映。

六、所有者权益项目的填列说明

(1)"实收资本(或股本)"项目应根据"实收资本(或股本)"科目的期末余额填列。

(2)"资本公积"项目应根据"资本公积"科目的期末余额填列。

(3)"其他综合收益"项目应根据"其他综合收益"科目的期末余额填列。

(4)"专项储备"项目应根据"专项储备"科目的期末余额填列。

(5)"盈余公积"项目应根据"盈余公积"科目的期末余额填列。

(6)"未分配利润"项目应根据"本年利润"科目和"利润分配"科目的期末余额计算填列,如为未弥补的亏损,在该项目内以"一"号填列。

课堂练习

1. 单项选择题

(1) 我国《企业会计准则》规定,资产负债表的格式为( )。
　　A. 混合式　　　B. 账户式　　　C. 单步式　　　D. 多步式

(2) 资产负债表是反映企业在( )的财务状况的财务报表。
　　A. 一定时期内　B. 一年内　　　C. 一定期间　　D. 某一特定日期

(3) 资产负债表中流动负债不包括( )。
　　A. 应付债券　　B. 长期借款　　C. 预付账款　　D. 流动负债

2. 多项选择题

(1) 会计报表中,对外报表有( )。
　　A. 资产负债表　　　　　　　　　B. 利润表
　　C. 现金流量表　　　　　　　　　D. 所有者权益变动表

(2) 资产负债表中的存货包括( )。
　　A. 原材料　　　B. 在产品　　　C. 库存商品　　D. 生产成本

3. 判断题

(1) 可比性是编制企业财务报告的基本要求之一。( )

(2) 资产负债表中的"固定资产"项目应根据"固定资产"账目余额直接填列。( )

(3) 净利润是营业利润减去所得税费用的余额。( )

(4) 资产负债表是反映企业在一定时期内的资产、负债和所有者权益情况的报表。
　　( )

4. 思考题

(1) 资产负债表的含义与功能是什么?

(2) 阐述编制资产负债表的要领。

任务实施

(1) 智达科技公司 2024 年 12 月 31 日结账后,"交易性金融性资产"总账科目的借方余额为 300 000 元。说出在资产负债表中的处理程序。

提示:在资产负债表中,"交易性金融资产"项目根据"交易性金融资产"总账科目的期末余额直接填列,因此,该企业 2024 年 12 月 31 日资产负债表中,"交易性金融资产"项目金额为 300 000 元。

(2) 智达科技公司 2024 年 6 月 1 日向银行借入 1 年期借款 400 000 元,10 月 1 日向其他金融机构借入半年期借款 300 000 元。说出在资产负债表中的处理程序。

提示:在资产负债表中,"短期借款"项目是根据"短期借款"总账科目的期末贷方余额直接填列,因此,该企业 2024 年 12 月 31 日的资产负债表中,"短期借款"项目的金额＝400 000＋300 000＝700 000(元)。

(3) 智达科技公司 2024 年 12 月 31 日结账后,"库存现金"科目期末余额为 6 000 元,"银行存款"科目期末余额为 5 000 000 元,"其他货币资金"科目期末余额为 120 000 元。说出在资产负债表中的处理程序。

提示：在资产负债表中，"货币资金"项目是根据"库存现金""银行存款"和"其他货币资金"三个总账科目余额的合计数填列，因此，该企业 2024 年 12 月 31 日的资产负债表中，"货币资金"项目的金额＝6 000＋5 000 000＋120 000＝5 126 000（元）。

任务演练

春风公司 2024 年上半年相关账户期末余额如表 7-8 和表 7-9 所示，请据此编制表 7-10 所示的资产负债表。

表 7-8　春风公司科目汇总表

2024 年 6 月 30 日　　　　　　　　　　　　　　　　　　　　　　　　　　　单位：元

资产类账户			负债及所有者权益类账户		
账户名称	借方余额	贷方余额	账户名称	借方余额	贷方余额
库存现金	3 000		短期借款		50 000
银行存款	675 000		应付账款		62 000
应收票据	125 000		应付票据		27 000
应收账款	52 000		预收账款		6 000
预付账款	5 000		应付职工薪酬		12 000
其他应收款	2 000		应付股利		44 200
在途物资	26 000		应交税费		4 700
原材料	52 000		长期借款		450 000
库存商品	120 000		实收资本		1 280 000
生产成本	42 000		资本公积		126 000
在建工程	70 000		盈余公积		165 100
固定资产	626 000		利润分配		165 000
无形资产	620 000		累计折旧		26 000
合计	2 418 000		合计		2 418 000

主管：严肃　　　　　　　　审核：任真　　　　　　　　制表：凌厉

表 7-9　春风公司有关明细分类账户期末余额

2024 年 6 月 30 日　　　　　　　　　　　　　　　　　　　　　　　　　　　单位：元

总账名称	明细账名称	借方余额	贷方余额
应收账款		52 000	
	甲公司	82 000	
	乙公司		30 000
预付账款		5 000	
	A 公司	8 000	
	B 公司		3 000
应付账款			62 000
	丙公司		82 000
	丁公司	20 000	
预收账款			6 000
	C 公司		6 000

主管：严肃　　　　　　　　审核：任真　　　　　　　　制表：凌厉

表 7-10 资产负债表

编制单位:春风公司　　　　　2024 年 6 月 30 日　　　　　企会 01 表
　　　　　　　　　　　　　　　　　　　　　　　　　　　　单位:元

资　　产	年初余额	年末余额	负债及所有者权益(股东权益)	年初余额	年末余额
流动资产:			流动负债:		
货币资产			短期借款		
衍生金融资产			应付票据		
应收票据			应付账款		
应收账款			预收账款		
其他应收款			应付职工薪酬		
预付账款			应交税费		
存货			其他应付款		
持有待售资产			持有待售负债		
一年内到期的非流动资产			一年内到期的非流动负债		
其他流动资产			其他流动负债		
流动资产合计			流动负债合计		
非流动资产:			非流动负债:		
可供出售金融资产			长期借款		
持有到期投资			应付债券		
长期应收款			长期应付款		
长期股权投资			预计负债		
投资性房地产			递延资产		
固定资产			递延所得税负债		
在建工程			其他流动负债		
无形资产			非流动负债合计		
开发支出			负债合计		
商誉			所有者权益(或股东权益):		
长期待摊费用			实收资本(或股本)		
递延所得税资产			其他权益工具		
非流动资产合计			资本公积		
			减库存		
			其他综合收益		
			专项储备		
			盈余公积		
			未分配利润		
			所有者权益(或股东权益)合计		
资产合计			负债和所有者权益(或股东权益)合计		

主管:严肃　　　　　　　审核:任真　　　　　　　制表:凌厉

任务考核

项目名称	评 价 内 容	分值	评价分值	
			自评	教师评分
个人素养考核项目（20%）	出勤情况	5分		
	仪容仪表	5分		
	课堂纪律和学习态度	10分		
专业能力考核项目（80%）	参与教学活动并正确理解任务要求	10分		
	课堂练习和任务完成情况	70分		
合计：综合分数_____	自评（30%）+教师评分（70%）	100分		
综合评语		教师（签名）		

任务总结

（1）资产负债表是一张反映企业特定时点财务状况的静态报表。
（2）掌握资产负债表的编制方法。

任务7.3 编制利润表

★ 知识目标
认识利润表的结构和编制方法。
★ 技能目标
能够编制利润表并解读利润表的信息。
★ 素养目标
珍视利润的形成过程，努力提高经营绩效。

任务导入

智达科技公司会计希某已经完成全部业务核算，但是不知道利润如何计算，也不理解计算出的利润总额是否和利润表中利润总额相等。应如何解决呢？

任务准备

一、利润表概述

（一）利润表的概念

利润表是反映企业在一定会计期间（月度、季度、半年、年度）经营成果的会计报表。

（二）利润表的编制依据

利润表的编制依据包括理论依据和事实依据。理论依据是会计的第二恒等式，即会计动态恒等式"收入－费用＝利润"。事实依据是会计经济交易事项和与之对应的会计凭证（原始凭证、记账凭证）、会计账簿（总账、明细账）等资料。

（三）利润表的作用

（1）反映企业经营成果。根据利润表的收入与费用的构成及额度，可以分析收益与成本耗费，表明经营成果。

（2）反映企业利润构成。根据利润表可以分析出企业利润的结构和配比额度。

（3）便于利润考核控制。利润报表反映的会计信息对企业营业预测和考核提供重要参考。

（4）预测企业盈利趋势。通过对利润表列举的相关事件和数据（月度、季度、半年和年度）进行前后对比，能够得出企业的盈利能力、偿债能力和未来盈利趋势。

（5）评价、考核管理人员的绩效。通过比较前后利润表中各种收入、费用、成本及收益的增减变动情况，分析发生差异的原因，据以评价各职能部门和人员的绩效。

二、利润表的结构

利润表包括表首、正表和表尾三部分，如表7-11所示。

表首包括表名称、编制单位、编制时间、报表编号、货币名称和计量单位。

正表由项目、本期金额和上期金额构成。项目主要包括营业收入、营业利润、利润总额、净利润、其他综合收益的税后净额、综合收益总额和每股收益。

表尾是补充反映非经常性项目对利润总额的影响的材料。

表 7-11 利润表

编制单位：　　　　　　　　　　年　月　日

企会02表
单位：元

项　目	本期金额	上期金额
一、营业收入		
减：营业成本		
税金及附加		
销售费用		
管理费用		
研发费用		
财务费用		
加：公允价值变动收益（损失以"－"号填列）		
投资收益（损失以"－"号填列）		
其中：对联营企业和合营企业的投资收益		
信用减值损失（损失以"－"号填列）		
资产减值损失（损失以"－"号填列）		
资产处置收益（损失以"－"号填列）		

续表

项　　目	本期金额	上期金额
二、营业利润（亏损以"－"号填列）		
加：营业外收入		
减：营业外支出		
三、利润总额（损失以"－"号填列）		
减：所得税费用		
四、净利润（损失以"－"号填列）		
五、其他综合收益的税后净额		
六、综合收益总额		
七、每股收益		
（一）基本每股收益		
（二）稀释每股收益		

按照利润表列举的内容排列方式不同，利润表分为单步式和多步式。单步式利润表的基本原理是把当期所有收入、费用列在一起，得出当期净损益。多步式利润表对当期的收入、费用、支出项目按照性质归类，按照利润形成主要指标列出中间性利润指标，如营业利润、净利润，核算当期净损益。我国采用多步式利润表，依据"收入－费用＝利润"编制。

三、利润表的编制方法

（一）利润表项目的填列方法

（1）根据公式计算营业利润。

（2）以营业利润为基础，加上营业外收入，减去营业外支出，计算出利润总额。

（3）以利润总额为基础，减去所得税费用，计算出净利润（或净亏损）。

（4）以净利润（或净亏损）为基础，计算每股收益。

（5）以净利润（或净亏损）和其他综合收益为基础，计算综合收益总额。

"上期金额"栏内各项目数字，应根据上年该期利润表的"本期金额"栏内所列数字填列。"本期金额"栏内各期数字，除"基本每股收益"和"稀释每股收益"项目外，应该按照相关科目的发生额分析填列。如"营业收入"项目，根据"主营业务收入""其他业务收入"科目的发生额分析计算填列；"营业成本"项目，根据"主营业务成本""其他业务成本"科目的发生额分析计算填列。

（二）利润表项目的填列说明

（1）"营业收入"项目反映企业经营主要业务和其他业务所确认的收入总额。该项目应根据"主营业务收入"和"其他业务收入"科目的发生额分析填列。

（2）"营业成本"项目反映企业主要业务和其他业务所发生的成本总额。该项目应根据"主营业务成本"和"其他业务成本"科目的发生额分析填列。

(3)"税金及附加"项目反映企业经营业务应负担的消费税、城市维护建设税、资源税、教育费附加、房产税、土地使用税、印花税等。该项目应根据"税金及附加"科目的发生额分析填列。

(4)"销售费用"项目反映企业在销售商品过程中发生的包装费、广告费等费用和为销售本企业商品而专设的销售机构的职工薪酬、业务费等经营费用。该项目应根据"销售费用"科目的发生额分析填列。

(5)"管理费用"项目反映企业为组织和管理生产经营发生的管理费用。该项目应根据"管理费用"科目的发生额分析填列。

(6)"研发费用"项目应根据"管理费用"科目下的"研发费用"明细科目的发生额,以及"管理费用"科目下的"无形资产摊销"明细科目的发生额分析填列。

(7)"财务费用"项目反映企业为筹集生产经营所需资金等而发生的筹资费用。该项目应根据"财务费用"科目的发生额分析填列。

(8)"公允价值变动收益"项目反映企业应当计入当期损益的资产或负债公允价值变动收益。该项目应根据"公允价值变动损益"科目的发生额分析填列。如为净损失,该项目以"—"号填列。

(9)"投资收益"项目反映企业以各种方式对外投资所取得的收益。该项目应根据"投资收益"科目的发生额分析填列。如为投资损失,本项目以"—"号填列。"资产处置收益"项目填列与"投资收益"项目类似。

(10)"资产减值损失"项目反映企业各项资产发生的减值损失。该项目应根据"资产减值损失"科目的发生额分析填列。

(11)"营业利润"项目反映企业实现的营业利润。如为亏损,该项目以"—"号填列。

(12)"营业外收入"项目反映企业发生的与经营业务无直接关系的各项收入。该项目应根据"营业外收入"科目的发生额分析填列。

(13)"营业外支出"项目反映企业发生的与经营业务无直接关系的各项支出。该项目应根据"营业外支出"科目的发生额分析填列。

(14)"利润总额"项目反映企业实现的利润。如为亏损,该项目以"—"号填列。

(15)"所得税费用"项目反映企业应从当期利润总额中扣除的所得税费用。该项目应根据"所得税费用"科目的发生额分析填列。

(16)"净利润"项目反映企业实现的净利润。如为亏损,该项目以"—"号填列。

课堂练习

1. 单项选择题

(1)企业的净利润是企业一定期间的利润总额扣除(　　)后的余额。
  A. 投资收益　　　　　　　　　　B. 营业外收支净额
  C. 所得税费用　　　　　　　　　D. 偿债能力

(2)利润表是反映企业在一定期间内的(　　)的财务报表。
  A. 经营成果　　　　　　　　　　B. 财务状况和盈利能力
  C. 营业利润、利润总额、利润分配　D. 营业收入、营业利润、利润分配

2. 多项选择题

(1) 对企业营业利润的产生影响的项目有( )。
　　A. 主营业务收入　　　　　　　　B. 资产
　　C. 营业外收入　　　　　　　　　D. 税金及附加

(2) 编制利润表的依据是( )。
　　A. 董事会指示　　　　　　　　　B. 会计期间的账簿
　　C. 收入－费用＝利润　　　　　　D. 会计准则

3. 判断题

(1) 利润表是反映企业在一定会计期间(月度、季度、半年、年度)经营成果的会计报表。( )

(2) 利润是一个综合指标,包括营业利润、利润总额和净利润。( )

4. 思考题

(1) 利润表的含义与功能是什么?

(2) 编制利润表的要领是什么?

任务实施

(1) 智达科技公司2024年度"主营业务收入"科目的贷方发生额为5 000 000元,借方发生额为300 000元,"其他业务收入"科目的贷方发生额为100 000元。说出如何填制利润表。

提示:在利润表中,"营业收入"项目应当根据"主营业务收入"和"其他业务收入"两个科目的借方与贷方发生额的差额之和填列,因此,该企业2024年度的利润表中,"营业收入"项目的金额＝5 000 000－300 000＋100 000＝4 800 000(元)。

(2) 智达科技公司2024年度"主营业务成本"科目的借方发生额为20 000 000元,"其他业务成本"科目的借方发生额为4 000 000元。说出如何填制利润表。

提示:在利润表中,"营业成本"项目应当根据"主营业务成本"和"其他业务成本"两个科目的借方与贷方发生额的差额之和填列,因此,该企业2024年度的利润表中,"营业成本"项目的金额＝20 000 000＋4 000 000＝24 000 000(元)。

(3) 智达科技公司2024年12月31日,"公允价值变动损益"科目的贷方发生额为870 000元,借方发生额300 000元。说出如何填制利润表。

提示:在利润表中,"公允价值变动收益"项目应根据"公允价值变动损益"科目贷方发生额与借方发生额的差额填列,如果为负数,表示公允价值变动损失,以"－"号填列。因此,该企业2024年度的利润表中,"公允价值变动收益"项目的金额＝870 000－300 000＝570 000(元)。

任务演练

春发公司2024年上半年损益类账户发生额如表7-12所示。请据此核算春发公司2024年度的营业利润、利润总额、净利润,并编制如表7-13所示的利润表。

表 7-12　春发公司各类账户发生额

编制单位：春发公司　　　　　2024 年 06 月　　　　　　　　　　单位：元

科目名称	借方发生额	贷方发生额
主营业务收入		2 300 000
投资收益		40 000
营业外收入		30 000
主营业务成本	1 300 000	
税金及附加	27 880	
销售费用	50 000	
管理费用	181 600	
财务费用	94 300	
营业外支出	16 000	
所得税费用	156 012.5	

主管：严肃　　　　　　　　　审核：任真　　　　　　　　　制表：凌厉

表 7-13　春发公司利润表

　　　　　　　　　　　　　　　　　　　　　　　　　　　　企会 02 表

编制单位：春发公司　　　　　2024 年 06 月　　　　　　　　　　单位：元

项　　目	本期金额	上期金额
一、营业收入		（略）
减：营业成本		
税金及附加		
销售费用		
管理费用		
研发费用		
财务费用		
研发费用		
加：公允价值变动收益（损失以"－"号填列）		
投资收益（损失以"－"号填列）		
其中：对联营企业和合营企业的投资收益		
信用减值损失（损失以"－"号填列）		
资产减值损失（损失以"－"号填列）		
资产处置损失（损失以"－"号填列）		
二、营业利润（亏损以"－"号填列）		
加：营业外收入		
减：营业外支出		
三、利润总额（损失以"－"号填列）		
减：所得税费用		
四、净利润（损失以"－"号填列）		

续表

项　目	本期金额	上期金额
五、其他综合收益的税后净额		
六、综合收益总额		
七、每股收益		
（一）基本每股收益		
（二）稀释每股收益		

主管：严肃　　　　　　审核：任真　　　　　　制表：凌厉

任务考核

项目名称	评价内容	分值	评价分值	
			自评	教师评分
个人素养考核项目（20%）	出勤情况	5分		
	仪容仪表	5分		
	课堂纪律和学习态度	10分		
专业能力考核项目（80%）	参与教学活动并正确理解任务要求	10分		
	课堂练习和任务完成情况	70分		
合计：综合分数＿＿＿＿	自评(30%)＋教师评分(70%)	100分		
综合评语		教师（签名）		

任务总结

（1）利润表是反映一定期间经营成果的动态报表。

（2）熟练掌握多步式编制利润表的方法。

（3）利润表编制过程中要特别明确"公允价值变动收益""投资收益""资产处置收益"等项目的填列都是用贷方金额减去借方金额。

任务7.4　编制现金流量表

★ 知识目标

认知现金流量表的结构和编制方法。

★ 技能目标

能够编制现金流量表，并且解读现金流量表的信息。

★ 素养目标

深刻理解现金流量表的重要性，珍视财务成果，努力提高经营绩效。

任务导入

智达科技公司会计希某已经完成全部业务核算，结合资产负债表和利润表，认为公司利润很不错。但是老板说更关心现金流量表。这是为什么？

任务准备

一、现金流量表概述

（一）现金流量表的概念

现金流量表是反映会计主体在一定会计期间现金和现金等价物流入和流出的会计报表。

明确现金流量表中"现金"的概念，是编制现金流量表的关键。此处，现金是指企业库存现金以及可以随时用于支付的存款，主要包括库存现金、银行存款和货币资金（如外埠存款、银行汇票存款、银行本票存款）等。不能随时用于支付的存款不属于现金。

现金等价物是指企业持有期限短（三个月内）、流动性强、易于转换为已知金额现金、变现价值很小的投资。现金等价物通常包括三个月到期的债券投资等。

（二）现金流量表的作用

现金流量表反映不同活动的现金流量。现金流量表由经营活动、投资活动和筹资活动产生的现金流量和结构构成，并且在每个模块下进行了详细列举和数额说明。

现金流量表反映企业资金运用与管理结构。现金流量表对企业现金进行分类列举，清晰反映了企业现金构成，可以分析构成比重，获取会计信息。

现金流量表辅助企业进行资金运用与管理。现金流量表反映的会计信息连接企业经济业务活动。管理者可以根据会计信息调整企业经济业务，提升资金的运用与管理水平，提升企业经济效益。

二、现金流量表的内容和结构

（一）现金流量表的内容

现金流量表的内容包括表首和正表。表首包括表名称、编制单位、编制时间、报表编号和计量单位。正表内容包括以下三部分。

1. **经营活动产生的现金流量**

经营活动是指企业投资活动和筹资活动以外的所有交易和事项。经营活动产生的现金流量主要包括销售商品、提供劳务、购买商品、接受劳务、支付工资和交纳税款等流入和流出的现金和现金等价物。

2. **投资活动产生的现金流量**

投资活动是指企业长期资产的购建和不包括在现金等价物范围内的投资及其处置。投资活动产生的现金流量主要包括购建固定资产、处置子公司及其他营业单位等流入和流出的现金和现金等价物。

3. **筹资活动产生的现金流量**

筹资活动是指导致企业资本及债务规模和构成发生变化的活动。筹资活动产生的现金流量主要包括吸收投资、发行股票、发行债券、分配利润、偿还债务等流入和流出的现金和现金等价物。偿付应付账款、应付票据等商业应付款等同于经济活动，不属于筹资活动。

（二）现金流量表的结构

报告式现金流量表是国家规定的格式，如表 7-14 所示。

表 7-14 现金流量表

编制单位：　　　　　　　　　　年　月　　　　　　　　　　　会企 03 表
单位：元

项　　目	本期金额	上期金额
一、经营活动产生的现金流量		
销售商品、提供劳务收到的现金		
收到的税费返还		
收到的其他与经济活动有关的现金		
经营活动现金流入小计		
购买商品、接受劳务支出的现金		
支付给职工以及为职工支付的现金		
支付的各项税费		
支付的其他与经营活动有关的现金		
经营活动现金流出小计		
经济活动产生的现金流量净额		
二、投资活动产生的现金流量		
收回投资所收到的现金		
取得投资收益所收到的现金		
处置固定资产、无形资产和其他长期资产所收回的现金净额		
处置子公司及其他营业单位收到的现金净额		
收到的其他与投资活动有关的现金		
投资活动现金流入小计		
购建固定资产、无形资产和其他长期资产支付的现金		
投资支付的现金		
取得子公司及其他营业单位支付的现金净额		
支付其他与投资活动有关的现金		
投资活动现金流出小计		
投资活动产生的现金流量净额		

续表

项　　目	本期金额	上期金额
三、筹资活动产生的现金流量		
吸收投资收到的现金		
取得借款收到的现金		
收到其他与筹资活动有关的现金		
筹资活动现金流入小计		
偿还债务支付的现金		
分配股利、利润或者偿付利息支付的现金		
支付其他与筹资活动有关的现金		
筹资活动现金流出小计		
筹资活动产生的现金流量净额		
四、汇率变动对现金及现金等价物的影响		
五、现金及现金等价物净增加额		
加:期初现金及等价物余额		
六、期末现金及现金等价物余额		

三、现金流量表的编制方法

现金流量表的主表采用直接法编制,补充资料采用间接法编制。直接法包括以下七种方法。

（一）分析填列法

分析填列法直接根据资产负债表、利润表和有关会计科目明细账的记录,分析计算出现金流量表各项目的金额,并据以编制现金流量表的一种方法。分析填列法起点为利润表的"营业收入"项目,依据为资产负债表和利润表的有关项目的数据,以及有关明细账的数据。在分析的过程中要剔除账务处理的因素。例如,会计核算时"其他业务收入"包含了固定资产、投资性房地产等租金收入,但这部分收入对应的现金流量应属于投资活动产生的现金流量,所以在填报"销售商品、提供劳务收到的现金"项目时,要剔除这类账务处理的因素。

（二）工作底稿法

工作底稿法以工作底稿为手段,以资产负债表和利润表数据为基础,对每一项目进行分析并编制调整分录,从而编制现金流量表。采用这些方法需要设计一张很大的工作底稿,依次将资产负债表、利润表、现金流量表自上而下排列成纵向的表格,操作步骤如下：

（1）将资产负债表期初数和期末数,记入工作底稿期初数栏和期末数栏,将利润表本年发生额记入工作底稿本期数栏。

（2）对本期经济业务进行分析并编制调整分录。

（3）将调整分录记入工作底稿相应部分。

（4）核对调整分录，满足钩稽关系：工作底稿借方合计＝贷方合计；资产负债表期初数＋（－）调整分录中的借贷金额＝期末数；利润表项目中调整分录借贷金额＝本期数。

（5）根据工作底稿中的现金流量表项目编制现金流量表主表。

（三）"T"形账户法

采用"T"形账户法编制现金流量表，是以"T"形账户为手段，以资产负债表和利润表数据为基础，对每一项目进行分析并编制调整分录，从而编制现金流量表。其实质与工作底稿相同。

（四）公式法

采用公式法编制，现金流量表中项目由计算公式得来，不同计算公式套入所需数据可以完成报表。

（五）简易编制法

简易编制法依据平时记账凭证，同步判断现金流量类别。这种方法简单，便于操作，数据可靠，报表质量高，可以套用财务软件完成。

（六）Excel 编制法

Excel 编制法是根据现金流量表每一个项目的计算公式和现金流量表的勾稽关系，在 Excel 表格中设置公式来完成现金流量表的编制。

（七）货币资金类账簿分析填列法

现金流量表中的"现金"和"现金等价物"分别指资产负债表中的"货币资金"项目包含的内容及"交易性金融资产"中三个月到期的债券投资。因此，可以分析"库存现金""银行存款""其他货币资金"科目来编制现金流量表。为方便快速编制现金流量表，需要在"库存现金""银行存款""其他货币资金"一级科目下设置二级科目、三级科目。这种方法适用于收现、付现业务少的小微企业。

现金流量表的编制方法，既要遵循国家财经制度，又要结合企业的实际情况，应做到遵纪守法、科学严谨和清晰明了。

课堂练习

1. 单项选择题

（1）企业的现金流量表要求（　　）。

    A. 必须现金流动连续不断　　　　B. 随意确定一段时间

C. 不是企业运营能力的体现　　　　D. 与资产负债表无关

(2) 现金流量表(　　)。

　　A. 是构成"四表一注"的重要内容

　　B. 属于企业内部管理,因此企业可任意编制

　　C. 第三方机构不得要求查看

　　D. 可以根据需要进行调整

2. 多项选择题

(1) 属于"四标一注"的有(　　)。

　　A. 资产负债表　　　　　　　　　B. 利润表

　　C. 所有者权益变动表　　　　　　D. 附注

(2) 编制现金流量表的依据是(　　)。

　　A. 企业经营活动　　　　　　　　B. 企业现金的流动

　　C. 我国企业会计准则　　　　　　D. 董事会指示

3. 判断题

(1) 一般来说,企业采用直接列示法编制现金流量表。　　　　　　　　　(　　)

(2) 现金流量表必须如实反映企业现金的流动,不得随意涂改。　　　　(　　)

4. 思考题

(1) 现金流量表的含义与功能是什么?

(2) 编制现金流量表的主要方法有哪些?

▎任务实施

(1) 智达科技公司2024年度会计确认,支付给工人的工资在现金流量表中应如何体现?

　　提示:根据现金流量表的编制要求,支付给工人的工资应列在"经营活动产生的现金流量"一栏中。

(2) 智达科技公司2024年度取得借款收入的现金应在现金流量表中如何编制?

　　提示:根据现金流量表的编制要求,取得借款收入应列在"筹资活动产生的现金流量"一栏中。

(3) 智达科技公司2024年12月8日现金偿还债务50 000元,在现金流量表中应如何体现?

　　提示:根据现金流量表的编制要求,现金偿还债务50 000元应列在"投资活动产生的现金流量"一栏中。

▎任务演练

　　根据现金流量表的编制要求和方法,设计公司某一月度会计期间的现金流动数据,编制一个现金流量表。

项目 7 　编制与分析财务报表

任务考核

项目名称	评价内容	分值	评价分值	
			自评	教师评分
个人素养考核项目（20%）	出勤情况	5分		
	仪容仪表	5分		
	课堂纪律和学习态度	10分		
专业能力考核项目（80%）	参与教学活动并正确理解任务要求	10分		
	课堂练习和任务完成情况	70分		
合计：综合分数_____	自评(30%)＋教师评分(70%)	100分		
综合评语		教师（签名）		

任务总结

（1）现金流量表反映一定期间现金和现金等价物流入和流出的情况。

（2）熟练掌握常见的编制现金流量表的方法。

（3）现金流量表的编制过程中，应特别明确各类账目的归集方法，做到正确计算和填报。

任务 7.5 　编制所有者权益变动表

★ 知识目标

认识所有者权益变动表的结构和编制方法。

★ 技能目标

能够编制所有者权益变动表并且能解读。

★ 素养目标

深刻理解所有者权益变动表对企业的影响，增强企业运营能力。

任务导入

智达科技公司会计希某要根据董事会的决议完成对所有者权益变动的核算，并出具会计报表。这个报表应该怎么出具呢？

任务准备

一、所有者权益变动表概述

（一）所有者权益变动表的概念

所有者权益变动表是指反映企业在一定会计期间构成所有者权益的各部分当期增减变化情况的会计报表。

（二）所有者权益变动表的作用

所有者权益变动表反映企业权益基本结构。所有者权益变动表应当反映构成所有者权益的各组成部分当期的为变动情况。综合收益和与所有者变动分别列示，能够清晰表明企业所有者权益详细而具体的指标要素构成。

所有者权益变动表反映企业权益总量控制。所有者权益变动表依据会计静态恒等式"资产＝负债＋所有者权益"，因此，表中列示的权益数额及比重反映了权益的总量控制，便于了解企业的资产规模和结构。

所有者权益变动表促进企业对权益的管控。报表列示各类指标是管理者进行分析决策、调整管控所有者权益的重要依据。

二、所有者权益变动的内容和结构

（一）所有者权益变动表的内容

所有者权益变动表的内容由表首和正表内容构成。表首包括表名称、编制单位、编织时间、报表编号和计量单位。正表内容包括综合收益总额；会计政策变更和前期差错更正的累积影响金额；所有者投入资本和向所有者分配利润等；按照规定提取的盈余公积；实收资本或股本、资本公积、盈余公积；未分配利润的期初和期末余额及其调节情况等。

（二）所有者权益变动表的结构

所有者权益变动表共有三个大栏，从左到右依次为项目、本年金额和上年金额。项目一栏顺次填列上年年末余额、本年年初余额、本年增减变动金额和本年年末余额以及明细。所有者权益变动表的格式如表 7-15 所示。

三、所有者权益变动表的编制方法

（一）所有者权益变动表项目的填列方法

所有者权益变动表中"上年金额"由上年度同名报表中"本年金额"获得数据。同名报表内容和格式不一致，以本年度报表为准，调整填写。

所有者权益变动表"本年金额"栏内各项数字一般应根据"实收资本（或股本）""资本公积""其他综合收益""盈余公积""利润分配""库存股""以前年度损益调整"科目的发生额分析填列。

企业的净利润及其分配情况作为所有者权益变动的组成部分，无须单独编制利润分配表列示。

（二）所有者权益变动表主要项目说明

(1)"上年年末余额"项目反映企业上年资产负债表中"实收资本（或股本）""资本公积""库存股""其他综合收益""盈余公积""未分配利润"科目的年末余额。

表 7-15 所有者权益变动表

编制单位：　　　　　　　　　　　　　　　　年度　　　　　　　　　　　　　　　　　　　　　　　　企会 04 表
单位：元

项　目	行次	本年金额							上年金额						
		实收资本（或股本）	资本公积	减：库存股	其他综合收益	盈余公积	未分配利润	所有者权益合计	实收资本（或股本）	资本公积	减：库存股	其他综合收益	盈余公积	未分配利润	所有者权益合计
一、上年年末余额	1														
加：会计政策变更	2														
前期差错更正	3														
二、本年年初余额	4														
三、本年增减变动金额（减少以"-"号填列）	5														
（一）净利润	6														
（二）直接计入所有者权益的利得和损失	7														
1. 可供出售金融资产公允价值变动净额	8														
2. 权益法下被投资单位其他所有者权益变动影响	9														
3. 与计入所有者权益项目相关的所得税影响	10														
4. 其他	11														

续表

项目	行次	本年金额							上年金额						
		实收资本（或股本）	资本公积	减：库存股	其他综合收益	盈余公积	未分配利润	所有者权益合计	实收资本（或股本）	资本公积	减：库存股	其他综合收益	盈余公积	未分配利润	所有者权益合计
（一）和（二）小计	12														
（三）所有者投入和减少资本	13														
1. 所有者投入资本	14														
2. 股份支付计入所有者权益的金额	15														
3. 其他	16														
（四）利润分配	17														
1. 提取盈余公积	18														
2. 对所有者（或股东）的分配	19														
3. 其他	20														
（五）所有者权益内部结转	21														
1. 资本公积转增资本（或股本）	22														
2. 盈余公积转增资本（或股本）	23														
3. 盈余公积弥补亏损	24														
4. 其他	25														
四、本年末余额	26														

(2)"会计政策变更""前期差错更正"项目分别反映企业采用追溯调整法处理的会计政策变更的累积影响金额和采用追溯重述法处理的会计差错更正的累积影响金额。

(3)"本年增减变动额"项目包括下列项目。

①"综合收益总额"项目反映净利润和其他综合收益扣除所得税影响后的净额相加后的合计金额。

②"所有者投入和减少资本"项目反映企业当年所有者投入的资本和减少的资本。其中,"所有者投入资本"项目反映企业接受投资者投入形成的实收资本(或股本)和资本溢价或股本溢价。"股份支付计入所有者权益的金额"项目反映企业处于等待期中的权益结算的股份支付当年计入资本公积的金额。

③"利润分配"项目反映企业当年的利润分配金额。

④"所有者权益内部结转"项目反映企业构成所有者权益的组成部分之间的增减变动情况。其中,"资本公积转赠资本或股本"项目反映企业以资本公积转赠资本或股本的金额。"盈余公积转赠资本(或股本)"项目反映企业以盈余公积转赠资本或股本的金额。"盈余公积弥补亏损"项目反映企业以盈余公积弥补亏损的金额。

课堂练习

1. 单项选择题

(1) 所有者权益变动表(　　)。

　　A. 反映一定会计期间所有者权益

　　B. 是资产附表的附属表

　　C. 所有者权益重要性计量标准可以不同

　　D. 董事会决定是否编制

(2) 所有者权益变动表(　　)。

　　A. 必须列明企业收入情况　　　　B. 属于"四表一注"的内容

　　C. 第三方机构不得要求查看　　　D. 根据实际选用会计期间

2. 多项选择题

(1) 关于所有者权益变动表的表述正确的是(　　)。

　　A. 必须按照国家财经制度编写

　　B. 是"四表一注"的重要组成部分

　　C. 反映所有者权益的变动情况

　　D. 资本公积、盈余公积是其反映的内容

(2) 编制所有者权益变动表的依据是(　　)。

　　A. 资产＝负债＋所有者权益

　　B. 企业的所有者权益变动情况

　　C. 公司的财务数据

　　D. 董事长的指示

3. 判断题

(1) 所有者权益发生变化,要在所有者权益变动表中予以反映。　　　　　　(　　)

(2) 编写所有者权益变动表的理论依据是"资产＝负债＋所有者权益"。（　　）

4. 思考题

(1) 所有者权益变动表的含义与功能是什么？

(2) 简述所有者权益变动表的编制方法？

任务实施

(1) 智达科技公司 2024 年度利润分配可以跨年度处理吗？

提示：根据国家财经制度，利润分配不得做跨年度会计处理。

(2) 智达科技公司 2024 年度盈余公积弥补亏损的会计处理如何完成？

提示：盈余公积弥补亏损反映公司以盈余公积弥补亏损的金额，要在年度会计期间予以反映。

任务演练

请根据所学，上网收集所有者权益变动的案例。

任务考核

项目名称	评价内容	分值	评价分值	
			自评	教师评分
个人素养考核项目 (20%)	出勤情况	5 分		
	仪容仪表	5 分		
	课堂纪律和学习态度	10 分		
专业能力考核项目 (80%)	参与教学活动并正确理解任务要求	10 分		
	课堂练习和任务完成情况	70 分		
合计：综合分数_____	自评(30%)＋教师评分(70%)	100 分		
综合评语		教师(签名)		

任务总结

(1) 所有者权益变动表是反映企业在一定会计期间构成所有者权益的各部分当期用增减变化情况的会计报表。

(2) 熟练掌握所有者权益变动表的重要性和编制过程。

任务 7.6　分析财务报表的原理与方法

★ **知识目标**

认识分析财务报表的意义与方法。

★ **技能目标**

掌握财务报表的分析方法，进行简单的分析。

项目7 编制与分析财务报表

★ **素养目标**
掌握财务风险的预测和分析方法,形成系统管理的思维方式。

任务导入

智达科技公司会计希某,应董事会要求三天之后提供公司财务报表的分析报告。为什么要进行财务分析?应该怎样分析呢?

任务准备

一、财务报表分析的意义

企业常见的需要对外报送的财务报表主要有资产负债、利润表、现金流量表以及所有者权益变动表,这四张财务报表之间并不是彼此孤立的,而是具有一定的内在逻辑关系与数量对应关系的,这个关系被称为报表勾稽关系。

简单地说,资产负债表反映企业期初、期末两个时点的财务状况;现金流量表是对其中货币资金以及现金等价物期间变化情况的局部说明;利润表可以说明资产负债表中的未分配利润期间变化,也对所有者权益变动表中净利润的形成过程进行了说明;所有者权益变动表是对所有者权益期间变化情况的局部特写。只有全面分析四张财务报表,才能深入认识企业的现状。

借助一些财务指标,可以简单验证报表编制的可靠性,以便于更加深入透彻地理解财务信息,科学评价企业的经营业绩,合理预测其未来发展趋势,这对信息使用者的预测、控制、分析以及决策都具有重要意义。此外,财务报表中的数字是经过高度概括的结果,还需要认真阅读分析财务报表附注。

二、财务报表分析的方法

进行财务报表分析时,有一些固定的分析工具与方法。通常在具体分析企业的财务数据之前,首先要对企业进行战略分析、环境分析,再对企业自身的财务数据进行分析。财务报表分析的基本方法包括结构分析法、比较分析法、比率分析法、因素替代分析法等。

(一)结构分析法

结构分析法主要是计算同类项目在整体中的权重或份额以及同类项目之间的比例,以此来揭示它们之间的结构关系。

(二)比较分析法

比较分析法包括与竞争对手的差异比较、与历史数据的趋势比较,既可以是绝对数比较,也可以是相对数比较。

(三)比率分析法

比率分析法是通过一些固定的指标比率来进行分析,我国目前将财务比率分为反映偿债能力的比率、反映盈利能力的比率和反映营运能力的比率三类。

(四) 因素替代分析法

因素替代分析法是将分析指标进行因素分解,顺次用各因素的比较值替代基准值,据以测定各因素对分析指标的影响。例如,在分析企业某一期间某产品的销售收入时,分别替换销售量、销售单价,与基准进行对比,以此说明销售量、销售单价对收入的影响。

三、常见财务分析指标

(一) 反映企业偿债能力的指标

1. 流动比率

流动比率是企业流动资产与流动负债的比率,反映企业流动资产偿还短期内到期债务的能力,其计算公式为

$$流动比率 = \frac{流动资产}{流动负债} \times 100\%$$

一般来说,流动比率越高,说明资产的流动性越强,短期偿债能力越强;流动比率越低,说明资产的流动性越弱,短期偿债能力越弱。

2. 速动比率

速动比率是指速动资产同流动负值的比率,反企业短期内可变现资产偿还短期内到期债务的能力,其计算公式为

$$速动比率 = \frac{速动资产}{流动负债} \times 100\%$$

一般而言,速动比率越高,说明资产的流动性越强,短期偿债能力越强;速动比率越低,说明资产的流动性越差,短期偿还能力越弱。

3. 现金比率

现金比率是企业现金及现金等价物与流动负债的比率,反映企业立即偿还到期债务的能力,其计算公式为

$$现金比率 = \frac{现金及现金等价物}{流动负债} \times 100\%$$

一般来说,现金比率越高,说明资产的流动性越强,短期偿债能力越强,但是可能会降低企业的获利能力;现金比率越低,说明资产的流动性越差,短期偿债能力越弱。

4. 资产负债率

资产负债率也称负债比率,是指负债总额与全部资产总额之比,用来衡量企业利用债权人提供资金进行经营活动的能力,反映债权人发放贷款的安全程度,其计算式为

$$资产负债率 = \frac{负债总额}{资产总额} \times 100\%$$

一般来说,资产负债率越高,说明企业利用债权人提供资金进行经营活动的能力越强,而债权人发放贷款的安全程度越低,企业偿还债务的能力越弱。若企业资产负债率大于100%,说明企业资不抵债,债权人的本金可能不能收回。

项目 7 编制与分析财务报表

5. 产权比率

产权比率也称负债对所有者权益的比率,是负债总额与所有者权益总额的比率,反映由债权人提供的和由投资者提供的资金的相对关系,反映企业基本财务结构是否稳定,其计算公式为

$$产权比率 = \frac{负债总额}{所有者权益总额} \times 100\%$$

产权比率越高,说明企业偿还长期债务的能力越弱;产权比率越低,说明企业偿还长期债务的能力越强。

6. 已获利息倍数

已获利息倍数是企业息前利润与利息费用的比率,反映企业用经营所得支付债务利息的能力,其计算公式为

$$已获利息倍数 = \frac{息税前利润}{利息费用} \times 100\%$$

一般来说,已获利息倍数至少应等于1,该项指标越大,说明支付债务利息的能力越强;指标越小,说明支付债务利息的能力越弱。

(二) 反映企业盈利能力的指标

1. 销售净利润率

销售净利润率是企业净利润与销售收入净额的比率,其计算公式为

$$销售净利润率 = \frac{净利润}{销售收入净额} \times 100\%$$

销售净利润率是反映企业获利能力的一项重要指标,指标越高,说明企业从销售收入中获取净利润的能力越强;指标越低,说明企业从销售收入中获取净利润的能力越弱。影响销售净利润率的因素主要有商品质量、成本、价格、销售数量、期间费用及税金等。

2. 资产净利润率

资产净利润率是企业净利润与资产平均总额的比率,其计算公式为

$$资产净利润率 = \frac{净利润}{资产平均总额} \times 100\%$$

$$资产平均总额 = \frac{期初资产总额 + 期末资产总额}{2}$$

资产净利润率越高,说明企业利用全部资产的获利能力越强;资产净利润率越低,说明企业利用全部资产的获利能力越弱。资产净利润率与净利润成正比,与资产平均总额成反比。

3. 净资产利润率

净资产利润率也称所有者权益利润率、净资产收益率、净值报酬率等,是净利润与所有者权益平均余额之比,其计算公式为

$$净资产利润率 = \frac{净利润}{所有者权益平均余额} \times 100\%$$

净资产利润率反映所有者全部投资的获利能力,是综合性最强的财务比率。净资产利润率越高,说明企业所有者权益的获利能力越强;净资产利润率越低,说明企业所有者权益的获利能力越弱。影响净资产利润率的因素除了企业的获利水平和所有者权益大小外,企业负债的多少也影响它的高低,一般来说,负债增加会导致净资产利润率上升。

4. 基本获利率

基本获利率也称资产息税前利润率,是企业的息税前利润与总资产平均余额之比,反映企业总体的获利能力,其计算公式为

$$基本获利率 = \frac{息税前利润}{总资产平均余额} \times 100\%$$

5. 每股盈余

每股盈余也称每股收益,是企业净利润总额与普通股股数的比率,影响每股盈余的因素有两个:一是企业的获利水平;二是企业的股票数量。其计算公式为

$$每股盈余 = \frac{净利润总额}{普通股股数}$$

每股盈余是反映股份公司的盈利能力最常用的指标。每股盈余越多,说明每股获利能力越强,投资者的回报越多;每股盈余越少,说明每股获利能力越弱。

6. 市盈率

市盈率是普通股每股市价与每股盈余的比率,其计算公式为

$$市盈率 = \frac{每股市价}{每股盈余}$$

市盈率高,表明投资者对公司的未来充满信心,企业的市场价值高;市盈率低,表明投资者对公司的未来丧失信心,企业的市场价值低。但是,股市受到不正常因素干扰时,股票价格会出现异常,所以在利用该指标时要注意。

(三) 反映企业营运能力的指标

1. 应收账款周转率

应收账款周转率是反映应收账款周转速度的比率,有两种表示方法:应收账款周转次数和应收账款周转天数。

(1) 应收账款周转次数是一个正指标,周转次数越多,说明应收账款的变现能力越强,企业应收账款的管理水平越高;周转次数越少,说明应收账款的变现能力越弱,企业应收账款的管理水平越低。其计算公式为

$$应收账款周转次数 = \frac{销售收入净额}{应收账款平均余额}$$

其中,

$$销售收入净额 = 销售收入 - 销售退回、折让、折扣$$

$$应收账款平均余额 = \frac{期初应收账款 + 期末应收账款}{2}$$

(2) 应收账款周转天数是一个反指标,反映年度内应收账款平均变现一次所需要的天数。周转天数越少,周转次数越多,说明应收账款的变现值能力越强,企业应收账款的管理水平越高;周转天数越多,周转次数越少,说明应收账款的变现能力越弱,企业应收账款的管理水平越低。其计算公式为

$$应收账款周转天数 = \frac{360}{应收账款次数} = \frac{应收账款平均余额}{销售收入净额} \times 360$$

2. 存货周转率

存货周转率是反映存货周转速度的比率,也有两种表示方法:存货周转次数和存货周转天数。

(1) 存货周转次数反映年度内存货平均周转的次数。存货周转次数越多,说明存货周转越快,企业实现的利润会相应增加,企业的存货管理水平越高;存货周转次数越少,说明企业占用在存货上的资金越多,存货管理水平越低。其计算公式为

$$存货周转次数 = \frac{销货成本}{平均存货}$$

$$平均存货 = \frac{期初存货 + 期末存货}{2}$$

(2) 存货周转天数反映年度内存货平均周转一次所需要的天数。存货周转天数越少,周转次数越多,说明存货周转越快,企业实现的利润会相应增加,企业的存货管理水平越高;存货周转天数越多,周转次数越少,说明企业占用在存货上的资金越多,存货管理水平越低。其计算公式为

$$存货周转天数 = \frac{360}{存货周转次数} = \frac{平均存货}{销货成本} \times 360$$

课堂练习

1. **单项选择题**

(1) 财务报表之间的关系是(   )。

    A. 勾稽关系   B. 相互独立   C. 不具有内联系   D. 互不引证

(2) 反映企业运营能力的指标是(   )。

    A. 资产   B. 应收账款周转率

    C. 市盈率   D. 速动比率

2. **多项选择题**

(1) 财务报表的分析方法有(   )。

    A. 结构分析法   B. 比较分析法

    C. 比率分析法   D. 因素替代分析法

(2) 反映企业偿债能力的指标有(   )。

    A. 流动比率   B. 速动比率   C. 现金比率   D. 资产负债率

3. **判断题**

(1) 销售净利润率能够反映企业的盈利能力。   (   )

(2) 存货周转率能够清晰地反映企业的偿债能力。　　　　　　　　　　（　　）

4. 思考题

(1) 企业为什么非常重视应收账款周转率？

(2) 是不是流动比率越高，企业的偿债能力越强？请简要分析说明。

任务实施

(1) 举例说明速动比率的原理和作用？

提示：运用资产负债表数据进行分析。

(2) 讨论企业应收账款的影响和管理方法。

提示：教师组织学生进分组讨论，分享讨论结果。

任务演练

根据表 7-10、表 7-13，对企业的偿债能力、盈利能力和营运能力进行财务分析。

任务考核

项目名称	评价内容	分值	评价分值	
			自评	教师评分
个人素养考核项目（20%）	出勤情况	5 分		
	仪容仪表	5 分		
	课堂纪律和学习态度	10 分		
专业能力考核项目（80%）	参与教学活动并正确理解任务要求	10 分		
	课堂练习和任务完成情况	70 分		
合计：综合分数	自评(30%)＋教师评分(70%)	100 分		
综合评语		教师(签名)		

任务总结

(1) 企业常见的财务报表有资产负债表、利润表、现金流量表和所有者权益变动表。四张报表之间存在勾稽关系。

(2) 常见的财务指标包括反映偿债能力的指标、反映盈利能力的指标和反映营运能力的指标。

课堂练习答案

参 考 文 献

[1] 徐春良,李金营,赫风伦. 会计基础[M]. 上海:立信会计出版社,2021.
[2] 潘序伦. 高级商业簿记教科书[M]. 上海:立信会计出版社,2009.
[3] 梅叶. 基础会计学[M]. 武汉:武汉理工大学出版社,2021.
[4] 陈强. 会计学基础[M]. 上海:立信会计出版社,2021.
[5] 企业会计准则编审委员会. 企业会计准则条文讲解与实务运用(2020年版)[M]. 上海:立信会计出版社,2020.
[6] 王轶英,顾书华. 会计学基础[M]. 北京:机械工业出版社,2023.
[7] 李海波. 新编会计学原理[M]. 北京:中国邮电大学出版社,2019.
[8] 傅航. 会计基础[M]. 2版. 苏州:江苏大学出版社,2023.
[9] 财政部会计资格评价中心. 初级会计实务[M]. 北京:经济科学出版社,2022.
[10] 陈信元. 会计学原理[M]. 5版. 上海:上海财经大学出版社,2018.
[11] 赵晓燕. 会计职业基础[M]. 北京:北京邮电大学出版社,2019.
[12] 董丽. 会计学原理手工模拟实验教程[M]. 2版. 北京:机械工业出版社,2024.
[13] 杨承亮,陈小英. 基础会计[M]. 北京:清华大学出版社,2016.
[14] 王轶英,顾书华. 会计学基础[M]. 北京:机械工业出版社,2023.
[15] 李岚. 基础会计[M]. 2版. 镇江:江苏大学出版社,2023.
[16] 刘国峰,鹿亚芹,张冬燕. 财务会计学[M]. 2版. 上海:上海交通大学出版社,2023.